Christian Eigner, Ulrike Körbitz, Gert Lyon, Klaus Posch (Hg.)
Psychoanalyse an der Peripherie

Das Anliegen der Buchreihe Bibliothek der Psychoanalyse besteht darin, ein Forum der Auseinandersetzung zu schaffen, das der Psychoanalyse als Grundlagenwissenschaft, als Human- und Kulturwissenschaft sowie als klinische Theorie und Praxis neue Impulse verleiht. Die verschiedenen Strömungen innerhalb der Psychoanalyse sollen zu Wort kommen, und der kritische Dialog mit den Nachbarwissenschaften soll intensiviert werden. Bislang haben sich folgende Themenschwerpunkte herauskristallisiert:

Die Wiederentdeckung lange vergriffener Klassiker der Psychoanalyse – wie beispielsweise der Werke von Otto Fenichel, Karl Abraham, Siegfried Bernfeld, W. R. D. Fairbairn, Sándor Ferenczi und Otto Rank – soll die gemeinsamen Wurzeln der von Zersplitterung bedrohten psychoanalytischen Bewegung stärken. Einen weiteren Baustein psychoanalytischer Identität bildet die Beschäftigung mit dem Werk und der Person Sigmund Freuds und den Diskussionen und Konflikten in der Frühgeschichte der psychoanalytischen Bewegung.

Im Zuge ihrer Etablierung als medizinisch-psychologisches Heilverfahren hat die Psychoanalyse ihre geisteswissenschaftlichen, kulturanalytischen und politischen Bezüge vernachlässigt. Indem der Dialog mit den Nachbarwissenschaften wiederaufgenommen wird, soll das kultur- und gesellschaftskritische Erbe der Psychoanalyse wiederbelebt und weiterentwickelt werden.

Die Psychoanalyse steht in Konkurrenz zu benachbarten Psychotherapieverfahren und der biologisch-naturwissenschaftlichen Psychiatrie. Als das ambitionierteste unter den psychotherapeutischen Verfahren sollte sich die Psychoanalyse der Überprüfung ihrer Verfahrensweisen und ihrer Therapie-Erfolge durch die empirischen Wissenschaften stellen, aber auch eigene Kriterien und Verfahren zur Erfolgskontrolle entwickeln. In diesen Zusammenhang gehört auch die Wiederaufnahme der Diskussion über den besonderen wissenschaftstheoretischen Status der Psychoanalyse.

Hundert Jahre nach ihrer Schöpfung durch Sigmund Freud sieht sich die Psychoanalyse vor neue Herausforderungen gestellt, die sie nur bewältigen kann, wenn sie sich auf ihr kritisches Potenzial besinnt.

Bibliothek der Psychoanalyse

Herausgegeben von Hans-Jürgen Wirth

Christian Eigner, Ulrike Körbitz,
Gert Lyon, Klaus Posch (Hg.)

Psychoanalyse an der Peripherie

Grazer Diskurse

Mit Beiträgen von Gerhard Benetka,
Wolfgang Brumetz, Rainer Danzinger, Christian Eigner,
Karl Fallend, Peter Gasser-Steiner, Gernot Herzeg,
Ulrike Körbitz, Gert Lyon, Johanna Muckenhuber,
Paul Paß, Klaus Posch, Bettina Rabelhofer
und Klaus Theweleit

Psychosozial-Verlag

Gedruckt mit Unterstützung des Bundesministeriums für Wissenschaft
und Forschung in Wien und des Amts der Steiermärkischen Landesregierung,
Abteilungen für Kultur und Wissenschaft

Das Land
Steiermark
→ Wissenschaft

kultur steiermark

Bibliografische Information der Deutschen Nationalbibliothek
Die Deutsche Nationalbibliothek verzeichnet diese Publikation
in der Deutschen Nationalbibliografie; detaillierte bibliografische Daten
sind im Internet über http://dnb.d-nb.de abrufbar.

Originalausgabe

Walltorstr. 10, D-35390 Gießen
Fon: 06 41 - 96 99 78 - 18; Fax: 06 41 - 96 99 78 - 19
E-Mail: info@psychosozial-verlag.de
www.psychosozial-verlag.de

Umschlagabbildung in Anlehnung an das Plakat zum Symposium
»Vergessen wir nicht – die Psychoanalyse!«, Graz 2009
Umschlaggestaltung & Satz: Hanspeter Ludwig, Gießen
www.imaginary-art.net
Druck: Majuskel Medienproduktion GmbH, Wetzlar
www.majuskel.de
Printed in Germany
ISBN 978-3-8379-2042-0

Inhalt

Psychoanalytischer Neoregionalismus und die Kunst der Randgänge

Ausgangspunkte und Hintergründe

Die Psychoanalyse sorgt auch nach mehr als einem Jahrhundert praktischer wie theoretischer Arbeit weiterhin für Diskussionen. Was sie heute unserer Ansicht nach bedroht, ist ihr eigener Drang, sich »stark« zu organisieren und sich einem selbst gesetzten Regelwerk an Standards zu unterwerfen, die von Paris über New York bis nach Buenos Aires ubiqitäre Gültigkeit haben sollen.

Hiermit folgt sie unweigerlich der Logik einer durch transnational agierende Konzerne vorgegebenen Globalisierung. Die Logik von Reproduzier- und Konsumierbarkeit passt aus mehreren Gründen nicht zum Wesen der Psychoanalyse, ruft die Anwendung ihrer Methode doch einen komplexen Erkenntnisprozess hervor, der sich immer wieder neu konstituiert und sich in dem Moment, in dem man meint, ihn formal-abstrakt erfasst zu haben, wieder entzieht. Dies gilt ebenso für die Aneignung psychoanalytischen Wissens, was der in der Schweiz ansässige Psychoanalytiker Pierre Passett in einem Vortrag über die »Zweizeitigkeit des Analytiker-Werdens« folgendermaßen formulierte:

> »Auseinandersetzung und nicht Aneignung ist der zentrale Modus des Umgangs mit psychoanalytischem Wissen und psychoanalytischer Erkenntnis. [...]
>
> Dies also ist die eigentliche Crux des Erwerbes psychoanalytischer Kompetenz, dass sie sich in einer permanenten Auseinandersetzung mit Erkenntnissen abspielen muss; mit ziemlich komplexen, schwierig zu

›machenden‹ Erkenntnissen, die man sich wiederum nicht so aneignen darf, dass man sie sicher besitzt, so dass sie zu unveränderbarem Wissen gerinnen.«(2009, S. 45)[1]

Wie lässt sich psychoanalytisches Denken weitergeben, kultivieren und organisieren? Unter anderem war es diese Frage, die uns im Kontext der im vorliegenden Band dokumentierten Tagung beschäftigte, die am 14./15. November 2009 unter dem Titel *Vergessen wir nicht – die Psychoanalyse. Un/Organisierte Bewegungen des Erinnerns* in Graz stattgefunden hat.

Für die Realisierung dieses Symposiums gab es mehrere Gründe: Im Jahr 2008 jährte sich das Bestehen des Grazer Arbeitskreis für Psychoanalyse zum 30. Mal. Darüber hinaus schien es dringend an der Zeit zu sein, über den Gründervater aller österreichischen Arbeitskreise für Psychoanalyse, Igor A. Caruso, nachzudenken, dessen Verstrickung in das Euthanasieprogramm der Nationalsozialisten nicht mehr von der Hand zu weisen war. Einen weiteren wichtigen Beweggrund stellte die Beschäftigung mit der Organisation des psychoanalytischen Denkens an unserem speziellen Peripheriestandort dar. Rand- und Grenzgänge und die psychoanalytische Grazer Regionalkultur bildeten so etwas wie einen inhaltlichen Horizont, vor dem sich die Tagung entwickelte.

Der Titel der Tagung wurde kurzerhand von Jaques Derrida geborgt. *Vergessen wir nicht – die Psychoanalyse!* ist der Titel eines kleinen Bandes des Philosophen aus den späten 80er Jahren. Derrida bot sich aus verschiedenen Gründen als Leihgeber an: Einmal, weil er selbst ein Meister des Grenzganges und der Überschreitung war, weil Randgänge und diskursive Grenzen niederreißende Dialoge, etwa zwischen Philosophie und Literaturwissenschaft oder gerade auch zwischen Philosophie und Psychoanalyse, sein Denken ausmachen.

Für Derrida sprach auch, dass er selbst seinen »Fall Caruso« zu verarbeiten hatte. Vor gut 20 Jahren tauchten kurz nach dem Tod seines Freundes, Weggefährten und Mitstreiters Paul de Man Schriften auf, die

1 Der Vortrag wurde im Rahmen der Frühjahrsgespräche des Arbeitskreises für Psychoanalyse Linz/Graz 2009 gehalten. Hier zitiert nach der publizierten Fassung, erschienen in: *Werkblatt. Zeitschrift für Psychoanalyse und Gesellschaftskritik* (63/2009), S. 39–69.

diesen in die Nähe von Antisemitismus und Faschismus rückten, was schließlich zur Aufdeckung seiner Verstrickungen mit dem NS-Regime führte.

Die Bewegung der »Dekonstruktivisten« – eine Denkrichtung, der es um das Lesen zwischen den Zeilen geht – war erschüttert. Doch Derrida reagierte seinerzeit sehr intelligent: Er rekonstruierte den Fall Paul de Man ausführlich und fragte danach, was die eigene Blindheit hinsichtlich der Geschichte seines Freundes für das eigene Denken bedeute – in einem vorsichtigen, tastenden Umgang, der weder verhüllte oder abstritt, noch verurteilte und erschlug.

Wir dachten, so wäre auch angemessen im »Fall Caruso« umzugehen. Es geht uns dabei um die Frage, wie es um die Kultur des Zuhörens in psychoanalytischen Institutionen bestellt sein mag.

Einen dritten Grund für den geborgten Titel bildete schließlich Derridas werkimmanentes Plädoyer für die (kulturelle) Differenz und – wenn man so will – für eine Kultur des Regionalen, die sich aber nicht in »splendid isolation«, sondern im lebendigen Austausch mit anderen und dem Anderen entwickelt.

Schließlich: *Vergessen wir nicht – die Psychoanalyse!* Wie oft kommen schon Ausrufezeichen in einem Titel vor? Der hierin enthaltene Aufruf zur Gemeinschaftlichkeit eröffnete im Kontext des Tagungsgeschehens einen ganzen »Kontinent« von Assoziationen, den der gewählte Untertitel *Un/Organisierte Bewegungen des Erinnerns* umrahmen, aber nicht einschränken sollte.

Die Regionalisierung der Psychoanalyse in Zeiten der Globalisierung

Seit einigen Jahren wird die *Region* wiederentdeckt. Nicht ausschließlich als Gegenmodell zur Globalisierung, die spätestens seit Mitte der 90er Jahre des vergangenen Jahrhunderts als gesellschaftstreibende Kraft anzusehen ist, sondern auch als Ergänzung derselben: Wenn heute der Region wieder mehr Bedeutung beigemessen wird, so kann dies bedeuten, dass internationale Entwicklungen aus lokalen Kontexten und Traditionen heraus interpretiert werden. Es geht um die Wahrung von Eigenständigkeit – nicht auf der Basis eines sturen Beharrens auf regional Gewachsenem, sondern im lebendigen Austausch mit dem, was von außen an die Bewohnerinnen und Bewohner einer Region herangetragen wird.

Dieser *Neoregionalismus* ist dabei nicht nur in der Wirtschaft zuhause; längst hat er auch das Geistesleben ergriffen und den Kultursektor tiefgreifend verändert: Immer wieder entdecken bildende KünstlerInnen, Literaten, Theaterleute, Kulturvermittler – allesamt Exponenten und Drahtzieher urbaner Lebenskultur – das ehemals als »Provinz« diffamierte Terrain zwischen den Weltmetropolen, um hier Neues zu erproben oder für Überraschungen zu sorgen.

So kann es geschehen, dass ein sudanesischer Poet durch steirische Weingärten reist, um dann im Bezirksschulzentrum von seinen Eindrücken zu erzählen – am besten zusammen mit einem lokalen Literaten oder Künstler, der die Poetik des Gastes aufgreift und in sein Arbeiten integriert. Wenn alles gut geht, kommt es zu einem *entgrenzten Dialog*, der das Fremde aufnimmt, ohne es im Aufnehmen zum Verschwinden zu bringen oder umgekehrt in ihm zu verschwinden.

Auf einer imaginären Landkarte der Psychoanalyse ist Graz nun eindeutig als Region und nicht als Metropole einzustufen, als eine Zone am Rande zum sogenannten Balkan, an deren nördlicher Grenze Wien als die Geburtsstätte der Psychoanalyse auszumachen ist. Nach Westen, Osten oder Süden hin bleibt der Raum hingegen weitläufig und offen.

Die Zentren sind also fern. Die Entwicklung eines *Grazer Weges* als spezifische Kultur der Auseinandersetzung, des Arbeitens, Diskutierens und Organisierens von psychoanalytischem Denken ergibt sich vor diesem Hintergrund als permanente Notwendigkeit.

Tatsächlich ist dieser *Grazer Weg* ein typischer Fall von *Neoregionalismus*, wie er oben skizziert worden ist. Denn *Psychoanalyse in Graz* ist kein dogmatisches Beharren auf eine Schultradition, die hier entstanden ist oder aus Wien, London, Zürich, Paris etc. importiert wurde. Die unausgesprochene Aufforderung an alle im hiesigen Psychoanalytischen Arbeitskreis Engagierten lautet lediglich, immer wieder *Grenzgänge* zu wagen und *Randgänge* zu organisieren, in denen die internationalen psychoanalytischen Diskussionen und Standards aus dem Blickwinkel der Region rezipiert und durchleuchtet werden. Gegebenenfalls kommt es auch zur Adaptierung dieser Diskussionen und Standards, allerdings aus einer von lokalen Erfahrungen und Geschichte(n) geprägten Historie heraus: einer Historie der Entgrenzungen und der – diskursiven – Überschreitungen.

Ausblicke und Einblicke

Eine Kultur der Randgänge und der »umrahmten« Entgrenzungen zeigte sich auf unserer Tagung in vielfältigen, mitunter lebhaft geführten Diskussionen sowie in den Vorträgen, die ihre Bezugspunkte lieferten. Sie sind in diesem Band in überarbeiteter Form wiedergegeben.

Klaus Posch wagt sich in einen Grenzbereich, der von der Psychoanalyse seit Jahrzehnten mit Vorliebe gemieden wird: In das Feld der Gesellschaftsanalyse. Ausgehend vom (Abwehr-)Mechanismus der Verehrung kritisiert er auf der einen Seite den Umgang, der in der Steiermark mit Erzherzog Johann, einem Modernisierer des Landes aus dem 19. Jahrhundert, gepflegt wird; auf der anderen Seite sind aber auch die Österreichischen Arbeitskreise für Psychoanalyse, deren Caruso-Verehrung ganz wesentlich zur Blindheit gegenüber der schwierigen persönlichen Geschichte des Igor Caruso beigetragen hatte, Ziel seiner Kritik.

Mit tastenden Bewegungen rekonstruiert der Psychoanalyse-Historiker Karl Fallend das damalige universitäre Feld rund um den Hochschullehrer Igor Caruso, um immer wieder staunend bei der auch an sich selbst gestellten Frage zu landen, warum eigentlich niemand so recht hinhören wollte, als Caruso schon zu Lebzeiten Andeutungen in Richtung seiner Gutachter-Tätigkeit *Am Spiegelgrund* machte.

Gerhard Benetka und Klaus Posch untersuchen auf dem Wege eines Dialogs das von ihnen konstatierte Phänomen der »Abwehr von Neugierde« und fragen sich, was es mit dem Desinteresse oder der Indifferenz von PsychoanalytikerInnen in Bezug auf ihre eigene Geschichte auf sich haben könnte.

Unter dem Titel »Psychoanalysieren an der Schwelle zum Balkan« nähert sich Ulrike Körbitz über Umwege jenem Ort, den eine gelungene Analyse auszeichnen sollte. Von dort aus fragt sie weiter: Was impliziert die Orientierung an der Schwelle zum Balkan für die Organisationsfrage der Psychoanalyse?

Einen entgrenzten Dialog produziert ein Autorenkollektiv – JOHANNA MUCKENHUBER, RAINER DANZINGER, PETER GASSER-STEINER, GERNOT HERZEG, GERT LYON –, das nach Geschichte(n) und Werdegängen von PsychoanalytikerInnen fragt. Hier werden die Grenzen hin zur Soziologie bzw. zu einem sozialwissenschaftlichen Denken hin überschritten, das alsbald den Versuch startet, sich der Psychoanalyse als sozialwissenschaftlicher Methode zu bedienen. Auf subtile Weise wird so zur Organisationsfrage der Psychoanalyse Stellung genommen, erweist sich doch der/die PsychoanalytikerIn als Subjekt komplexer Erfahrungen und Einflüsse, die sich nicht auf – technische – Schulungen gemäß internationaler Standards reduzieren lassen.

WOLFGANG BRUMETZ nähert sich mit den Mitteln der sprachanalytischen Philosophie Jacques Lacan an, genauer gesagt dessen linguistischer Fundierung der Psychoanalyse. Diese, so Brumetz, weist jedoch eine ganze Reihe von Schwächen auf, die es zu korrigieren gilt.

In einem Gespräch mit CHRISTIAN EIGNER öffnet PAUL PASS einen Korridor zwischen Psychoanalyse und Bildung, indem er sich für die Nutzbarmachung der psychoanalytischen Methode in zwei von ihm konzipierten interuniversitären Lehrgängen ausspricht und indem er illustriert, wie diese dort zum Tragen kommt.

Randgänge sind ebenfalls, was CHRISTIAN EIGNER und BETTINA RABELHOFER auf der Grazer Tagung vollführten.

Über die Auseinandersetzung mit dem literarischen Spätwerk Wilfred Bions skizziert CHRISTIAN EIGNER eine Psychoanalyse, die sich gleichsam selbst reproduziert – nämlich durch eine Haltung, in der sich PsychoanalytikerInnen durch eine spezifische Form der Zuwendung in ihre AnalysandInnen »einschreiben«.

Unter die Kategorie *Randgänge* fallen ebenso BETTINA RABELHOFERS Ausführungen zu Binjamin Wilkomirski, der vor über einem Jahrzehnt mit einer fiktiven Biografie seines Überlebens von Auschwitz zuerst für Furore und dann, nachdem der fiktionalem Charakter der Biografie bekannt wurde, für einen Skandal sorgte. Über die literaturwissenschaftliche Analyse wird hier nach der grundsätzlichen Bedeutung des Erinnerns, einem Kernelement der Psychoanalyse gefragt, wobei die fiktionalen Anteile allen Erinnerns herausgearbeitet werden.

Als Schlussredner der Tagung verknüpfte der Freiburger Kulturtheoretiker Klaus Theweleit die verschiedensten Tagungsbeiträge miteinander, allerdings nicht ohne manch andere theoretische Position einzubringen, etwa Derridas Überlegungen zum Archiv oder Nietzsches Reflexionen über das Erinnern. Er stellte einen Bezug zu den Forschungsergebnissen der Neurowissenschaften her. Mit deren Hilfe möchte er daran erinnern, dass beispielsweise das Wiederholen traumatischer Situationen weniger zu einem Aufarbeiten, als zu einem völligen Überschreiben, das heißt Neuschreiben der Ursprungssituation führt.

In der Tat kann man sich angesichts solcher Beiträge fragen, was daran noch Psychoanalyse und nicht schon psychoanalytisch motivierte, quasi-philosophische Theoriebildung ist. Doch genau darin sehen wir ein Kennzeichen von Randgängen: Grenzen werden fließend und müssen auch fließend werden, wenn sie nicht Selbstzweck, sondern Ausdruck eigenständiger – regionaler – Entwicklungswege sein sollen.

Unserer Ansicht nach beinhaltet jeder der in diesem Tagungsband abgedruckten Beiträge spezifische Herausforderungen. Sowohl während der Tagung als auch im Zuge der nachträglichen Bearbeitung durch uns HerausgeberInnen zeigte sich dies in lebhaften, durchaus kontroversen Diskussionen, in denen sich unterschiedliche Auffassungen über unsere Funktion manifestierten: Sollen wir uns darauf beschränken, auf die Einhaltung der Zitierregeln und anderer formaler Kriterien zu achten? Oder sollen wir die Beiträge erst dann »freigeben«, wenn sie mit unseren Überlegungen zumindest ansatzweise übereinstimmen? Sollten die schriftlich vorliegenden Vortragstexte nicht durch Interviews und Gespräche erweitert werden? Zuletzt erkannten wir, dass unsere Aufgabe als HerausgeberInnen darin besteht, die Entstehung der Texte zu unterstützen und die AutorInnen mit kritisch-neugierigen Fragen, Anmerkungen, Ermunterungen usw. zu fordern und zu fördern. Geht es hier nicht um jene Art von Herausforderung, die psychoanalytisches Arbeiten insgesamt mit sich bringt?

Darüber hinaus verstehen wir das Tagungsgeschehen als Beitrag im Sinne jener Herausforderung, welche die Peripherie an die Zentren heranträgt. Sie sorgt dafür, dass der globale Diskurs nicht zur uniformen Einbahnstraße wird, an deren Ende monolithische Erstarrung wartet und in deren Verlauf der Psychoanalyse genau das widerfahren könnte, wogegen der Titel der Tagung aufgerufen hat: ein Vergessenwerden.

Graz, im August 2010
Christian Eigner, Ulrike Körbitz, Gert Lyon & Klaus Posch

I Erzherzog Johann, der Balkan und Igor A. Caruso

Erzherzog Johann und die Utopie des »guten Herrschers«

Psychoanalytische Überlegungen zum Abwehrcharakter seiner »Verehrung«

Klaus Posch

Einleitung

In diesem Beitrag geht es nicht um eine (psychoanalytische) Deutung[1] der historischen Person Erzherzog Johann (1782–1859), vielmehr werde ich der Frage nachgehen, wie und mit welchen Auswirkungen Johann in der Steiermark »verehrt« wird. Die Wahrnehmung vergangener Ereignisse folgt nicht einem positivistischen Modell der Subjekt-Objekt-Spaltung, sondern ist – folgt man den Entdeckungen und Erkenntnissen der Gedächtnisforschung – ein nicht-trivialer Prozess, in dem es eine Vielzahl von Wechselwirkungen zwischen dem Subjekt und dem Gegenstand der Wahrnehmungen gibt. Bekanntlich sind die Formen von Geschichtsdarstellungen vielfältiger Natur: Neben der historisch-kritischen wissenschaftlichen Arbeit gibt es Legenden, Anekdoten, Bilder, Lieder, Filme usw., die sich zu einer Art von »kollektivem Gedächtnis« (König 2008) formieren. Kollektives Nachdenken über eine Herrschergestalt hat seine eigenen Dynamiken. Eine davon fasse ich unter dem Begriff der »Verehrung« zusammen. Es geht in diesem Beitrag um die Analyse des dynamischen Prozesses der Verehrung als eine Form der gesellschaftlich produzierten »projektiven Idealisierung« des »guten Herrschers« Johann.

1 Dies wäre allein deshalb schwierig, weil sich die historische Forschung bisher wenig mit Johann beschäftigt hat. Dies liegt sowohl an der schwierigen Quellenlage, aber auch daran, dass Johann für HistorikerInnen keine wirklich »interessante« Persönlichkeit war. Die jüngste Publikation zur Biografie trägt bezeichnenderweise den Untertitel *Eine biografische Annäherung an Erzherzog Johann* (vgl. Wießflecker 2009).

»Gedächtnisjahre« als »brennende Zeitprobleme«

Paul Parin, der in der ehemaligen Untersteiermark, die heute auf slowenischem Staatsgebiet liegt, aufgewachsen ist, in Graz das Gymnasium besuchte und bis zu seinem Tod im Jahr 2009 Ehrenmitglied des Grazer Arbeitskreises für Psychoanalyse war, warf 1978 in einer kritischen Glosse in der Zeitschrift *Psyche* die Frage auf, »[w]arum die Psychoanalytiker so ungern zu brennenden Zeitproblemen Stellung nehmen«? (Parin 1978) Im Rückgriff auf Schriften Freuds wie *Die »kulturelle« Sexualmoral und die moderne Nervosität* (1908), *Totem und Tabu* (1913), *Massenpsychologie und Ich-Analyse* (1921), *Die Zukunft einer Illusion* (1927), *Das Unbehagen in der Kultur* (1930), *Warum Krieg?* (1932) und *Der Mann Moses und die monotheistische Religion* (1937–1939) wies er der Psychoanalyse eine doppelte Aufgabe zu, nämlich »das Seelenleben und das gesellschaftliche Leben zu erforschen«. Mit Verweis auf Heinz Hartmann, der 1944 in einem Aufsatz über Psychoanalyse und Soziologie die These aufstellte, dass »[w]ir […] menschliche Wesen nicht unabhängig von der Realität verstehen [können], in der sie leben«, argwöhnte Parin, dass wir Psychoanalytiker in unseren Analysen gar nicht so selten »Fehldeutungen« von uns geben, wenn wir den Einfluss sozialer Institutionen vernachlässigen oder den Umstand nicht beachten, dass soziale Strukturen dem heranwachsenden Individuum in erster Linie aufgezwungen werden. Die Substanz der psychoanalytischen Gesellschaftskritik, so Parin, sei aufgezehrt, da sich der Mainstream der Psychoanalyse vom Diskurs der kritischen Soziologie zurückgezogen habe und an die Stelle psychoanalytischer Gesellschaftskritik die Illusion getreten sei, dass wir Psychoanalytiker schon in ausreichendem Maße Stellung zu den brennenden Fragen der Zeit genommen hätten. Seine Kritik an dieser Haltung schloss Parin mit einem Zitat Freuds aus *Zeitgemäßes über Krieg und Tod* (1915) ab: »Illusionen empfehlen sich dadurch, dass sie Unlustgefühle ersparen und uns an ihrer statt Befriedigungen genießen lassen.«

2009 jährte sich zum 150. Mal der Todestag des »Steirischen Prinzen« Erzherzog Johann (1782–1859). Nach den Plänen der Landesregierung und der Kulturpolitiker sollte in diesem Jahr ein kulturelles Großereignis gefeiert werden, denn Erzherzog Johann gilt, so der derzeitige Landeshauptmannstellvertreter und Landesparteiobmann der ÖVP, Herrmann Schützenhöfer (2009), als Mann, der

> »Materielles als auch Immaterielles hinterlassen [hat], wovon wir noch heute profitieren. Er war ein Mann, der mit klarem Verstand und Fortschrittsglauben die wirtschaftlichen und politischen Probleme seiner Zeit erkannte und versucht hat, sie – zum Teil mit unkonventionellen Mitteln – zu bewältigen. Seine Verbundenheit mit der Bevölkerung lässt ihm eine ungebrochene Zuneigung zuteilwerden, die in diesem ›Erzherzog-Johann-Jahr‹ wiederum deutlich sichtbar wird.«

Der kritische Diskurs zu diesem Ereignis wurde und wird nur von wenigen geführt und fand in den Massenmedien – wenig überraschend – kaum Widerhall (erste Ansätze dazu finden sich in Russ et al. 2009; weitere Publikationen sollen folgen).

Ich persönlich wusste bis 2008 kaum etwas über den »steirischen Erbprinzen«. Auch die Tatsache, dass ich an der Fachhochschule FH Joanneum arbeite, bot keinen Anlass, mich näher mit seiner Person zu beschäftigen. Erst die Ausrufung des Gedenkjahres machte mich neugierig: Wer war Johann und warum wird er in der Steiermark in derartigem Ausmaß verehrt? Dazu kommt, dass ich mittlerweile in sechs unterschiedlichen Bundesländern Österreichs gelebt habe und bei nahezu jedem Umzug mit der Verehrung lokaler Helden konfrontiert war. Besonders beeindruckt war ich, als ich als Elfjähriger vom Klassenvorstand des von mir besuchten Innsbrucker Gymnasiums verpflichtet wurde, das sogenannte »Riesenrundgemälde« mit der Abbildung der »Bergisel-Schlacht«, bei der 1809 Andreas Hofer die Franzosen und Bayern besiegte, aufzusuchen. Ich erlebte dies als Initiationsritus auf meinem Weg, ein »echter Tiroler« zu werden. Im Zuge meiner Beschäftigung mit Erzherzog Johann entdeckte ich, dass dieser mit Andreas Hofer eng verbunden und ein großer Liebhaber Tirols war – wie so viele unserer Gäste, die Jahr für Jahr zu Hunderttausenden Tirol und Österreich besuchen (kritisch dazu u.a. Turrini 1986).

Ein weiteres Motiv kommt hinzu: Die Auseinandersetzung mit der Geschichte Österreichs, das über viele Jahrhunderte ein imperiales Großreich war, findet in Österreich bei Weitem nicht jenen Widerhall, wie dies in Deutschland der Fall ist. Ein »Historikerstreit« ist in Österreich kaum denkbar. Historische Aufklärungsarbeit wird in der Regel als die Aufgabe einiger weniger Historiker betrachtet, die, wenn sie kritische Fragen stellen, der Nestbeschmutzung verdächtigt werden. Das »Net amol ignorieren!« historischer Wahrheiten ist eine Grundhaltung, die der Individualpsychologe Erwin Ringel (1984, S. 34f.) in seinem weit verbreiteten und doch wenig beachteten Buch *Die Österreichische Seele* beispielhaft beschrieben hat:

> »In diesem Österreich hat es eine Gestalt gegeben (das Wort Person vermeide ich absichtlich), in der die ganze Selbstbeschädigungs- und Vernichtungstendenz dieses Landes in einer einmaligen Weise komprimiert in Erscheinung getreten ist. Der Mann wurde schon in der Kindheit durch seine Mutter und die Erziehung vernichtet, hat dann 68 Jahre regiert, hat in dieser überlangen Zeit keine einzige konstruktive Idee gehabt, keine einzige! […] Mit der zwangsneurotischen Pedanterie einer Maschine ist er am Schreibtisch gesessen, hat Akten studiert und unterschrieben, als personifiziertes Pflichtgefühl (wo blieben die anderen Gefühle?) […] Vielleicht wäre es nicht nötig, einen Exkurs über Franz Joseph zu halten, wenn nicht mit Schrecken zu bemerken wäre, daß immer mehr Menschen eine merkwürdige nostalgische Sehnsucht nach eben diesem Franz Joseph entwickeln, ganze ›Wallfahrten‹ nach Ischl und andere Gedenkstätten stattfinden.«

Fragen über Fragen drängen sich auf: Das Neujahrskonzert der Wiener Philharmoniker, welches Jahr für Jahr in alle Welt übertragen wird, endet stets mit dem *Radetzkymarsch*, den Johann Strauß (Vater) 1848 dem Feldherrn Radetzky widmete, der als Sieger zahlreicher Schlachten verehrt wird und vor allem im Revolutionsjahr 1848 mit der k. u. k. Armee »von Sieg zu Sieg« eilte. Die k. u. k. Armee war keineswegs eine so »gemütliche« Armee, als die sie häufig dargestellt wird. Was die Anwendung sadistischer Disziplinierungsmaßnahmen betrifft, war das Habsburgerregime und sein Heer besonders grausam: Noch 1859 wurde in der Armee die Stockstrafe an über 10.000 jungen Männern selbst wegen geringfügiger Delikte vollzogen. Es war eine Strafe, die zum Tod führen konnte und in der französischen Armee 1789, in der preußischen 1852 abgeschafft worden war (Leidinger 2003, S. 87f.). Was wussten Befehlshaber der k. u. k. Armee wie unsere Helden Radetzky und Johann davon?

Viele historische Fragen stellen sich. Mit Aleida Assmann (2007, S. 14) lassen sie sich nach vier Kategorien zusammenfassen:

1. Wie viel Abwesendes ist noch präsent?
2. Wie viel Vergangenheit ist noch bewusst oder unbewusst gegenwärtig?
3. In welchen Formen nimmt das unsinnliche Nicht-Mehr sinnlich greifbare Formen an?
4. Wie verschränken sich Vergangenheit und Gegenwart, Fernes und Nahes, Entlegenes und Aktuelles?

Mit diesen Fragen sind wir beim Phänomen der Verehrung historischer Personen angelangt. Dazu formuliere ich folgende These: Verehrung lässt sich als gesellschaftlich produzierte »projektive Idealisierung« verstehen. Was bedeutet das?

Die Fähigkeit zur Idealisierung ist eine Voraussetzung dafür, dass Individuen eine Identität entwickeln können, eine Identität, die einerseits flexibel genug ist, sich veränderten Anforderungen der Außenwelt anzupassen, andererseits stabil genug, um Versuchungen als solche zu erkennen und auf der Grundlage verinnerlichter Werte unter Umständen gegen Ansinnen anderer Widerstand zu leisten. Individuen durchlaufen hinsichtlich der Fähigkeit zur Idealisierung verschiedene Entwicklungsstufen. In vereinfachter Darstellung können dabei folgende Entwicklungsstufen unterschieden werden:

a) Säuglinge lernen, um überleben zu können, zwischen guten und bösen Objekten zu unterscheiden; sie idealisieren in primitiver Weise die guten Objekte, indem sie die bösen abspalten und innerlich vernichten.
b) Kleinkinder projizieren ihr grandioses Selbst auf andere.
c) Kinder idealisieren Objekte auf der Grundlage unbewusster Schuldgefühle.
d) Jugendliche erkennen ideale Werte an, in denen sich ihr Ich-Ideal widerspiegelt.

Die hier beschriebenen Entwicklungs- und Regressionsstufen der Idealisierung bestimmen auch die Verpflichtungen der Subjekte gegenüber gesellschaftlichen Ideologien, wie sie sich beispielsweise in kollektiven

Gedächtnisleistungen etablieren. Ideologien verstehen wir in der psychoanalytischen Forschung als ein »unbewusst determiniertes System illusorischer Repräsentationen der Realität« (Kernberg 2000, S. 42). Mit dieser Definition wird anerkannt, dass Gesellschaften als Großgruppen in jedem Fall Ideologien ausbilden, diese jedoch unterschiedliche Formen annehmen und hinsichtlich des Potenzials, den einzelnen Subjekten, Paaren, Kleingruppen, Minderheiten usw. ein »gutes« Leben zu ermöglichen, unterschieden werden können.

Im Zusammenhang mit unseren Fragen müssen vorerst noch einige weitere Begriffe geklärt werden, um die Verehrungsmechanismen hinsichtlich der historischen Persönlichkeit Johanns und ihre Wirkungen untersuchen zu können: Identifizierung, Idealisierung, Ich-Ideal, Narzissmus, der Abwehrmechanismus der »Identifizierung mit dem Angreifer« und zuletzt die »projektive Idealisierung«.

»Identifizierung« ist ein psychischer Vorgang, durch den »ein Subjekt einen Aspekt, eine Eigenschaft, ein Attribut des anderen assimiliert und sich vollständig oder teilweise nach dem Vorbild des anderen umwandelt« (Laplanche/Pontalis 1967, S. 219). In diesem Sinne steht Identifizierung in einer Reihe psychologischer Begriffe wie Imitation, Einfühlung, Sympathie usw. Die Subjektbildung beim Säugling und auch noch beim Kleinkind erfolgt identifikatorisch nach dem Vorbild des anderen, also noch nicht auf der Grundlage einer Beziehung zwischen zwei unabhängigen Subjekten. Eine Beziehung setzt bestimmte kognitive und emotionale Fähigkeiten voraus, die sich erst in einer späteren Phase in Interaktionen mit den primären Objekten entwickeln. Wichtig ist in unserem Zusammenhang die Beobachtung, dass wir uns im Laufe unseres Lebens immer wieder mit anderen identifizieren, wobei in diese Identifizierungsvorgänge unsere frühen Erfahrungen mit den primären Identifizierungen einfließen. In Situationen, in denen wir aufgrund innerer und/oder äußerer Nöte regredieren, beeinflussen diese frühen Erfahrungen unsere Wahrnehmungen, Fantasien und Handlungen. In der Großgruppe bzw. Masse (z.B. als Publikum) bleiben wir empfänglich für primitive Identifizierungen und dementsprechend verführbar, mit anderen Worten: Das Bedürfnis nach entlastender Identifizierung und Idealisierung bleibt unerschöpflich.

Von »Idealisierung« sprechen wir dann, wenn in einem psychischen

Vorgang der Identifizierung die Qualität und der Wert des Objekts Vollkommenheit erlangen. Das idealisierende Subjekt identifiziert sich mit seinem idealisierten Objekt. Die Idealisierung besonders der Eltern gehört notwendigerweise zur Aufrichtung des Ich-Ideals im Subjekt. Das Ich-Ideal ist jene Instanz der Persönlichkeit, die aus der ursprünglich narzisstischen Idealisierung des Ichs, den Identifizierungen mit den Eltern und den gesellschaftlichen Idealen entsteht. So stellt das Ich-Ideal ein Vorbild dar, an das das Subjekt sich anzugleichen versucht (vgl. Laplanche/Pontalis 1967, S. 202f.).

Auch als erwachsene Subjekte bleiben wir deformierbar. Unserem Seelenleben steht die Möglichkeit zur Verfügung, an die Stelle unseres Ich-Ideals eine andere Person zu setzen und sich dieser zu unterwerfen. Ein solcher Vorgang liegt der Gruppen- und Massenbildung zugrunde: Der Einzelne gibt sein Ich-Ideal auf und vertauscht es gegen das vom Führer verkörperte Massenideal (vgl. Freud 1921, S. 144). Wir können dabei unsere Selbstgefälligkeit bewahren und mit uns selbst zufrieden sein. Das Zusammenfließen von Ich- und Massenideal kann so weit gehen, dass durch das Wegfallen von Hemmungen, Rücksichten und Selbstvorwürfen ein Triumphgefühl entsteht, das weder durch Selbstkritik noch durch Schuldgefühle gestört wird. In der realen Gruppe entsteht ein »Wir-Gefühl«, in der imaginierten Gruppe fühlen wir uns einer Gruppe zugehörig. Dabei kommt zur Idealisierung des »Führers« die Identifizierung mit den anderen Mitgliedern der Gruppe hinzu, von denen wir annehmen, dass sie die gleiche Beziehung zum Führer haben. Den Kern der Verehrung eines Führers bildet einerseits seine Idealisierung, andererseits die Identifizierung mit den anderen »Verehrenden«. Dies verweist auch darauf, wie stabil die Abwehrstruktur der Verehrung und wie wenig attraktiv es für die Verehrerinnen und Verehrer ist, sich aus dieser Abwehrstruktur zu befreien.

Die ersten sozialen Erfahrungen macht der Säugling in der Beziehung zum Elternpaar, das ihm psychisch und physisch in vielerlei Hinsicht überlegen ist. In dieser Situation muss der Säugling bzw. das Kleinkind lernen, Ängste und Aggressionen zu meistern, was mittels Entwicklung von Abwehrmechanismen erfolgt. Von etwa einem Dutzend Abwehrmechanismen, die gegenwärtig in der psychoanalytischen Forschung als Konzepte vorliegen, interessiert im Zusammenhang mit der Frage nach der Psychodynamik der Verehrung insbesondere der Abwehrmechanismus der »Identifizierung mit dem Angreifer«, der von Anna Freud entdeckt und konzeptualisiert wurde: Ein Subjekt, das sich mit einer äußeren Gefahr konfrontiert sieht, identifiziert sich mit seinem Angreifer, »indem es sich entweder für die Aggression als solche verantwortlich macht, oder die Person des Angreifers physisch oder moralisch imitiert, oder sich bestimmte Machtsymbole aneignet, die ihn kennzeichnen« (S. Freud 1921, S. 224). Im ersten Fall entstehen Schuldgefühle, die schon deshalb quälend sein können, weil der Betroffene ihren Ursprung nicht zu erkennen vermag. Dies zeigt sich in einer depressiven Grundstimmung, die sich zum Beispiel in einer Vorliebe für sentimentale Melodien und Lieder zeigt. Die verschiedenen Varianten des *Erzherzog-Johann-Jodlers* sind ein Beispiel dafür. Im Verhalten der Erwachsenen gegenüber höhergestellten Persönlichkeiten manifestiert sich der Abwehrmechanismus der Identifikation mit dem Angreifer als Untertänigkeit bis hin zu blindem Gehorsam. Diese Verhaltensweisen werden in autoritären Regimes (politische Parteien, Redaktionen usw.) institutionell eingefordert. Sämtliche Statushierarchien stabilisieren sich mittels Identifizierung mit dem Angreifer. In erfolgreichen Demokratien werden Regeln und Strukturen gesucht und gefunden, die es den Menschen ermöglichen, egalitär zu verhandeln und zu handeln. Die Etablierung von Mitbestimmungsstrukturen spielt dabei eine besonders wichtige Rolle.

In Momenten der Konfrontation mit äußeren Gefahren kann das Subjekt das ihn gefährdende Objekt idealisieren und seine Ich-Ideale darauf projizieren (dem »Stockholm-Syndrom« liegt dieser Abwehrmechanismus ebenfalls zugrunde). Aber auch das Interesse an Geschichte und an Anekdoten über Herrscher und Herrscherhäuser findet in diesem Abwehrmanöver eine motivationale Grundlage, allerdings in einer Variante, die ich als »projektive Idealisierung« bezeichnen möchte. Sie regt dazu an, sich mit »großen« Persönlichkeiten auseinanderzusetzen. Während wissenschaftlich arbeitende Historiker zwischen projektiver Idealisierung des Objekts und kritischer Distanzierung von ihm hin- und herpendeln, verharren historisierende Politiker in der Position der projektiven Idealisierung des Objekts. Damit verfolgen sie individuelle und gesellschaftliche Interessen:

a) Der historisierten Persönlichkeit werden Ideen unterschoben, welche eigentlich die eigenen sind, die aber dadurch, dass sie der verehrten Person unterstellt werden, besondere Würde, Dignität, besonderes Gewicht und besondere Autorität bekommen.
b) Das historisierende Subjekt setzt sich an die Stelle des Objekts, das auf diese Weise elegant »entsorgt« wird.
c) Dem Zuhörer wird vermittelt, dass er zur Gruppe der Verehrer gehört, was es ihm ermöglicht, seine Orientierungsängste zu mildern. Dies unterstützt ihn aber auch dabei, seine paranoiden Ängste und Schuldgefühle zu meistern, die aus der Aggression gegenüber der Herrscherfigur resultieren. Mörderische Fantasien und paranoide Ängste gegenüber einem Führer lassen sich in Gruppen leichter ertragen.
d) Idealisierung meint nie das reale Objekt, sondern stets das fantasierte, das manipuliert und korrumpiert wird. Da der Ursprung von Idealisierung entwicklungspsychologisch vor der Zeit liegt, in der eine Beziehung zu einem grundsätzlich getrennten Objekt hergestellt werden kann, ermöglicht Verehrung eine Regression, die eine Entlastung von Selbstkritik gewährleistet und darüber hinaus gesellschaftlich legitimiert wird. Dies ist eine der zentralen Aufgaben einer »Politik des Gedächtnisses« (König 2008).
e) Die Verehrung einer historisierten Persönlichkeit eröffnet den Bewunderen die Möglichkeit, eigene Wünsche und Ideale auf diese zu projizieren und erspart ihnen in jedem Fall die reflexive Auseinandersetzung mit den realen Aspekten.

Die hier angeführten allgemeinen Abwehraspekte von Verehrung, die sich vor dem Hintergrund psychoanalytischer Entwicklungs- und Sozialpsychologie begrifflich in ihrer Komplexität fassen lassen, verweisen auf ihre Entlastungsfunktion. Ideologien, die daraus entstehen, entlasten sowohl die Individuen als auch deren Führer. Verehrung lässt eine Art Magie entstehen, durch die Entwicklungs- und Reifungsprozesse bei Individuen wie Gruppen zum Stillstand kommen. Dies soll am Beispiel der Verehrung Johanns untersucht werden.

Erzherzog Johann

Bei der populären und populärwissenschaftlichen Darstellung des Lebens Johanns werden regelmäßig Themen angesprochen, die Hinweise darauf geben, warum Johann in der Steiermark in einem solchen Ausmaß verehrt wird. Verehrung hat ihre Gründe und diese verraten die dahinter stehenden Trieb-Abwehr-Konstellationen der Verehrer. Ich habe sie zu sechs Themen zusammengefasst. Einige grundlegende Informationen zum Lebensweg Johanns habe ich in Tabelle 1 zusammengefasst.

Jahr	Biografisches Ereignis	»Parallelaktionen«
1782	Geburt Johanns in Florenz als 13. von 16 Kindern	
1790	Vater Leopold II wird Kaiser in Wien	Zweites Jahr der französischen Revolution
1792	Tod des Vaters, der älteste Bruder Franz II wird Nachfolger	
1796	Beginn der militärischen Ausbildung und Tätigkeit	
1800	Beginn der Zusammenarbeit mit Andreas Hofer in Tirol	
1809	Armeekommandant in Oberitalien	
1811	Gründung des Joanneums in Graz	
1815	Reisen, u.a. nach England, um Industrieanlagen zu besichtigen	Wiener Kongress, Beginn des »Vormärz« bzw. »Biedermeier« (bis 1848)
1819	Erste Begegnung mit Anna Plochl	
1829	Heirat mit Anna Plochl	
1848/49	Johann als Reichsverweser in Frankfurt am Main	Revolution, u.a. in Wien
1856		Geburt Sigmund Freuds
1859	Tod Johanns	

Tabelle 1: Übersicht über den Lebensweg von Erzherzog Johann

Auf diesem groben Datengerüst aufbauend, werde ich im folgenden Abschnitt sechs Themen seiner Biografie behandeln.[2] Erschwerend ist der Umstand, dass es bis heute keine historisch-kritische Biografie gibt und historische Fragen, sie seine Person und sein Wirken betreffen, nie systematisch behandelt wurden.[3] Umso mehr populärwissenschaftliche Literatur wurde auf den Buchmarkt geworfen und auch die Filmwirtschaft nahm sich des quotenträchtigen Themas an: So wird ein Hunger nach verehrungswürdigen Personen erzeugt und zugleich gestillt – auch das ist Politik des Gedächtnisses (König 2008).

Erstes Thema: Der tragisch Liebende

Viel zur Popularität Johanns tragen die Erzählungen über seine Beziehung zu Anna Plochl bei. Bemerkenswert sind mehrere Aspekte:

1. der biografisch späte Beginn dieser Beziehung – Johann war bereits 37 Jahre alt, als er 1819 Anna kennenlernte;
2. der große Altersunterschied und das geringe Alter Annas, als sie sich kennenlernten: Anna war erst 15, Johann bereits 37 Jahre alt, sodass der Alterunterschied 22 Jahre beträgt;
3. der große soziale Unterschied: Johann gehörte als Bruder von Kaiser

2 An dieser Stelle möchte ich meine Leserinnen und Leser nicht darüber im Unklaren lassen, dass auch ich viele Handlungen des Erzherzogs und die Person Johanns selbst bewundere (was auch eine Form von Verehrung darstellt). Eine wissenschaftliche Beurteilung maße ich mir keineswegs an. Für Kritik meiner impliziten Beurteilungen durch Historiker bin ich offen, erlaube mir aber in diesem Zusammenhang darauf hinzuweisen, dass die historische Forschung zu Johann meines Erachtens heute noch eher in den Kinderschuhen steckt. Die Quellenlage erweist sich als recht komplex, da ein großer Teil des Archivs mit Unterlagen zu Erzherzog Johann in den Jahren nach dem Zweiten Weltkrieg von der sowjetischen Armee aus Unkenntnis seiner Bedeutung vernichtet wurde. Die Edition von Johanns Tagebuch erweist sich aufgrund des Umfangs und der kaum entzifferbaren Schrift als äußerst schwierig. Nicht zuletzt reizt es Historiker offensichtlich wenig, sich mit ihm zu beschäftigen. Ich sehe diese Fakten allerdings auch im Zusammenhang mit der der gesellschaftlich produzierten Abwehr der Verehrung, die eine kritisch distanzierte Betrachtung erschwert.

3 Nachdem ich bei meinen bisherigen Recherchen zwar auf eine Reihe populärer Bücher gestoßen bin (Magenschab 2008; Friedl/Friedl 2003; Maurer 1997), aber kaum wissenschaftliche Literatur fand, beziehe ich mich hauptsächlich auf Aufsätze, die anlässlich der Landesausstellung 1982 erschienen sind (Klingenstein 1982).

Franz dem habsburgischen Hochadel an, Anna war die Tochter eines Postmeisters;
4. die Rolle des Kaiserbruders Franz, bei dem die Zustimmung zur Heirat eingeholt werden musste, die er 1823 zwar zunächst gab, sie wieder zurückzog und erst 1829 wieder erteilte.

Jedes Thema für sich genommen ist ein großer Liebesroman: Zusammengenommen verdichten sie sich zu einem Bild, das dem verehrenden Publikum viele Möglichkeiten zur Identifizierungen und Idealisierungen bietet. Die Fantasie des Liebespaares, also das Fantasieren anderer über das Liebespaar, dient dazu, eine Vielzahl heftiger Triebwünsche und Emotionen zu symbolisieren. Das Liebespaar bildet einen Kontrast zu allen anderen sozialen Gruppen, insbesondere zum Heer und zur (katholischen) Kirche. In jeder Diktatur wird versucht, die Bildung von Paaren zu kontrollieren. Die Literatur zum Thema Liebe handelt von den Konflikten zwischen den Anforderungen der gesellschaftlichen Mächte, die sich durch die Familien vermitteln, und den Mächten des sexuellen Begehrens. Nichts ist gleichzeitig so sehr Angelegenheit der beteiligten Individuen einerseits und der Herrschaftsordnung von Gesellschaften andererseits, wir die Paarbildung in der Liebesbeziehung.

Die Liebesgeschichte zwischen Anna Plochl und Johann gibt eine Reihe von Anhaltspunkten für Wunsch-Abwehr-Konstellationen:

- das sexuelle Begehren,
- die inzestuöse Liebe zwischen »Vatermann« und »Tochterfrau«,
- der Abgrenzungswunsch gegenüber den Konventionen und Regeln der sozialen Umwelt,
- die Aggression gegenüber jenen Instanzen, die sexuelles Begehren verbieten,
- die Angst vor dem »Versiegen« sexuellen Begehrens im Alter.

In seiner Studie über *Die feinen Leute* machte der Soziologe Roland Girtler (1989) deutlich, dass das »adelige Leben sich in vielfältiger Weise darum kümmert«, sexuelles Begehren innerhalb der Gruppe der Adeligen, aber auch zwischen den Gruppen der Adeligen und Nicht-Adeligen zu regeln: *vornehme Reserviertheit* als Haltung, die Hochhaltung von *Ehre* und das Prinzip der *Ebenbürtigkeit* bei der Wahl der Liebesobjekte bestimmen den

Alltag. Im Widerspruch dazu steht der Grundsatz der besonderen Distanz gegenüber der Sexualität, den eine von Girtler interviewte Prinzessin folgendermaßen zum Ausdruck bringt: »Über Sexualität wurde bei uns nie gesprochen. Um Gottes willen. Das steckt auch in mir. Gewisse Dinge würde ich nie fragen, obwohl es interessant wäre, die Reaktion zu testen« (Girtler 1989, S. 347). Auf der Basis dieser Gruppenregel lässt sich eine »verkitschte« Form der Liebe kontruieren; diese zeigt sich zum Beispiel in einem Angebot »für Verlobte, eine Erzherzog Johann-Hochzeit im Ausseerland« zu inszenieren. In diesem Angebot finden wir Folgendes:

> »Die romantische Landschaft des Salzkammergutes [...] verführte seit jeher viele Besucher zum Schwärmen. Dass dabei auch Gefühle aufbrachen und später manches Herz zum Herzen fand, beweist kein Geringerer als Erzherzog Johann. [...] Altaussee hat sich nunmehr entschlossen, das komplette Ausrichten von stil- und gehaltvollen Grün-, Silber- und Gold-Hochzeiten für alle Freunde und Gäste und natürlich auch für die einheimische Bevölkerung als Gesamtbetreuungs-Paket offiziell anzubieten« (zit. nach Girtler 1989 S. 330f.).

Dieser Form der Verkitschung einer tragischen Liebesgeschichte liegen heftige Ängste und deren Abwehr zugrunde. Der Kaiserbruder Franz symbolisiert dabei für Johann die Kastrationsangst, die, folgt man den Tagebucheintragungen, in seinem affektiven Leben vorherrschend war. Durch die Identifizierung mit diesen Ängsten bei gleichzeitiger Idealisierung des Liebespaares Johann und Anna entlastet sich das Publikum von eigenen Kastrationsängsten und kann zugleich den eigenen Narzissmus retten, denn letztlich ist doch alles »gut« ausgegangen!

Zweites Thema: Der »unglückliche« Heerführer

Weder Johanns enge Verbindung mit der Armee der Habsburger, die von früher Jugend an bestand (er wurde mit 17 Jahren als Rekrut eingezogen), noch sein beständiges Ringen mit seinem Bruder und der Mehrzahl von dessen Generäle in Fragen der Ausstattung des Heeres, der militärischen Doktrin sowie der strategischen Ausrichtung – insbesondere in den Kriegen gegen Napoleon – finden in populären Darstellungen ausreichend Raum. Er selbst stellte sich meist als unglücklicher Heerführer dar, der für den Kaiserbruder Niederlagen zu tragen hatte, die er eigentlich nicht hätte verantworten müssen. Dies fing damit an, dass er im Jahr 1800 18-jährig als »General ohne Befehlsgewalt« in eine aussichtslose Schlacht gezwungen wurde, und setzt sich in vielen weiteren Schlachten fort. Auf diese Weise gilt er als »Verlierer, den keine Schuld trifft«. Nun gehört allerdings zur Befehlsgewalt ein großes Maß an Durchsetzungsvermögen und Aggressionsbereitschaft, über die im Zusammenhang mit Johanns Befehlsgewalt nicht gesprochen wird. Befehlshaber wie Johann müssen sich als Personen inszenieren, für die zu sterben sinnvoll erscheint. Das ungeheure Aggressionspotenzial, das ungeheure Ausmaß an destruktiver Gewalt, das in jedem Krieg ausgelebt wird, würde bei den Befehlshabern unerträgliche Schuldgefühle auslösen, wenn es nicht Rituale gäbe, mittels derer sich Schuldgefühle auf andere projizieren lassen. Erzählungen der Befehlshaber über den Krieg und ihre Memoiren dienen der Entlastung von Schuldgefühlen, die das Ich-Ideal zerstören würden. In manchen Erzählungen wird der Krieg verherrlicht, der Kriegsführer wird zum Heros hochstilisiert. Johann scheint darunter gelitten zu haben, dass er unter den Heerführern eher ein »Antiheld« war, sei es im Vergleich zu seinem Bruder Karl oder später im Vergleich zu Radetzky oder Windischgrätz. Seine Niederlagen erlebte er wie andere Heerführer auch als narzisstische Katastrophen; er bedauerte zwar die Opfer der Kriege, aber er akzeptierte den Krieg als Mittel von Herrschaftspolitik der Habsburger. Seine Pläne, ein Volksheer, eine »Landwehr« aufzubauen, sind gescheitert, jedoch war seine Haltung in diesen Fragen fortschrittlich.

Drittes Thema: Der »Provinzler« und »Landmann«

Johann idealisierte die Landbevölkerung, er erlebte und beschrieb sie als offen, direkt, freundlich usw. Tiroler und Steirer verehrte er nahezu. Diese Wahrnehmungen waren das Gegenteil seiner Erfahrungen mit den in Wien lebenden Adeligen. Seine die ländliche Bevölkerung idealisierenden Aussagen bildeten sowohl für Menschen vom Land wie für jene, die in Städten lebten, Anknüpfungsmöglichkeiten für ihre Idealisierungen. Beide Idealisierungen entsprechen einer Abwehr realer Verhältnisse, mehr noch, es zeigt sich darin die Abwehr der Spaltung zwischen ausschließlich guten und ausschließlich bösen Objekten, den »guten« Landmenschen und den »bösen« Stadtmenschen. Johanns Verehrung des Tiroler Landlebens und der Tiroler Landmenschen trug groteske Züge: In Schönbrunn ließ er ein »Bauerngehöft à la Tyrolienne« (Magenschab 2008, S. 84) errichten, in dem vier Kühe, zwei Kälber und ein Melker lebten. Ins Tirolerhaus flüchtete er vor den Ärgernissen mit dem Hof und seinem Kaiserbruder Franz.

Auch mit der überlieferten Liebe Johanns zur Natur können sich seine Verehrer identifizieren. Allerdings kennt diese »Liebe zur Natur« verschiedene und widersprüchliche affektive Aspekte – und allzu viele Liebesbekundungen zur Natur verraten auch hier aggressive Strebungen, wenn nicht gar Zerstörungswut.

Viertes Thema: Der adelige Gegner des Adels

In sein Tagebuch notierte Johann am 19. November 1808:

> »Der Wiener Adel, der die Fremden nachahmt, dessen Mitglieder für niemanden, selbst für ihren Herrn keine Achtung haben, die über alles reden, urteilen, ihre Nase hoch tragen, als hätten sie weiß Gott was für Verdienste, die größtenteils so sind, dass der Staat sie nicht verwenden kann, die glauben, ihnen sei alles erlaubt, die prassen und schwelgen, deren Stolz unerträglich ist, die alles verachten, was nicht einen Stammbaum hat [...]. Mit vielen ist kein gescheites Wort zu reden, ausgenommen vom Theater, Unterhaltung und anderen nicht löblichen Dingen; und die, wenn man vom Staate, Vaterland, Verhältnissen und Bedürfnissen zu reden anfängt, verlegen werden, sich unbehaglich fühlen oder das Maul aufsperren« (zit. nach Magenschab 2008, S. 90).

Johann hegte einen Grimm »gegen diese Klötze und Dummköpfe« (zit. nach ebd., S. 187), was er immer wieder in verschiedener Weise äußerte. Interpretiert wird diese Haltung unterschiedlich: Während die populäre Historikerin Brigitte Hamann Johann in der jüngst erschienenen Biografie über Kronprinz Rudolf wenig schmeichelhaft als »enfant terrible« (Hamann 2008, S. 234)[4] des Hauses Habsburg bezeichnet, finden wir beim Historiker Hans Magenschab viel Zustimmung für Johanns kritische Bemerkungen über den Wiener Habsburger Adel. Seine Verehrer verknüpfen die Kritik am Adel mit einer Kritik am Wiener Stadtadel. Dies ermöglicht eine Differenzierung zwischen gutem und schlechtem Adel: Der gute Adel kann idealisiert, der schlechte Adel verdammt werden. Oder: Der steirische Adel ist gut, der Wiener Adel schlecht. Wie auch immer: An diesem Beispiel wird erkennbar, dass Idealisierungen mit Spaltungen zwischen gut und böse einhergehen und eine Distanz zur Realität herstellen. Die Verehrer Johanns können sich in der ihnen jeweils naheliegenden Weise mit ihm identifizieren und finden sich in jedem Fall in guter Gesellschaft.

Fünftes Thema: Der Aufklärer, Gründer und Reformer

Johann war unermüdlich in der Gründung von Gesellschaften, Vereinen und Institutionen. Er versuchte in vielen Bereichen Reformen umzusetzen, was ihm oftmals gelang: Er revolutionierte das Agrarwesen, um Hungersnöte zu verhindern, die ländliche Baukultur, um ein gesundes und sicheres Wohnen der Landbevölkerung zu ermöglichen, er gründete Banken, um mit Krediten die Wirtschaft anzukurbeln und um die Armut zu bekämpfen (was ihm gründlich misslang), sowie naturwissenschaftliche Gesellschaften wie das Joanneum. Des Weiteren förderte er einen Leseverein und das Zeitungs- und Bibliothekswesen, den Bergbau, das Eisenhüttenwesen usw. Er organisierte »unermüdlich«, was einerseits den Erfordernissen seiner Zeit, andererseits aber auch persönlichen Motiven entsprach: Konnte Johann nichts organisieren oder noch allgemeiner, konnte er nicht tätig sein, verfiel er laut einigen Tagebucheintragungen in Depressionen. Seine »unermüdliche« Schaffenskraft kann auch als Versuch verstanden werden, depressive Verstimmungen manisch abzuwehren. In der Verehrung Johanns können sich die Subjekte mit diesen seinen Zügen identifizieren, was zugleich

4 Diese Bezeichnung kann aber auch bedeuten, dass die Autorin durchaus Sympathien für Johann hegt.

bedeutet, dass sie sich nicht mit der Entstehungsgeschichte ihrer persönlichen Depression und Manie auseinandersetzen müssen. Der idealisierte Johann leidet stellvertretend für sie. Das ist schlecht für die eigene persönliche Reifung, aber auch im sozialen Umgang mit Mitarbeitern manifestieren sich bei Menschen mit dieser Abwehrstruktur ein geringes Maß an Empathie und ein hohes Maß an (latenter) Aggression.

Die Liste der realen Aspekte im Leben Johanns, die sich für projektive Idealisierungen eignen, lässt sich fortsetzen: Johann, der Vermittler und Mediator; Johann, der Kämpfer für eine demokratische Verfasstheit der österreichischen Gesellschaft und Deutschlands, Johann, der Vorkämpfer für eine Demokratisierung der Jagd; Johann, der liberale Wirtschaftstheoretiker und -praktiker usw. Es liegt daher meines Erachtens nahe, Johann als »guten« Herrscher zu verehren.

Sechstes Thema: Der »gute« Herrscher

Am Brunnendenkmal für Erzherzog Johann am Grazer Hauptplatz lesen wir den folgenden Satz: »Unvergessen lebt im Volke, der des Volkes nie vergaß.« Ob dieser Satz angebracht ist, muss in wissenschaftlicher Beurteilung durch Historiker stets von Neuem geprüft werden. Johann war nicht der einzige Reformer seiner Epoche und er war nicht nur Reformer, sondern auch Herrscher: zwar nicht Kaiser, aber Erzherzog mit heute kaum vorstellbaren Machtbefugnissen – selbstverständlich ohne parlamentarische Kontrolle. Als idealisiertes Objekt verkörpert er so etwas wie die Verwirklichung der »Idee des vernünftigen Herrschers« (Habermas 1972, S. 378ff.). Diese Idee kann unterschiedlich interpretiert werden, zum Beispiel als Theorie demokratischer Elitenherrschaft oder als Theorie einer Herrschaft, der kooperative Wahrheitssuche und diskursive Einlösung von Geltungsansprüchen zugrunde liegen, ohne dass dabei praktische Entscheidungsprozesse hintanzusetzen wären. Der Verehrung Johanns liegt die Idee einer »demokratischen Eliteherrschaft« zugrunde. Die hier skizzierten sozialen Prozesse der Verehrung sind ideologisch »unterfüttert«. Ideologien verstehen wir – wie bereits erwähnt – in der psychoanalytischen Forschung als ein unbewusst determiniertes System illusorischer Repräsentationen der Realität. »Verehrung« als projektive Idealisierung sichert Ideologien ab und immunisiert sie gegen (öffentliche) Reflexion.

Kommen wir zum Abschluss: In meiner Untersuchung der Auswirkungen idealisierender Interpretationen des Wirkens und Lebens Johanns versuchte ich zu zeigen, welche Folgen projektive Idealisierungen als Abwehrstruktur haben. Eine historisch-kritische Forschung einerseits und die Auseinandersetzung mit der Wirkungsgeschichte auf psychoanalytischer Grundlage andererseits würde es ermöglichen, die dabei entstehenden Fehleinschätzungen zu erkennen. Denn, so Otto Kernberg (2000, S. 250): »Idealisierungen korrumpieren ihr Objekt.« Und Karl Kraus meinte zum gleichen Thema: »Hinter dem Ideal ist das Übel am besten verborgen« (zit. nach Doderer 1965, S. 24).

Dies macht(e) das Dilemma eines Gedenkjahres für Johann, den »guten« Herrscher, aus und es erweist sich somit als brennendes Zeitproblem.

Epilog: Die Entstehung psychoanalytischer Organisationen aus der Verehrung Sigmund Freuds

»Neulich habe ich geträumt, daß Du ein König bist und ich eine Prinzessin und daß man uns durch politische Intrigen auseinanderbringen will. Es war nicht schön und sehr aufregend« (Meyer-Palmedo 2006, S. 167). Diesen Traum teilte die 20-jährige Anna Freud ihrem Vater 1915 in einem Brief mit. Dieser antwortete: »Meine liebe Anna, es ist sicher, daß die Intriguen, die auf unsere Trennung hinarbeiteten, mißglückt sind, es ist möglich, daß Du eine Prinzessin bist, die wie im Märchen jetzt Gänschen hüten muß, aber es steht fest, daß ich jetzt ein König bin ohne Land« (ebd., S. 167f.).

Aus dem Blickwinkel unserer Überlegungen zum Abwehrcharakter der Idealisierung wirkt Freuds Deutung keineswegs aufklärend und für Anna erhellend; bezeichnenderweise geht sie im weiteren Briefwechsel auf die Deutung Ihres Vaters nicht näher ein. Wie in vielen Passagen des Briefwechsels zeigt sich auch in dieser, dass der Vater die Verehrung durch seine Tochter dazu nutzte, um die eigene Position in der Familie und in den im Entstehen begriffenen Institutionen der

Psychoanalyse zu festigen. Komplementär dazu genießt Anna das volle Vertrauen ihres Vaters. Diese interpersonale Abwehrstruktur hatte weitreichende Folgen, die ich am Beispiel der Institutionalisierung der Ausbildung von PsychoanalytikerInnen abschließend aufzeigen werde.

Aus dem Protokoll der Sitzung des Lehrkomitees (bestehend aus Bernfeld, Hitschmann und Federn) vom 19. Oktober 1923 (vgl. Fallend 1995, S. 123ff.) geht unter anderem hervor, dass ein breites Spektrum von Lehrinhalten vorgesehen war, das nicht nur nach klinischen Gesichtspunkten ausgerichtet war, sondern vielen »Nicht-Klinikern« die Möglichkeit bot, umfassend über die Entwicklungen der Psychoanalyse zu referieren. An der Sitzung des Lehrinstituts vom 22. Dezember 1924 nahm auch Anna Freud teil (nur Bernfeld nahm an beiden Sitzungen teil; bei der zweiten Sitzung fehlten Federn und Hitschmann, stattdessen war nun Helene Deutsch – die in dieser Phase die größte admistrative Entscheidungsmacht besaß – vertreten). Sie war mittlerweile auch Mitglied des »Geheimkomitees« geworden (vgl. Appiganesi/Forrester 1992, S. 384).[5] Sigmund Freud selbst war nach der ersten großen Karzinom-Operation im November 1923 kaum imstande einzugreifen, er war aber durch seine Tochter Anna über die organisationellen Vorgänge informiert. Der Briefwechsel zwischen Vater und Tochter zeigt, dass Anna bereits als 20-Jährige die eine oder andere heikle Mission in Sachen Institutionalisierung der Psychoanalyse »erledigte«. Bei der Sitzung des Lehrkomitees vom 22. Dezember 1924 wurde unter anderem ein Zulassungsverfahren etabliert und die Teilnahmegebühren kräftig erhöht. Dieser Bruch mit den bislang veröffentlichten Positionen Sigmund Freuds blieb unbeachtet, es gab dazu keine Diskussionen oder Kontroversen. Wie auch, wenn die Tochter des idealisierten Meisters bei diesen Entscheidungen anwesend war? Die Interpretation, wonach sich mit der Einführung eines Zulassungsverfahrens die »Schüler« Freuds erstmalig über grundlegende Ansichten des »Meisters« hinweg setzten (so argumentiert Fallend im Anschluss an Cremerius; vgl. ebd., S. 128), stimmt so nicht: Anna Freud war hier die entscheidende Person, die – mit großer

5 Das »Lehrkomitee« und das »Geheimkomitee« waren unterschiedliche Suborganisationen mit unterschiedlichen Funktionen, aber jeweils mit großer Macht ausgestattet.

informeller Macht ausgestattet – ohne Widerstand ihre Meinung durchsetzte. Diese informelle Macht hatte ihren Grund in der Idealisierung des Vaters und dessen Reaktion darauf. Es entstand ein interpersonelles Abwehrmuster mit schwerwiegenden Folgen, die in der Folge auch von Dritten – soweit bekannt ist – nicht reflektiert wurden. Interessant wäre eine Untersuchung der Rolle Annas bei den zunehmenden Tendenzen zur Abwertung dissidenter PsychoanalytikerInnen und ihrer Ausgrenzung. Als sie 1968 beklagte, dass »Sonderlinge, Träumer, Sensitive, die das neurotische Elend an der eigenen Person erfahren hatten« (zit. nach ebd., S. 20) nicht mehr zur Ausbildung zugelassen wurden, hatte sie offensichtlich vergessen, dass sie selbst es war, die maßgeblich an dieser Entwicklung beteiligt gewesen war – ein schönes Beispiel für das Elend der Kritik. Eine kritische Beurteilung des Zusammenwirkens von Anna und Sigmund Freud bei der Institutionalisierung der Psychoanalyse auf der Grundlage psychoanalytischen Wissens über Organisationen steht nach wie vor aus. Warum?

Die aufklärerische Forderung nach einem »Niemals-Vergessen« hat auch einen illusorischen Kern, der eine zentrale Entdeckung der Psychoanalyse verleugnet: Erinnern korrespondiert mit dem Vergessen, darauf verwies Freud 1914 in seinem Aufsatz »Erinnern, Wiederholen, Durcharbeiten«, an dessen Ende er bemerkte:

> »Man muß dem Kranken Zeit lassen, sich in dem ihm unbekannten Widerstand zu vertiefen, ihn *durchzuarbeiten*, ihn zu überwinden, indem er ihm zum Trotze die Arbeit nach der analytischen Arbeit fortsetzt. […] [Das Durcharbeiten] ist aber jenes Stück der Arbeit, welches die größte verändernde Einwirkung auf den Patienten hat und das die analytische Behandlung von jeder Suggestionsbeeinflussung unterscheidet« (Freud, S. 1914, S. 135f.).

Dem aufklärerischen Erinnerungspathos widersprechend weist Freud darauf hin, dass erinnerte Inhalte wieder vergessen werden und dass jegliche Erkenntnis dem Vorgang des Unbewusstwerdens unterliegt. Diese Tendenz zur Abwehr im Vergessen mag bedauerlich erscheinen, kann aber auch als kreative Leistung verstanden werden, da im nochmaligen, im wiederholten Erinnern neue Erkenntnisse gewonnen werden können. Erinnern und Vergessen stehen demnach in einem komplexen, dialektischen Verhältnis zueinander, so wie das Erzählen und das Verdrängen: Sie schließen einander aus *und* bedingen einander. Bekanntlich sollte eine gelungene endliche Analyse in die unendliche führen. Die Psychoanalyse bleibt wie die Moderne ein unabschließbares Projekt.

Literatur

Appiganesi, L. & Forrester, J. (1992): Die Frauen Sigmund Freuds. München, Leipzig (List).

Assmann, A. (2007): Geschichte im Gedächtnis. Von der individuellen Erfahrung zur öffentlichen Inszenierung. München (Beck).

Doderer, H. v. (2004): Die Merowinger oder Die totale Familie. 12.Auflage. München (Beck).

Fallend, K. (1995): Sonderlinge, Träumer, Sensitive. Psychoanalyse auf dem Weg zur Institution und Profession. Protokolle der Wiener Psychoanalytischen Vereinigung und biografische Studien. Wien (Verlag Jugend und Volk).

Freud, S. (1914) : Erinnern, Wiederholen, Durcharbeiten. GW X, S. 125–136.

Freud, S. (1921): Massenpsychologie und Ich-Analyse. GW XIII, S. 71–162.

Friedl, I. & Friedl, K. (2003): Der erste Tourist. Mit Erzherzog Johann durch die alte Steiermark. Graz et al. (Styria).

Girtler, R. (1989): Die feinen Leute. Von der vornehmen Art, durchs Leben zu gehen. Frankfurt/M. (Campus).

Habermas, J. (1972): Die Utopie des guten Herrschers. Eine Antwort an Robert Spaemann. In: Habermas, J.: Kultur und Kritik. Verstreute Aufsätze. Frankfurt/M. (Suhrkamp).

Hamann, B. (2008): Kronprinz Rudolf. Wien (Piper)

Kernberg, O. (2000): Ideologie, Konflikt und Führung. Psychoanalyse von Gruppenprozessen und Persönlichkeitsstruktur. Stuttgart (Klett-Cotta).

Klingenstein, G. (Hg.) (1982): Erzherzog Johann von Österreich. Bd 1: Katalog der Landesausstellung 1982, Bd 2: Beiträge zur Geschichte seiner Zeit. Graz (Landesverlag).

König, H. (2008): Politik und Gedächtnis. Göttingen (Velbrück Wissenschaft).

Laplanche, J. & Pontalis, J.-B. (1967): Das Vokabular der Psychoanalyse, Bd. 1. Frankfurt/M. (Suhrkamp).

Leidinger, H. (2003): Krieg und Außenpolitik II. In: Leidinger H. et al. (Hg.): Schwarzbuch der Habsburger. Die unrühmliche Geschichte eines Herrscherhauses. Wien, Frankfurt/M. (Deuticke).

Magenschab, H. (2008): Erzherzog Johann. Bauer, Bürger, Visionär. Graz et al. (Styria).

Maurer, L. (Hg.) (1997): Wenn Du nur schon bey mir waerest ... Grundlseer Schriften Bd. 1. Salzburg (Huttegger).

Meyer-Palmedo, I. (Hg.) (2006): Sigmund Freud – Anna Freud. Briefwechsel 1904–1938. Frankfurt/M. (S. Fischer Verlag).

Parin, P. (1978): Warum die Psychoanalytiker so ungern zu brennenden Zeitproblemen Stellung nehmen. Psyche 32(5–6), 385 – 389.

Ringel, E. (1984): Die Österreichische Seele. 10 Reden über Medizin, Politik, Kunst und Religion. Wien (Böhlau).

Russ, G. et al. (Hg.) (2009): Revoluzzer. Steiermark: Innovation: 2009. Graz (Leykam).

Schützenhöfer, H. (2009): Erzherzog Johann, URL: http://www.erzherzogjohann.steiermark.at/cms/beitrag/11069880/36966616 (Stand: 07.11.2009)

Turrini, H. (1986): Die touristische Bananenrepublik. Zuerst ersch. in *Der Spiegel*. Zit. nach Turrini, H. (1996): Liebe Mörder! München (Luchterhand), S. 14–23.

Wießflecker, P. (2009): Ein Prinz des Hauses Österreich. Eine biografische Annäherung an Erzherzog Johann. In: Ableitinger, A. & Brunner, M. (Hg.): Erzherzog Johann von Österreich. »Ein Land, wo ich viel gesehen.« Aus dem Tagebuch der England-Reise 1815/16. Graz (Selbstverlag der Historischen Landeskommission für Steiermark), S. 19–44.

»Carusos Erben«

Reflexionen in einer erhitzten Auseinandersetzung[1]

Karl Fallend

Vorbemerkung 1: Im Jahr 2008 bebte es in der kleinen psychoanalytischen Gemeinde Österreichs. Zwei Beiträge in wissenschaftlichen Zeitschriften (List 2008a; Benetka/Rudolph 2008), ein Artikel im *profil* (Zöchling 2008), in *Die Presse* (Reiter 2008) und in anderen Printmedien, sowie eine Radiosendung berichteten darüber, was viele gewusst, viele geahnt, viele aber auch weder gewusst noch geahnt hatten: Professor Igor Caruso, Begründer des Wiener Arbeitskreises für Tiefenpsychologie (1947) und damit historischer Schirmherr aller Arbeitskreise in Österreich sowie Professor am Institut für Psychologie der Universität Salzburg, war im Jahre 1942 an der »Kinderfachabteilung« *Am Spiegelgrund* beschäftigt und damit in die sogenannte Kindereuthanasie involviert gewesen.

Vorbemerkung 2: Zurzeit feiern viele Geburtstag – Unser *Werkblatt. Zeitschrift für Psychoanalyse und Gesellschaftskritik* ist 25 Jahre alt geworden. Albert Ellensohn und ich publizieren als derzeitige Herausgeber, zusammen mit vielen engagierten FreundInnen in Österreich, Deutschland und in der Schweiz im wissenschaftlichen Beirat, zweimal jährlich Analysen, Berichte und Essays, die die Psychoanalyse nicht nur als therapeutische Praxis, sondern in ihrer vielfältigen Anwendung zur Diskussion stellen.

1 Für anregende Gespräche bedanke ich mich bei Gerhard Benetka, Albert Ellensohn, Wolf Friedl, Johanna Gehmacher, Gabriella Hauch, Beate Hofstadler, Werner Kienreich, Andrea Knapp-Lackinger, Anna Koellreuter, Ulrike Körbitz, Fritz Lackinger, Doris Peham, Jutta Zabraha-Rainer, Inghwio aus der Schmitten, Martin Spitzer, Cornelius Textor und Gerhild Trübswasser.

Vor 25 Jahren war unsere Zeitschrift zwar sehr heiter, aber nicht vom Himmel gefallen. Sie entsprang einem mehrjährigen, lautstarken Protest rund um die universitäre Nachfolge von Prof. Igor Caruso in Salzburg. Aber nicht die Person stand damals im Mittelpunkt der Auseinandersetzung – die wenigsten in unserer Institutsgruppe haben ihn persönlich gekannt –, sondern seine Abteilung des psychologischen Instituts, das für so viele einen einzigartigen inspirierenden Freiraum der Auseinandersetzung bot. Eine historisch-sozialkritische Auffassung psychoanalytischen Denkens und Forschens stand dort im Mittelpunkt.

Als ich im Sommersemester 1979 in Salzburg zu studieren begann, stellte dies für mich eine einzige Konterkarikatur der vorangegangenen Jahre dar. Nach einer qualvollen Hauptschullehrerausbildung mit einem faschistoiden Musikprofessor, der mir auf Jahre jede Note verleidete, war das Zusammentreffen mit selbstbewussten streitbaren Studierenden, die ihre Interessen lautstark zu formulieren vermochten, eine Wohltat – war das Treffen auf Lehrende, die in der Lage waren, die Verbindung von Neugier, Lesen und Diskussion als lustvolle Arbeit zu definieren, eine völlig neue Erfahrung.

Da waren vor allem Ewald Englert, der im Qualm unserer selbstgedrehten Zigaretten die analytische Sozialpsychologie lehrte; der Jazzfan Ernest Borneman, mit dem wir regelmäßig und chronologisch die Gesammelten Werke Freuds lasen und diskutierten; Axel Krefting und Johannes Reichmayr, die uns in Kasuistikseminaren die Psychoanalyse als Therapie nahebrachten; Josef Shaked, der so manchen mit seinen ruhigen und spannenden Ausführungen auch samstags in die Uni lockte; Wolf Friedl, der mit unerschöpflichen Ideen immer neue Praxisfelder eröffnete. Und stets in der Peripherie und doch zentral: Johannes Reichmayr, der nicht nur mich für die Geschichte der Psychoanalyse begeisterte, die Ethnopsychoanalyse an der Universität verankerte und uns Studierenden internationale Kontakte eröffnete. So war es seine Idee, PsychoanalytikerInnen und SozialwissenschaftlerInnen aus vielen Ländern einzuladen, Solidaritätsbeiträge zu schreiben, die wir in einem Sammelband mit quasi programmatischer Leitlinie unter dem Titel *Jenseits der Couch. Psychoanalyse und Sozialkritik* publizierten und über 5.000 Mal verkauften.

Zumindest für mich – und ich glaube für viele andere auch – waren die AutorInnen des Sammelbandes auch jene Theoretiker, an denen wir uns orientierten, die unsere weitere Arbeit prägten und dies teilweise bis heute tun: Helmut Dahmer, Georges Devereux, Mario Erdheim, Wilfried Gottschalch, Klaus Horn, Marie Langer, Alfred Lorenzer, Emilio Modena, Paul Parin um nur einige zu nennen. Dagegen standen Carusos Schriften kaum zur Diskussion. Denn nicht sie, sondern *er* war für uns von Bedeutung. Während Caruso für viele Studierende älteren Semesters ein »geistiger Nährvater« (Aigner 2006) war, galt für uns jüngere – vor allem für mich – sein Name als Synonym für das von ihm geschaffene freigeistige Institut, das wir für die Entwicklung und Schärfung wissenschaftlicher Kritik und Selbstkritik benötigten. Und wir brauchten *ihn*. Mit *wir* meine ich die Institutsgruppe Psychologie, einen losen Haufen Studierender, Linke vieler »Schattierungen«, die nach der Emeritierung Carusos 1979 und seinem Tod 1981 für den Fortbestand der wissenschaftlichen Tradition seiner Lehrkanzel kämpften. »Die Fama, Caruso habe sich vom klerikalen Analytiker in der Auseinandersetzung mit linken Studenten aus ganz Österreich zum Marxisten gewandelt« (Institutsgruppe 1984, S. 287) war uns sehr willkommen. Im Dienst der politischen Agitation suchten wir ein von Widersprüchlichkeiten befreites Bild Carusos zu zeichnen, »das im Laufe der Auseinandersetzungen vor allem nach außen immer mehr den Charakter eines positiven Mythos bekam« (ebd.). Gegner hatten wir genug und so rückte die Gruppe nach innen zusammen, agierte nach konfliktvermeidenden Spielregeln, die den Denk- und Handlungsspielraum einengten – auch aus Angst, dadurch die Gruppe zu gefährden (vgl. ebd., S. 289).

> »Die phantasierte Vermischung der Institutsgruppe mit Caruso, die uns im ›Kampf um die Aufrechterhaltung der sozialkritischen Psychoanalyse Carusos in Sigmund Freuds Heimat‹ einigte und ein Motor unseres oft spektakulären Auftretens in der Öffentlichkeit war, gestaltete sich jedoch im Lauf der Zeit zu einem Denkverbot« (ebd., S. 288).

Wir segelten »in unserem Interesse unter seiner Flagge und förderten seine Heroisierung. So wurde Caruso zum Bindeglied zwischen den verschiedenen Studenten: In seinem Namen sollten sie sich einigen und gemeinsam ihre Interessen vertreten« (ebd., S. 291). Und

> »je mehr wir ihn brauchten, um der äußeren Bedrohung durch die Gerichtsprozesse die Stirn bieten zu können, desto verständnisvoller

> begegneten wir ihm. Aber wir waren nicht die nahen Partner, als die wir uns so gerne phantasierten. [...] Diese Vermischung mit Igor Caruso galt es erst mühsam zu lösen« (ebd., S. 292).

Diese Einschätzungen sind nicht neu. Wir haben sie vor 26 Jahren im Kollektiv diskutiert und durch die Feder von Jutta Rainer und Gertraud Migsch in unserem Sammelband *Jenseits der Couch* (Institutsgruppe Psychologie der Universität Salzburg 1984) publiziert. Die damalige Analyse muss nicht korrigiert, sondern lediglich um die Beobachtung ergänzt werden, wie hartnäckig sich der eigene Beitrag zur Mythenbildung hält und wie so manche Denkverbote trotz versuchter analytischer Bearbeitung aufrechterhalten blieben, auch wenn – wie ich meine – es uns doch gelungen ist, diese Vermischung zu lösen und eigene konstruktive Wege zu gehen. Der historische Bezug zu Carusos Institut blieb jedoch immer deutlich formuliert.

Der Kampf an der Universität war verloren und so gründeten wir unsere eigene Universität, die »Werkstatt für Gesellschafts- und Psychoanalyse« mit eigenen Räumlichkeiten, Vortrags- und Seminarbetrieb.[2] Wir schufen eine psychoanalytische Fachbibliothek, die inzwischen zur zweitgrößten Österreichs angewachsen, in den Räumlichkeiten der

2 Werkstatt-Programm des Wintersemester 1984/85 mit *Gastvorträgen* von Marie Langer: »Nicaragua. Psychoanalyse im Dienste des Volkes«; Franc Merkac: »Sozialisationsforschung im zweisprachigen Kärnten«; Franz Pichler/Ewald Englert: »Verdrängtes und die neuere Geschichte Österreichs«; Marina Fischer-Kowalski: »Meldungen aus dem Forschungsalltag«; Peter Seidl: »Von der körperlichen Zurückweisung zu aktiver Zärtlichkeit zwischen Eltern und Kindern«; Russel Berman: »Marxistische Betrachtungen über den Geisteszustand des gegenwärtigen Amerika«; Ingram Hartinger: »Denkproben und Rede-Varianten gegen die bürgerliche ›Psychologie‹«; Irmgard Vogt: »Weibliche Lebensformen und Drogenrausch«; Alfred Lorenzer: »Szenisches Verstehen und Psychoanalyse in der Literaturwissenschaft«. *Eigenproduktionen*: F. Aichinger: »M(eth)odisches«; K. Fallend: »Geschichtliche Spurensicherung der Psychoanalyse«; G. Scheberan: »Psychoanalyse, Dialektik und Nomologiekritik«; E. Platzl/W. Willwerding: »Mit der Transsibirischen nach China«; W. Friedl/K. Schwarzl: »AfA. Ein Salzburger Arbeitslosenprojekt«. *Arbeitsgruppen/Seminare*: »Psychoanalyse« (E. Falzeder, G. Fisslthaler, G. Krautgartner); »Dialektik« (G. Abl); »Politische Ökonomie« (L. Hartinger, B. Ortner); »Psychiatriearbeitskreis« (G. Fisslthaler, A. Topitz); »Lorenzer-Arbeitsgruppe« (J. Rainer); »Freud, Lacan und die Sprache der Literatur« (H. Höller); »Psychoanalytische Theorien der Weiblichkeit« (G. Paule, T. Ster); »Fragmente der Weiblichkeit«(I. Wildling); »Geschichte der proletarischen Frauenbewegung« (D. Gödl); »Qualitative Sozialforschung« (G. Migsch).

Sexualberatungsstelle Salzburg aufgestellt und ebenfalls aus der Werkstatt hervorgegangen ist. Heftig waren die Diskussionen um eine selbstautorisierte psychoanalytische Ausbildung, groß die Freude, zweimal jährlich ein handfestes Produkt unserer Arbeit – unsere Zeitschrift – in Händen halten zu können.

Und ergänzend, aber nicht unwichtig, übten wir uns mehrmals in der Kunstform des Cabarets, um auf unsere Arbeiten hinzuweisen; tingelten als Wissenschaftszirkus durch die Lande – zuletzt unter dem Titel *Jenseits der Couch. Das Werkblatt als Klangwolke. Caruso's Erben® GesmbH & Co. KG gibt Erklärungen zu Ort & Zeit.*

Den trotzigen Humor haben nicht alle verstanden. Der Protest ließ nicht lange auf sich warten, denn die Erbschaft wollte geteilt sein. Nur: In den psychoanalytischen Berufsvereinigungen war nicht viel an wissenschaftlichem Output zu vermerken, sondern mehr die Verwaltung eines Ausbildungsbetriebs, der für uns nicht sehr attraktiv war. Wir fühlten uns in der Tat als Erben, verstanden den Facettenreichtum unseres Engagements und unserer wissenschaftlichen Produktionen zur Psychoanalyse als Fortführung der Tradition des oben beschriebenen Institutes. Etwas großspurig, gewiss, aber nicht unberechtigt.

Nun hat sich der »gefühlte Nachlass« erweitert. Mit den beiden Publikationen von Eveline List (2008a) sowie von Gerhard Benetka und Clarissa Rudolph (2008) ging österreichweit eine Erregung durch die psychoanalytische Community, die in der Zweiten Republik wohl einzigartig anmutet. Zahlreiche Vortragsveranstaltungen, private und öffentliche Diskussionsrunden von Innsbruck, Salzburg, Graz, Linz bis Wien waren zu registrieren.

Neues Quellenmaterial belegte nun, wie nahe Igor Caruso im Jahre 1942 durch seine Gutachtertätigkeit *Am Spiegelgrund* der verbrecherischen Kindereuthanasie gekommen war.

Eveline List nutzte die Gelegenheit für eine Generalabrechnung mit der Person Carusos – eine Flut von empörten Leserbriefen folgte der Publikation. Es wurde viel berechtigte Kritik vorgebracht – vor allem von Johannes Reichmayr (2008) und Ernst Falzeder (2009) –, aber überwiegend stand die Autorin im Mittelpunkt, während ihr historisches Material nahezu unkommentiert blieb.

Der Beitrag von Gerhard Benetka und Clarissa Rudolph in unserer

Zeitschrift beschäftigt sich vorwiegend mit der kontextualen Bedeutung der psychologischen Gutachten und den Entscheidungsverläufen *Am Spiegelgrund*. Und es ist auffällig ruhig geblieben. Es gab zwar Lob und anerkennende Worte für die historische Aufarbeitung, aber es kam uns auch Kritik zu Ohren, die irritierte. Wen sollte sie treffen? Die Autoren Benetka und Rudolph? Mich bzw. uns Herausgeber? Oder gar »uns« als damaliges oder aktuell fantasiertes Kollektiv?

Die Kritik lässt sich wie folgt zusammenfassen: Nach einer ehemals grenzenlosen Idealisierung betreiben wir nun euphorisch Vatermord; obwohl oder weil wir ihn gar nicht erlebt haben, veranstalten wir nun die Tribunalisierung eines enttäuschenden Vaters und liefern ein Stück selbstgerechter Schau auf die Geschichte der Psychoanalyse.

Summa summarum überwog die Empörung über die Überbringer der schlechten Nachrichten; eine differenzierte Auseinandersetzung mit dem Umgang damit trat in den Hintergrund.

Eine Ausnahme bildet die Stellungnahme von Christian Schacht (2008), der sich nicht der ausschließlichen Empörung anschloss, sondern eine kritische (Selbst-)Reflexion der bisherigen Debatte formulierte und neben seiner Kritik auch in der Lage war, den Wert der jeweiligen historischen Arbeit anzuerkennen. Er formulierte sein Misstrauen gegenüber den allzu eindeutigen Stellungnahmen und vermisste die Artikulation von Affekten in der Debatte. Trauer, Enttäuschung, Zorn, Unbehagen, Misstrauen, aber auch Dankbarkeit, Respekt und Bewunderung benennt Christian Schacht als seine Wegbegleiter in der Auseinandersetzung – und ich möchte meinen, dass diese von vielen geteilt werden.

Aber könnte es nicht auch sein, dass diese alltagssprachlichen Benennungen nicht imstande sind, die eigentlichen Gefühlslagen auszudrücken, und sich deshalb eine öffentliche Sprachlosigkeit einstellt, weil die Grenzen der Empathie erreicht werden? Weil eben der Versuch einer Einfühlung, eines Verstehenwollens, sich so verdächtig der Entschuldigung annähert?

Wie fühlt man sich ein, in ein durch Jahre eintönig betrommeltes, in sich geschlossenes Propaganda- und Unterdrückungssystem? Was fühlt man in der Konfrontation mit dem tödlichen Antisemitismus, Rassenhass, mit industriellem Massenmord, dem Mord an Kindern, wenn die Täter, die Beteiligten, das Umfeld und die Opfer einen Namen und ein

Gesicht bekommen? Und vor allem wenn sich plötzlich ein persönlicher Bezug herstellt?

Christian Schneider und seine CoautorInnen bringen es auf den Punkt: »Wer sich der Geschichte des Nationalsozialismus auf dem Wege der biographischen Recherche nähert, gerät, was immer er untersucht, in gleichsam familiäre Nähe zur Unmenschlichkeit« (Schneider/Stillke/Leineweber 1996, S. 10). Welche Affekte begleiten die Auseinandersetzung, wenn man erkennen muss, dass die »Unmenschlichkeit« menschlich und obendrein »familiär« wird?

Christian Schacht zitiert in seinem Beitrag die E-Mail eines verzweifelten Kollegen, der versuchte, eine Radiosendung über Igor Caruso und seine Tätigkeit *Am Spiegelgrund* zu verhindern – denn der Schaden wäre nicht wieder gutzumachen. Und der Kollege schrieb weiter:

> »Mit der Korrektur der Homepage der Arbeitskreise, die Igor Caruso als ihren Gründer anführen, wird es nicht getan sein. Es empfiehlt sich dann nur noch die *Selbstauflösung* der von Igor gegründeten Vereine, wie immer sie sich als neugegründete dann auszuweisen versuchen werden« (Schacht 2008, E47; Hervorh. K.F.).

Schacht zeigte Verständnis für den beunruhigten Kollegen, aber keines für die vorgeschlagene Konsequenz.

Ich musste diesen Absatz mehrmals lesen und verfing mich immer wieder in dem Begriff »Selbstauflösung«. »In Luft – in Nichts auflösen« kam mir in den Sinn, oder gar »Auflösung des Selbst«. Ist hier nicht jene vermisste, adäquate Beschreibung von Affekten formuliert, die der aktuellen Auseinandersetzung auch zugrunde liegen? Der Wunsch des Ungeschehenmachens, der Derealisierung, des Entzugs, der eigenen Enthistorisierung, weil die Auseinandersetzung existenzielle psychische Dimensionen zu erreichen vermag – die der psychoanalytischen Identität. Grenzen der Mitteilung, des sprachlichen Ausdrucks, die mich auch hartnäckig beim Schreiben dieser Arbeit begleiten, werden rundum spürbar.

In diesem Sinne sind viele von uns in irgendeiner Form »Carusos Erben«, die, je unterschiedlich in der persönlichen Bekanntschaft, mit Igor Caruso in Beziehung stehen, auf ihn Bezug genommen haben, ob als Studierende oder Mitglieder der Arbeitskreise. Wie auch immer.

Gerade in der Erarbeitung einer psychoanalytischen Identität, die in ihrer Fragilität doch stets auch von Selbstzweifeln begleitet ist, ist das Bedürfnis groß, historische »Haltegriffe« zu suchen. Schützende Mütter und Väter, die einen Identifikationshunger stillen, der sich nicht nur bei der 68er-Protestbewegung erkennen lässt, sondern aufgrund des regressiven Prozesses der Coucherfahrung, der der analytischen Ausbildung und der Psychoanalyse immanent zu sein scheint. Gerade in Österreich, mit seiner nationalsozialistischen Vergangenheit, wo die Psychoanalyse entstanden ist, aber auch vertrieben und zerstört wurde, scheint die Versuchung groß, die historischen Verbindungen zu den eigenen Eltern und Großeltern durch Gegenidentifizierungen zu überlagern (vgl. Lohl 2009, S. 134).

Wo sonst gibt es derart ausgeprägte wissenschaftliche Familien-Clans, die miteinander in Konkurrenz stehen und nicht selten keine gemeinsame Sprache mehr sprechen? Ob Freudianer, Kleinianer, Lacanianer, Kohutianer, Reichianer usw. Wo sonst spielt eine Genealogie (Falzeder 1995), die Balint »apostolische Nachfolge« (zit. nach ebd., S. 37) nannte, eine so große Rolle?

Der an die Wand gemalte bis zu Freud zurückreichende »Familienstammbaum« in den neuen Räumlichkeiten der WPV entbehrt nicht einer gewissen stolzen Konnotation mit einem versteckten Hinweis: Welches Graffito der benachbarte Arbeitskreis wohl malen könnte?

Vielleicht ist es die registrierte Bedrohung der psychoanalytischen Identität, die bedrohlich formulierte Situation der »Selbstauflösung«, die Christian Schacht in der aktuellen Debatte von einem »Caruso-Beschütz-Reflex« (Schacht 2008, S. E47) sprechen und mir so manche Diskussionsbeiträge mehr als »Selbstverteidigung« erscheinen lässt, denn als ein Bemühen um Erkenntnisgewinn. Vielleicht ist dies eine Erklärung dafür, dass die Debatte so oft in einer Dichotomisierung von Freund und Feind, gut und böse, unschuldig und schuldig verharrt und im lauten Bedürfnis nach »Fakten« zu einem Missverständnis führt, worauf Benetka und Rudolph (2009) hingewiesen haben. Die historische Aufarbeitung ist kein Gerichtsprozess, der ein gefälltes Urteil oder eine Verurteilung verlangt.

So wie eine biografische ist auch eine historische Wahrheit nicht zu haben. In der Erforschung der Geschichte geht es um Wahrscheinlichkeiten, um Rekonstruktionen und um die Frage, wie nachvollziehbar diese Rekonstruktionen begründet werden können, aber auch um Interpretationsspielräume, um das Ertragen offener Fragen und vor allem um Fragen, die in erster Person gestellt werden: »Was macht die Geschichte mit *mir*?«, »Wie begegne *ich* ihr und was kann *ich* aus ihr lernen?« oder: »Wie hätte ich mich verhalten?« (Reemtsma 2001).

Keine leichten Fragen, vor allem weil die Antworten ernüchternd, auch schmerzhaft ausfallen können. Die aktuelle Auseinandersetzung ist für mich jedenfalls ein Lehrstück dafür, was Freud unter »loyaler Denkhemmung« gemeint haben mag, die er bezeichnenderweise aus der religiösen ableitet (Freud 1927, S. 371): Es handelt sich um eine individuelle und kollektive Denkhemmung in der professionell geleisteten Historiografie der Psychoanalyse, die dem Lustprinzip folgt und Illusionen nährt, die sich uns, nach Freud, dadurch empfehlen, »daß sie Unlustgefühle ersparen und uns an ihrer Statt Befriedigungen genießen lassen. Wir müssen«, schreibt Freud weiter und führt uns damit mitten in die aktuelle Debatte, »[w]ir müssen es dann ohne Klage hinnehmen, daß sie irgend einmal mit einem Stücke der Wirklichkeit zusammenstoßen, an dem sie zerschellen« (Freud 1915, S. 331). Vielleicht ist es angesichts des vielgestaltigen Scherbenhaufens zerschellter Illusionen so schwierig, die Affekte zu formulieren.

Es ist wohl auch eine Erbschaft von Carusos Wirken, dass Salzburg ein Zentrum der Psychoanalyse-Geschichtsschreibung wurde. Ausgehend von den federführenden Arbeiten von Wolfgang Huber und Johannes Reichmayr folgte eine einzigartige Reihe von Dissertationen und Publikationen zur Geschichte der Psychoanalyse, ihrer Institutionalisierung, Verfolgung und Vertreibung, oder biografische Arbeiten.[3] Auch die erste Ausgabe des Werkblatts, im Herbst 1984, war der Geschichte der Psychoanalyse gewidmet.

1986 holten Werner Kienreich und ich die Ausstellung *Hier geht das Leben auf eine sehr merkwürdige Weise weiter …* (Brecht et al. 1985), die anlässlich des 34. Kongresses der Internationalen Psychoanalytischen Vereinigung (IPV) in Hamburg (28. Juli bis 2. August 1985) konzipiert

3 Welche Arbeiten genau dazu zu zählen sind, ist nicht so leicht zu entscheiden (vgl. Steinlechner-Oberläuter 2010).

worden war und die Geschichte der Psychoanalyse im Nationalsozialismus thematisierte, nach Salzburg. Wir organisierten dazu eine Vortragsreihe und gestalteten einen eigenen Raum, um auch die Geschichte der Psychoanalyse in Salzburg samt den Vorgängen um die Nachfolge Carusos nachzuzeichnen (Fallend/Kienreich 1986). Woher plötzlich eine Kopie eines Briefes von Caruso auftauchte, mit Hakenkreuzstempel und einem – so die blasse Erinnerung – Ansuchen um die Aufnahme in das Göring-Institut, wissen wir nicht mehr; wohl aber, dass wir diesen in der Ausstellung platzierten und auch, dass er mehrmals von der Wand gerissen und wir beschimpft wurden. Wir fanden das interessant – mehr nicht.

Wesentlich interessanter war unser Symposium *Der Einmarsch in die Psyche. Psychoanalyse, Psychologie und Psychiatrie im Nationalsozialismus und die Folgen* (Fallend/Handlbauer/Kienreich 1989)[4], das wir im Zuge des großen Exilforschungskongresses *Vertriebene Vernunft*[5] 1988 in Salzburg organisierten. Ganz im psychoanalytischen Sinne der Nachträglichkeit bekommt das damalige Programm einen Sinngehalt, als ob wir uns unbewusst von vielen Seiten dem psychoanalytischen »Familiengeheimnis« genähert hätten, ohne es zu berühren.

Wir hörten Vorträge und diskutierten über Waldheim, die Vertreibung der Psychoanalyse, über August Aichhorn im nationalsozialistischen Wien, die apolitisch institutionalisierte Psychoanalyse, die akademische Psychologie und Psychoanalyse im Dritten Reich, sogar über die Geschichte der Euthanasie – und selbst Werner Vogt hatten wir eingeladen, unter anderem um über Heinrich Gross und den organisierten Mord *Am Spiegelgrund* zu referieren. Über Igor Caruso fiel – zumindest meiner Erinnerung nach – kein Wort.

Ganz anders – aber ungefähr zur selben Zeit – war die Situation in Wien, als Walter Parth (1988) im psychoanalytischen Arbeitskreis einen Vortrag »Über die Ideengeschichte des ›Wiener Arbeitskreises für Tiefenpsychologie‹« hielt und heftigen Protest erntete, weil er Caruso und die Wurzeln des Arbeitskreises im Nationalsozialismus einem grellen Licht aussetzte. Eigentümlicherweise ging diese Aufregung an uns vorüber.

---

4 Das Symposium fand am 27. und 28. Mai 1988 in Salzburg statt und wurde von der Werkstatt für Gesellschafts- und Psychoanalyse unter der Leitung von Karl Fallend, Bernhard Handlbauer und Werner Kienreich organisiert.

5 Internationales Symposium vom 19. bis 23. Oktober 1987 in Wien unter der wissenschaftlichen Leitung von Friedrich Stadler.

Mehr noch: Auch die Publikation des Vortrags sowie die geharnischte Kritik und der Abdruck des Radiointerviews Igor Carusos (1979) in den *texten* wurde von uns kollektiv nicht wahrgenommen.

Genau hier öffnet sich der Blick auf ein interessantes Phänomen: Wie konnte sich trotz des umfassenden kollektiven Reflektierens, Diskutierens und Publizierens ein derart unterschiedlicher Kenntnisstand über Carusos Tätigkeiten während des Nationalsozialismus halten? Ich selbst stieß Anfang der 90er Jahre auf die genannte Publikation, suchte damals irritiert ein kurzes Gespräch mit älteren Studienkollegen, die anscheinend Bescheid gewusst hatten, und verließ die Auseinandersetzung mit dem Gefühl, der Letztgereihte im Informationsfluss zu sein. Dem war aber nicht so. Bei einer Rundreise zu ehemaligen StudienfreundInnen im Sommer 2009 zeigten sich einige erst durch den *profil*-Artikel von Christa Zöchling vom April 2008 in Kenntnis gesetzt und so staunten wir allesamt vor dem Rätsel, dass doch wir *selbst* es waren, die 1984 im Sammelband *Jenseits der Couch* zum Gedenken an Igor Caruso notierten: »Ab 1942 als Psychologe an der Kinderpsychiatrischen Abteilung am Spiegelgrund in Wien« (Institutsgruppe Psychologie der Universität Salzburg 1984, S. 9). Es wurde nicht weiter darüber nachgedacht.

So wird man – mit individuellen Unterschieden – wohl Freuds Beschreibung folgen müssen, die er in seiner Schrift »Erinnern, Wiederholen, Durcharbeiten« (1914) für die Abwehrform der »Absperrung« gewählt hat; eine oft übersehenen Art, die Erinnerung zu neutralisieren: »[D]as habe ich eigentlich immer gewußt, nur nicht daran gedacht« (Freud 1914, S. 127f.).

Oder wie es Mario Erdheim vertiefte:

> »Indem man das Gewußte nicht denkt, sperrt man es vom Fluß des Lebens ab. Wer auf das Denken verzichtet, kann sich somit auch das Vergessen ersparen. Zwei Fliegen auf einen Schlag: man kann die Mühsal des Denkens ebenso vermeiden wie den psychischen Aufwand des Vergessens bzw. Verdrängens« (Erdheim 1990, S. 114).

Was hier so leichtfüßig formuliert erscheint, ist doch *eine* der kränkenden und gleichzeitig lehrreichen Erfahrungen in der aktuellen Debatte. Sie besteht darin, dass ich als Profi der Aufarbeitung der Geschichte, dass wir als Profis der Erinnerungsarbeit, die – analytisch und wissenschaftlich belesen und geschult – ständig mit Erinnern, Vergessen, mit Konfliktlagen der biografischen und kollektiven Geschichte zu tun haben, mit solcherart engen, subjektiven Grenzen analytischer Reflexion konfrontiert werden. Dies mahnt mich zur Bescheidenheit, Vorsicht und Skepsis angesichts so oft geschwungener Moralkeulen, die tribunal ein Erinnern, Wiederholen und Durcharbeiten von anderen einfordern und doch selbst am notwendigen Dialog scheitern – egal wo.

Immer wieder kreisten im Zuge der aktuellen Auseinandersetzung meine Gedanken um eine Phänomenologie des Redens, des Schweigens und Verschweigens sowie des Zuhörens. Wie wird miteinander gesprochen, wie wird miteinander *ge*schwiegen, *ver*schwiegen, wie wir einander zugehört?

Ausgangspunkt der Überlegungen war der immer wieder geäußerte Vorwurf, dass Igor Caruso »nicht geredet«, »jahrzehntelang geschwiegen«, keine » Kritik geübt oder seine Gutachtertätigkeit in Frage gestellt hätte« (List 2008a, S. 137f.; 2008b, S. 33; sie war allerdings nicht die einzige, die diese Kritik formulierte). Ein Vorwurf, dem ich anfänglich – wenn auch sehr ambivalent – zu folgen geneigt war. Vor allem geht es um eine autobiografische Radiosendung, die im April 1979 und im Juli 1981 ausgestrahlt wurde, in der Igor Caruso seine Tätigkeit *Am Spiegelgrund* erwähnte.

In unserer psychoanalytischen Arbeitsgruppe (mit Anna Koellreuter, Ulrike Körbitz und Cornelius Textor) hatte ich vor nicht langer Zeit die Radiosendung sowie Fragen des Redens, Schweigens und Verschweigens zur Diskussion gestellt, wobei mir die prägnante, erfrischend distanzierte Bemerkung meines Schweizer Freundes aus der Arbeitsgruppe haften blieb: Er verstehe den Vorwurf nicht – Caruso habe doch geredet! Ebenso prägnant kam mir plötzlich in den Sinn: »Stimmt. Aber wer hat zugehört?« Weder ich selbst, noch – so weit ich sehe – einer meiner StudienfreundInnen hatten *damals* die Radiosendungen gehört, und bis jetzt habe ich überhaupt noch niemanden getroffen, dem Carusos Erzählungen damals zu Ohren kamen. So weiß ich auch nicht, ob es jemanden gibt, der nach der Radiosendung das Gespräch mit Igor Caruso gesucht hatte.[6]

6 Nicht zu vergessen ist in diesem Kontext Igor Carusos Leserbrief, der 1964 im *Spiegel* veröffentlicht wurde, in dem er seine Mitarbeit *Am Spiegelgrund* publik machte und der in der aktuellen Auseinandersetzung plötzlich als Kopie (ohne Datum) kursierte.

In diesem Sinne fand ich den Leserbrief von einem meiner damaligen Lehrer, Jochen Sauer, bemerkenswert, in dem er Eveline List entgegenhielt, Caruso habe doch »öffentlich und selbstkritisch in einem Seminar an der Universität Salzburg bereits im Jahr 1972 über seine Rolle am Spiegelgrund geredet (dafür gibt es genügend Zeugen)« (Sauer 2008, E34). Aber warum haben er und die Zeugen uns in all den Jahren der Auseinandersetzung um die Caruso-Nachfolge nichts darüber erzählt? Haben sie Caruso in diesem Seminar auch zugehört? Oder hat die Auseinandersetzung den Seminarraum nicht verlassen, weil sie zu bedrohlich war?

»Wollen Sie mich jetzt füsilieren?« – »Soll ich mich jetzt erschießen?« sind jene zwei Erinnerungsgerüchte über Carusos Reaktion in diesem Seminar, die mich letztes Jahr erreichten.

Es obliegt den ZeitzeugInnen, ihre Erinnerungen an dieses wohl denkwürdige Seminar zu veröffentlichen. Mir genügen sie einstweilen als Spitze des Eisbergs übermittelter Erinnerungen, die doch mehr eine tribunale Konfrontation als ein empathisches Gespräch vermuten lassen. In jedem Fall bleibt bemerkenswert, wie unterschiedlich der Kenntnisstand über Carusos Geschichte unter ein und demselben Dach bleiben konnte, ohne zu einem nachhaltigen Austausch zu führen.

So war ich auch sehr erstaunt, als mir ein älterer Studienfreund erst vor Kurzem mitteilte, dass er sich im Zuge der aktuellen Auseinandersetzung wieder an eine Begebenheit erinnerte, an seinen Besuch des kranken Caruso kurz vor dessen Tode. Ein Spaziergang, bei dem Igor Caruso mit ihm über seine Zeit *Am Spiegelgrund* sprechen wollte. Und als ob die Schultern, auf denen die Last platziert werden sollte, zu klein waren, hielt mein Kommilitone der Situation nicht stand. Er oder Caruso wechselten das Thema. Ein Themenwechsel, der 28 Jahre aufrechterhalten blieb.

Eine von vielen Varianten des intergenerativen Dialogs bleibt – ebenso die Frage: Was wäre wenn? Eine Frage, der sich zum Beispiel die Filmregisseurin Kitty Kino Mitte der 90er Jahre stellte. Was wäre, wenn einmal einer sagen würde: »Ich war es – ich habe es getan.« Wie würde man reagieren? In ihrem Film *Das Geständnis*[7] (1996) entschließt sich ein prominenter Kinderchirurg anlässlich einer Preisverleihung, seine

7 Eine Produktion des ORF (Drehbuch: Thomas Baum) mit Walther Reyer in der Hauptrolle; Erstausstrahlung: 26. Oktober 1996.

wahre Identität bekannt zu geben und schonungslos seine ärztliche Mittäterschaft im Euthanasieprogramm der Nationalsozialisten zu gestehen. Vergeblich versuchen seine Frau, sein Sohn und sein Freund dies zu verhindern. Das Publikum wendet sich entsetzt ab. Die Familie zerbricht. Keiner ist erleichtert. Nur er – scheinbar.

Was wäre also wenn? Wann? Und: wie? Und: mit wem? Fragen, mit denen sich wohl viele damals betroffene ZeitzeugInnen auseinandersetzten. Die Reflexionen darüber werden uns aber verschlossen bleiben, denn von ganz wenigen Ausnahmen abgesehen, ist der erst jetzt häufig gewünschte Dialog nicht mehr zu haben. Die allermeisten Protagonisten von damals sind begraben und mit ihnen ihre Erinnerungen, ihre Gefühlswelten, die Arten und Weisen wie sie sich mit ihrer Vergangenheit auseinandersetzten. Keine Tagebücher, kaum autobiografische Aufzeichnungen, die uns verraten, wie Psychoanalytiker mit ihrem Instrumentarium umgingen, um eine individuell und kollektiv belastete Geschichte in einen konstruktiven intergenerativen Diskurs zu befördern.

Eine Ausnahme will ich hier erwähnen.[8] Es handelt sich um eine Autobiografie, die keinen Verleger fand bzw. auf Anraten von Familie und Freunden keinen finden sollte. 112 Seiten schmal, von denen jedoch ein Drittel ausschließlich der NS-Zeit und ihrer Bewältigung gewidmet ist. Sie sollte zuerst den Titel *Rückblick auf ein Doppelleben*[9] tragen – wobei

8 Eine andere Ausnahme wäre ein Artikel von Eduard Grünewald (1985), des Begründers des Innsbrucker Arbeitskreises für Tiefenpsychologie. Grünewald war als Student in der Widerstandsgruppe O5 in Tirol aktiv, wurde im April 1945 von der Gestapo verhaftet, gefoltert und zum Tode verurteilt. Er wurde ins KZ Reichenau transportiert, wo es ihm mit der Unterstützung durch Kameraden gelang, die Wachmannschaften zu überwältigen und zu fliehen (Peham 2001, S. 99ff.). Zu sprechen, mit der Sprache herauszurücken, war tödlich (»Einer hat das Verhör gar nicht überlebt.«); Schweigen war lebensrettend, die einzige Chance, zu überleben. In diesem Sinne macht uns Eduard Grünewald seinen psychischen Widerstand verständlich, der sich ihm entgegenstellt, um uns über seinen politischen Widerstand zu erzählen. Schade, dass wir nicht erfahren, inwieweit seine Analyse bei Igor A. Caruso, die ca. 1946/47 stattgefunden hat, ihm dabei eine Hilfe war. Seine Dissertation (1946) schrieb er *Zum Problem des Fanatismus*.

9 Im gleichen universitären Gebäude in der Akademiestraße in Salzburg, in dem wir Psychologie studierten, hatte von 1983 bis 1995 ein angesehener Germanist, »der aus der Geschichte lernen wollte« (Leggewie 1998), eine Honorarprofessur inne. Prof. Hans Schwerte (1909–1999), der ob seiner Liberalität und Fortschrittlichkeit bei den Studierenden sehr beliebt war, versuchte dieses Doppelleben bis zur letzten Konsequenz zu realisieren, um mit seiner Vergangenheit zu brechen. Bis 1945 hieß Hans Schwerte Ernst Schneider und war als Hauptsturmführer der SS im sogenannten »Ahnenerbe«

diese zwei Leben durch den Nationalsozialismus getrennt waren – und bekam schließlich den Titel: *Zwischen Scham und Erfolg*. Der Autor war Psychoanalytiker und Arzt, der gleich nach seinem Studium in Wien von März bis August 1940 – also zwei Jahre vor Caruso – in der Anstalt am Steinhof beschäftigt war, dort eine »seltsame, gedrückte Atmosphäre« wahrgenommen und den Beginn der Euthanasie realisiert hatte. »Er habe Glück gehabt«, meinte er Jahrzehnte später, »er sei sich nicht sicher gewesen, wie er sich verhalten hätte, wenn er in die ›Spiegelgrund‹-Geschichte mit Professor Gross hineingezogen worden wäre« (Hauer 2000, S. 17). 1947 wurde er Mitglied des Wiener Arbeitskreises und war ab 1950 Mitglied in der WPV. Er war begeisterter Nationalsozialist und Mitglied der illegalen SA, was er spätestens nach 1945 und bis an sein Lebensende bereute. Mehr noch: Bis an sein Lebensende von Schuldgefühlen drangsaliert, fand er für sich und seine Umwelt keinen Weg, diese seine Geschichte zu integrieren.

Es war Hans Strotzka (1917–1994), der an seinem Lebensabend versuchte, als Psychoanalytiker seinen Umgang mit der nationalsozialistischen Vergangenheit zu finden, bzw. zu reflektieren, »wie sich ein sehr komplexes Geschehen in und an einer Einzelperson darstellt« (zit. n. Hauer 2000, S. 252).

Nadine Hauer (2000) hat in ihrer Strotzka-Biografie große Teile dieser Autobiografie abgedruckt und gewährt uns damit einen Einblick in diesen Reflexionsprozess, der – hier folge ich der Autorin – »das typische Dilemma seiner Generation in Österreich in ganz besonderer Weise repräsentierte« (ebd., S. 286).

Die Autobiografie *nicht* zu publizieren hatte ihm auch sein Sohn, Heinz Strotzka, nahegelegt. Hans Strotzka schrieb: »Mein Sohn, ein Historiker, sagte mir: ›Ich glaube Dir, weil Du mein Vater bist, aber niemand sonst wird Dir abkaufen, dass ein intelligenter junger Mann vor 1945 nichts vom demokratischen Sozialismus wusste und dass die Judengräuel des Nationalsozialismus nur am Rande perzipiert wurden.‹« Hatte der Sohn Recht? Und Strotzka weiter: »Auch mir fällt es schwer, dieses Phänomen

und im persönlichen Stab Heinrich Himmlers aktiv gewesen. Nicht mal seine Kinder wussten von seiner Vorgeschichte, die 1995 von einem holländischen Fernsehteam aufgedeckt wurde, woraufhin ihm alle Ehrungen aberkannt wurden, er seine Pension verlor und von Sozialhilfe leben musste (vgl. Leggewie 1998; Müller 2007).

von Verdrängung und Verleugnung zu akzeptieren. Mit meinem Selbstbild ist das ebenfalls nicht vereinbar« (ebd., S. 261).

Viel deutlicher lässt sich die Kränkung nicht formulieren. Strotzka starrt auf die Frage »Wie war es möglich, dass *ich* …?« und auf sein jugendliches Alter Ego wie auf einen Fremdkörper, der ihm – so scheint es – immer mehr außer Kontrolle geriet. Die Auseinandersetzung sollte also nicht an die Öffentlichkeit, aber diese forderte die Auseinandersetzung. Besonders zur Zeit der Waldheim-Affäre konnte man sich dem Umgang mit der Vergangenheit nicht entziehen. Selbstredend auch Hans Strotzka nicht:

> »Ein heißer Samstag Nachmittag im Juli 1987. Meine Frau und ich sitzen mit dem Ehepaar Spiel[10] im Garten unseres kleinen Bauernhauses beim Kaffee und reden über Gott und die Welt. Unvermeidlich kommt das Gespräch, ausgelöst durch die Problematik mit Bundespräsident Waldheim, auf die sogenannte Vergangenheitsbewältigung. Wir stimmen überein, dass wir mit einem seltsamen Paradoxon konfrontiert sind. Einerseits verlangt ›man‹ (Öffentlichkeit und die jüngere Generation) von uns ›Wahrheit‹ und die Offenlegung all unserer Taten. Versuchen wir das aber gegenüber den Kindern und Enkeln, Freunden und Mitarbeitern, so zeigt sich, dass alle nur eine Bestätigung des einfachen Klischees wollen: Verdrängen und Vergessen ist schlecht, die Nazis waren alle Verbrecher, alle Antifaschisten gut. Versucht jemand, diese Sätze zu differenzieren, so betreibt er Rechtfertigungs-Literatur, und das ist peinlich« (zit. n. Hauer 2000, S. 251ff.).

Hans Strotzka wählte diese Peinlichkeit, sprach, entschuldigte sich für seine jugendliche Verirrung und stieß einerseits auf Verständnis und Sympathie, andererseits auf Unverständnis. Vielen war es zu viel oder zu wenig glaubhaft. Seine Frau riet ihm, damit aufzuhören, Kollegen war es unangenehm, besonders weil er Juden bevorzugte (vgl. ebd., S. 88f.), und sein Schüler Günther Pernhaupt meinte: »Er hat das Thema bei verschiedenen Leuten immer wieder angeschnitten, weil er die Absolution wollte« (ebd., S. 223).

Anscheinend suchte Strotzka in seiner Umwelt nach einem Seelenfrieden, den diese ihm auf keinen Fall, ebenso wenig wie er sich selbst,

10 Walter Spiel (1920–2003), Kinderpsychiater und Neurologe, war der Sohn des sozialdemokratischen Individualpsychologen und Schulreformers Oskar Spiel (1892–1961).

geben konnte. Dergestalt gerät ein Sprechen nicht zu einem offenen, konstruktiven Dialog, sondern zu einem Monolog, der hauptsächlich eigenen Bedürfnissen folgt, gepaart mit einer steten Grundstimmung des Misstrauens, die einen doch wieder verstummen lässt. Peinlich war es ihm immer – schrieb Strotzka, »dass man bei keinem Menschen wusste: ›Weiß er was?‹, ›Was weiß er?‹ und ›Wie wurde es ihm übermittelt?‹ [...] Diese Art von Doppelleben bedeutete, dass man immer auf der Hut sein sollte, was man natürlich immer wieder vergisst« (zit. n. ebd., S. 85).

Und in seiner eigenen Analyse? War er hier auch auf der Hut? Suchte er auch auf diesem Wege Absolution?

Die offizielle Lehranalyse machte Hans Strotzka bei Alfred Freiherr von Winterstein von 1950 bis 1954. Winterstein, jener Psychoanalytiker, der, allein mit August Aichhorn, im nationalsozialistischen Wien zu überleben trachtete und sich intellektuell in innerer Emigration mit einem Buch über Adalbert Stifter über Wasser hielt. Fraglich, ob Winterstein fünf Jahre nach der Befreiung auch schon frei war für die analytische Arbeit, ob im besetzten Österreich die Aufmerksamkeit weniger gleichschwebend, als von der jüngsten, schmerzhaften Vergangenheit, von Angst, Scham oder Schuld, durchdrungen war.

Über seine Analyse sagt Strotzka nicht viel, drückt sich aber vielsagend aus, wenn er schreibt, dass Winterstein »zu vornehm und nachgiebig« war, daher »verwendete ich ihn vorwiegend als Supervisor für meine Psychotherapien, aber auch das war nicht schlecht« (zit. n. ebd., S. 72).

Wahrscheinlich war Strotzkas Analyse eine jener – wie Brainin, Ligeti, Teicher schreiben – »unvollständigen Analysen der Nachkriegszeit«, in denen aufgrund enormer Scham- und Schuldgefühle die Monströsität der jüngsten Geschichte weder Raum noch Sprache fand, denn:

> »In Österreich und sicherlich auch in Deutschland mußte nach der Vertreibung so vieler Analytiker und der Vernichtung des europäischen Judentums in den analytischen Vereinigungen die Phantasie entstehen, sie hätten sich die Psychoanalyse unrechtmäßig angeeignet. [...] Verschweigen und Vergessen belasteten den ›Wiederaufbau‹ der psychoanalytischen Vereinigungen nach 1945« (Brainin/Ligeti/Teicher 1993, S. 64).

Vielleicht ist dadurch jener Illusion zu begegnen, die sich in der aktuellen Debatte manchmal darin äußerte, dass von Caruso, eben gerade *weil* er Psychoanalytiker war, ein anderer Umgang mit seiner Vergangenheit zu erwarten sei. Dieser idealisierende Einwand übersieht die Grenzen analytischer Arbeit im zeitgeschichtlichen Kontext, die nicht leicht anzuerkennen sind. Schweigen und Verschweigen belasteten nämlich nicht nur den Wiederaufbau der psychoanalytischen Vereinigungen, sondern die Psychoanalysen selbst: und dies nicht nur unmittelbar nach dem Krieg, sondern, wie es scheint, über Jahrzehnte.

Mitte der 90er Jahre begegnete ich diesem Schweigen in einem Forschungsprojekt, nachdem ich 32 PsychoanalytikerInnen in Österreich geschrieben hatte, ob sie mir erzählen könnten, wie sich ihnen die Erlebnisse der Eltern- und Großelterngeneration im Nationalsozialismus in den Psychoanalysen der Nachfolgegeneration darstellen (vgl. Fallend 1999). 17 positive Antworten belegten eine außerordentliche Mitteilungsbereitschaft. Aber kaum einer, der etwas zu meiner *Problemstellung* zu sagen wusste, während fast alle – manche zum ersten Mal – über ihre *eigenen* Verstrickungen und Belastungen erzählen wollten, die in den wenigsten Fällen in ihren eigenen Analysen zur Sprache kamen:

Einer der antwortenden Analytiker war ein ehemaliger Zwangsarbeiter, der unter seiner traumatischen Geschichte noch hörbar zu leiden hatte; eine jüdische Analytikerin hatte aus Selbstschutz das Thema Nazizeit und Holocaust »wohlweislich auch aus der eigenen Analyse herausgehalten«, so wie es auch ihre Patienten taten; eine andere Analytikerin (sie brauchte mehr als sieben Monate, um auf mein Schreiben zu antworten) litt noch unter den Geschichten der Erwachsenen während des Krieges – von Leichen, Konzentrationslagern, wo Menschen zu Seife gemacht werden –, was sie jedoch ihrer jüdischen Analytikerin nicht sagen konnte; während einer ihrer Kollegen sich einen ganzen Vormittag Zeit nahm, weil er mir so viel zu erzählen habe, um dann im Gespräch zu verstummen, weil ihm nichts einfallen wollte. Schließlich saß ich jener jüdischen Wissenschaftlerin gegenüber, die erst Jahre nach ihrer Analyse erfahren hatte, dass ihr Analytiker bei der SS war, deren Aufregung aber nur wenige in der WPV verstanden. Als ich diese Erfahrungen in der Festschrift für Josef Shaked publizierte (Fallend 1999), entstand ein wenig Aufregung, weil ich erstmals den ehemaligen SS-Mann und späteren Psychoanalytiker beim Namen nannte. Im Grunde genommen waren es meine eigenen Irritationen, die für mich lehrreich waren. Zu einfach machte ich mir die Anteilnahme an der übermittelten Empörung, die sich mehr in einem dumpfen Gefühl des antifaschistischen Aufdeckers erschöpfte als in einem eigenen, suchenden Erkenntnisinteresse. Lange dachte ich, es war gut so, dass der ehemalige SS-Mann und spätere Psychoanalytiker Walter Albrecht ein Schreiben von mir nicht beantwortet hatte, denn ich bin mir heute sehr unsicher, ob ich damals in der Lage gewesen wäre, ihm auch offen zuzuhören.

Aber freilich war es *nicht* gut so, denn zumindest wäre es ein weiterer lehrreicher Versuch gewesen, im gemeinsamen Dialog der Geschichte habhaft zu werden, auch wenn er, wie so oft seit 1945, gescheitert wäre und mit mehr Fragen als Antworten geendet hätte.

Ich glaube es gibt keine andere Möglichkeit, als beständig an einer analytischen Reflexions-, Gesprächs- und Hörkultur zu arbeiten, um ebenso beständig ihre Grenzen auszuloten. In diesem Sinne gefällt mir Pierre Passetts kürzlich formulierte Umkehrung des viel zitierten Satzes Ludwig Wittgensteins »Wovon man nicht sprechen kann, darüber muss man erst recht reden.« mit dem wichtigen Zusatz, dass es nicht gleichgültig ist, »*wie* man das sagt, was man nicht sagen kann« (Passett 2009, S. 50). So sehe ich das größte Defizit im fehlenden Dialog zwischen den (analytischen) Generationen, über den eine Geschichte der Psychoanalyse in persönlicher Form erarbeitet und angeeignet werden könnte. Eine Geschichte, die sonst im Schweigen und Verschweigen nicht geschichtslos, sondern vor allem durch unbehagliche, verstörende oder verklärende Fantasien ersetzt wird.

Schon deshalb bekommt für mich der Titel dieses Symposiums eine besondere Bedeutung: *Vergessen wir nicht – die Psychoanalyse!* Und – aus gegebenem Anlass – auch nicht das *Werkblatt*.

Literatur

Aigner, J. C. (2006): Psychoanalyse und soziales Engagement. Antrittsvorlesung für die Professur »Psychosoziale Arbeit – psychoanalytische Pädagogik« an der Fakultät für Bildungswissenschaften der Leopold-Franzens-Universität Innsbruck am 22. November 2006. URL: www.uibk.ac.at/fakultaeten/bildungswissenschaften/psychoanalyse_und_soziales_engagement_.pdf (Stand: 31.10.2009).

Benetka, G. & Rudolph, C. (2008): »Selbstverständlich ist vieles damals geschehen...« Igor A. Caruso *Am Spiegelgrund*. Werkblatt. Zeitschrift für Psychoanalyse und Gesellschaftskritik 60(1/2008), 5–45.

Benetka, G. & Rudolph, C. (2009): »Smoking Gun« – oder: Eine bedeutsame Verwechslung. Werkblatt. Zeitschrift für Psychoanalyse und Gesellschaftskritik 63(2/2009), 116–121.

Brainin, E.; Ligeti, V. & Teicher, S. (1989): Antisemitismus in Psychoanalysen. Zur Identität österreichischer Psychoanalytiker heute. Psyche 43(1), 1–19.

Brainin, E.; Ligeti, V. & Teicher, S. (1993): Vom Gedanken zur Tat. Zur Psychoanalyse des Antisemitismus. Frankfurt/M. (Brandes & Apsel).

Brecht, K. et al. (Hg.) (1985): »Hier geht das Leben auf eine sehr merkwürdige Weise weiter …«. Zur Geschichte der Psychoanalyse in Deutschland. Hamburg (Michael Kellner).

Caruso, I. A. (1979): Ein autobiographisches Interview. Texte zur Theorie und Praxis der Psychoanalyse (1/1988), 142–147.

Erdheim, M. (1990): Kultur der Erinnerung – Kultur des Vergessens. Über den Umgang mit Erinnern und Vergessen von Geschichte. In: Leimgruber, W. (Hg.): Europäer erinnern sich an den 2. Weltkrieg. Zürich (Chronos), S. 109–125.

Fallend, K. (1999): Unbewusste Zeitgeschichte. Über das schweigende Verhältnis von Psychoanalyse und Nationalsozialismus in Österreich. In: Grossmann-Garger, B. & Parth, W. (Hg.): Die leise Stimme der Psychoanalyse ist beharrlich. Gießen (Psychosozial-Verlag), S. 337–350.

Fallend, K. (2001): ZwangsarbeiterInnen: (Auto-)Biographische Einsichten. In: Rathkolb, O. (Hg.): NS-Zwangsarbeit: Der Standort Linz der »Reichswerke Hermann Göring AG Berlin« 1938–1945. Band 2. Wien (Böhlau).

Fallend, K. (2003): Abgerissene Fäden. Psychoanalyse nach 1938. Biographische Einsichten. Werkblatt. Zeitschrift für Psychoanalyse und Gesellschaftskritik 51(2/2003), 78–119.

Fallend, K. & Kienreich, W. (Hg.) (1986): Zur Geschichte der Psychoanalyse. Von ihren Anfängen bis zur Gegenwart. Salzburg (Werkstatt).

Fallend, K.; Handlbauer, B. & Kienreich, W. (Hg.) (1989): Der Einmarsch in die Psyche. Psychoanalyse, Psychologie und Psychiatrie im Nationalsozialismus und die Folgen. Wien (Junius).

Falzeder, E. (1995): Die Fäden psychoanalytischer Filiationen oder wie Psychoanalyse wirksam wird. Werkblatt. Zeitschrift für Psychoanalyse und Gesellschaftskritik 35(2/1995), 37–67.

Falzeder, E. (2009): Anmerkungen zur Debatte über die Tätigkeit von Igor A. Caruso am »Spiegelgrund«. Werkblatt. Zeitschrift für Psychoanalyse und Gesellschaftskritik 62(1/2009), 90–111.

Frank-Rieser, E. & Stöger, P. (1988): Frag»würdigkeiten«: An Vergangenheitsbewältigung und Gegenwartsvermeidung. Stellungnahme zu Walter Parths Referat. Texte zur Theorie und Praxis der Psychoanalyse (1/1988), 121–141.

Freud, S. (1914): Erinnern, Wiederholen und Durcharbeiten. GW X, S. 126–136.

Freud, S. (1915): Zeitgemäßes über Krieg und Tod. GW X, S. 324–355.

Freud, S. (1927): Die Zukunft einer Illusion. GW XIV, S. 325–380.

Grünewald, E. (1985): Gedanken über den Widerstand. Texte zur Theorie und Praxis der Psychoanalyse (2/1985), 137–153

Hauer, N. (2000): Hans Strotzka. Eine Biographie. Wien (Holzhausen).

Huber, W. (1986): Aus den Trümmern vergangener Größe … In: Fallend, K. & Kienreich, W. (Hg.): Zur Geschichte der Psychoanalyse. Von ihren Anfängen bis zur Gegenwart. Salzburg (Werkstatt), S. 59–64.

Institutsgruppe Psychologie der Universität Salzburg (Hg.) (1984a): Jenseits der Couch. Psychoanalyse und Sozialkritik. Frankfurt/M. (Fischer Taschenbuch).

Institutsgruppe Psychologie der Universität Salzburg (1984b): Annalen. Geschichte der Psychoanalyse von unten. In: Institutsgruppe Psychologie der Universität Salzburg (Hg.): Jenseits der Couch. Psychoanalyse und Sozialkritik. Frankfurt/M. (Fischer Taschenbuch), S. 275–293.

Kienreich, W. (1984): Editorial. Werkblatt. Zeitschrift für Psychoanalyse und Gesellschaftskritik 1(1984), 3.

Leggewie, C. (1998): Von Schneider zu Schwerte. Das ungewöhnliche Leben eines Mannes, der aus der Geschichte lernen wollte. München, Wien (Hanser).

List, E. (2008a): »Warum nicht in Kischniew?« – Zu einem autobiographischen Tondokument Igor Carusos. Zeitschrift für psychoanalytische Theorie und Praxis 23(1–2), 117–141.

List, E. (2008b): »Erzieher« auf dem »Spiegelgrund« – zur Gutachtertätigkeit Igor Carusos. Sio. Sozialarbeit in Österreich. Zeitschrift für Soziale Arbeit, Bildung und Politik 3, 30–33.

Lohl, J. (2009): 68er-Bashing als »Vergangenheitsbewältigung«. Kritische Anmerkungen zu Götz Alys *Unser Kampf*. Werkblatt. Zeitschrift für Psychoanalyse und Gesellschaftskritik 63 (1/2009), 123-145.

Mendelssohn, F. de (1987): Psychoanalyse als Aufklärung. In: Pelinka, A. & Weinzierl, E. (Hg.): Das große Tabu. Österreichs Umgang mit seiner Vergangenheit. Wien (Österreich), S. 42–59.

Mendelssohn, F. de (1996): Der Antisemitismus und seine Erforschung aus psychoanalytischer Sicht. Texte zur Theorie und Praxis der Psychoanalyse (2/1996), 69–92.

Müller, K. (2007): Vier Leben in einem: Hans Schneider/Hans Schwerte. Die Literatur als Selbsterkenntnis und Zufluchtsraum. URL: http://www.aurora-magazin.at/medien_kultur/mueller_schwert_frm.htm (Stand: 11.11.2009).

Parth, W. (1988): Über die Ideengeschichte des »Wiener Arbeitskreises für Tiefenpsychologie«. texte – zur Theorie und Praxis der Psychoanalyse (1/1988), 103–119.

Parth, W. (1998): Vergangenheit, die fortwirkt. texte – Zur Theorie und Praxis der Psychoanalyse (2/1998), 61–75.

Passett, P. (2009): Über die Zweizeitigkeit des Analytikerwerdens. Werkblatt. Zeitschrift für Psychoanalyse und Gesellschaftskritik 63(1/2009), 39–69.

Peham, D. (2001): Psychoanalyse in Tirol. Ein historischer Streifzug. Werkblatt. Zeitschrift für Psychoanalyse und Gesellschaftskritik 47(2/2001), 84–109.

Reemtsma, J. P. (2001): »Wie hätte ich mich verhalten?« Gedanken über eine populäre Frage. In: Reemtsma, J. P.: »Wie hätte ich mich verhalten?« und andere nicht nur deutsche Fragen. München (C. H. Beck), S. 9–29.

Reichmayr, J. (2008): Furor est Error. Zeitschrift für psychoanalytische Theorie und Praxis. Ergänzung E 56–E 59. URL: http://www.zptp.eu/aduploads/zptp2008e_reichmayr_caruso.pdf (Stand: 31.10.2009).

Reiter, B. (2008): Es waren doch nur Gutachten. Die Presse, 06.09.2008.

Sauer, J. (2008): Leserbrief vom 06.05.2008. Zeitschrift für psychoanalytische Theorie und Praxis. Ergänzung E 33–E 35. URL: http://www.zptp.eu/aduploads/zpzp2008e_leserbriefe.pdf (Stand: 31.10.2009).

Schacht, C. (2008): Über vermiedene und über behauptete Eindeutigkeiten. Anmerkungen zum Artikel von Eveline List und zur aktuellen Caruso-Debatte. Zeitschrift für psychoanalytische Theorie und Praxis. Ergänzung E 46–E 55. URL: http://www.zptp.eu/aduploads/zptp2008e_schacht_caruso.pdf (Stand: 31.10.2009).

Schneider, C.; Stillke, C. & Leineweber, B. (1996): Das Erbe der Napola. Versuch einer Generationengeschichte des Nationalsozialismus. Hamburg (Hamburger Edition).
Stadler, F. (Hg.) (1988): Vertriebene Vernunft II. Emigration und Exil österreichischer Wissenschaft. Wien (Jugend und Volk).
Steinlechner-Oberläuter, D. (2010): »Carusos Erbin?«. Ein Klärungsversuch. Werkblatt. Zeitschrift für Psychoanalyse und Gesellschaftskritik 65 (2/2010), 110-118.
Zöchling, C. (2008): »Das wird alles auf uns niederprasseln«. profil, 21.04.2008, 32–34.

Die Abwehr von Neugierde

Zur Funktion von Geschichte in der Psychoanalyse

Ein Gespräch zwischen Gerhard Benetka und Klaus Posch

Klaus Posch: Desinteresse bzw. Indifferenz ist ja kein Phänomen, das nur bei Psychoanalytikern und Historikern in Bezug auf die eigene Geschichte anzutreffen ist, wir treffen es ebenso bei Juristen, Technikern oder bei Politikern an. Es gibt schon so eine allgemeine Tendenz, eine geschichtslose Gegenwart zu konstruieren.

Gerhard Benetka: Aber im Fall der Psychoanalyse ist das doch etwas komplexer. Sicher, es gibt auch hier diese Indifferenz: Was soll die Vergangenheit, die Geschichte der Profession, mit der eigenen Tätigkeit als Psychoanalytiker heute zu tun haben? Gleichzeitig gibt es aber gerade in der Psychoanalyse auch den Versuch, Identität über Geschichte zu konstruieren, also das eigene Tun, die eigene Profession historisch zu legitimieren. Dieser zweite Aspekt ist der spannende. Weil, wenn dann etwas an der historischen Konstruktion ins Wanken gerät, unterlaufen, untergraben wird, dann wird es als bedrohlich erlebt und es zeigen sich die entsprechenden Affekte. Und das ist ja das Interessante. Interessant ist nicht, dass es so ist. Das ist ohnehin nur allzu offenkundig. Interessant ist nur, das ausgerechnet dort zu sehen, wo man eigentlich glauben sollte, dass die Leute wissen, dass jede Art von geschichtlicher Konstruktion, jede Art von Konstruktion von Identität und Legitimität brüchig ist. Ich meine natürlich die Psychoanalytiker und die Historiker.

K.P.: Das macht das Spektakuläre aus: diese Tendenz zur Geschichtslosigkeit, was die eigene Professionsgeschichte anbelangt – eine Tendenz, die besonders grotesk wirkt, wenn es sich dabei um

Professionen handelt, die die Geschichte zu ihrem zentralen Gegenstand haben.

G.B.: Ja, aber das muss man etwas genauer betrachten. Ich glaube, dass sich die Historiker in den vergangenen Jahrzehnten tatsächlich erstaunlich wenig um ihre Fachgeschichte gekümmert haben.[1] Aber in der Psychoanalyse gibt es doch eine ganze Menge Fachgeschichten: eine Vielzahl von Publikationen, die irgendeinen historischen Aspekt abdecken, seien es Biografien, Briefwechsel, jeder, der nur irgendwie in die Nähe von Freud, in die Nähe von den anderen großen Gründungsvätern geraten ist, erhält historische Bedeutung. Das ist das eine. Das andere lässt sich am besten an dieser Art von Stammbaum zeigen, den man in der *Wiener Akademie für Psychoanalyse* angebracht hat. Das historische Denken nimmt in der Psychoanalyse also auch die Form eines Denkens in einer Genealogie an. Es gibt also so etwas wie ein historisches Interesse, aber das ist oft nur ein Interesse an Legitimität: Man will zeigen, dass man aus gutem Hause ist.

K.P.: Also kein ernsthaftes historisches Interesse im Sinne einer kritischen Reflexion der eigenen Geschichte.

G.B.: Kein ernsthaftes historisches Interesse, weder in einem geschichtswissenschaftlichen, noch in einem psychoanalytischen Sinne. Bernfeld hat, nachdem er das Manuskript des ersten Bandes von Jones' Freud-Biografie (Jones 1953) studiert hatte, angemerkt: »Die beiden schwächsten Punkte des Buches sind sein Mangel an Kenntnissen über die Familie und über die Kultur, in der Freud heranwuchs. Es ist nicht das Buch eines Historikers und nicht dasjenige eines Psychoanalytikers« (Siegfried Bernfeld an Leslie Adams, 20. Dezember 1952; zit. nach Grubrich-Simitis 1988, S. 43). Bernfelds eigene Bausteine zu einer Freud-Biografik (Bernfeld/Cassirer-Bernfeld 1988) sind da in ihrem Anspruch bei weitem ernsthafter.

1 Ende der 1990er Jahre sind mit den Volksgeschichtlern Theodor Schieder und Werner Conze ausgerechnet die Wegbereiter der bundesdeutschen Sozial- und Strukturgeschichte bezichtig worden, mit ihren Forschungsarbeiten einen aktiven Beitrag zur Ermordung der europäischen Juden geleistet zu haben. Ihre linksliberalen Schüler mussten sich den Vorwurf gefallen lassen, sich mit der Vorgeschichte ihrer akademischen Lehrer nicht auseinandergesetzt zu haben (vgl. z.B. Aly 1997).

K.P.: Was ja wahrscheinlich wieder mit der Beziehung von Jones zu Freud einerseits und Bernfeld zu Freud andererseits zu tun hat. Jones war sicher wesentlich abhängiger und hat eine stärkere Tendenz zur Idealisierung von Freud gehabt. Also haben wir da zunächst zwei Aspekte: Der eine wäre der genealogische, der viel mit Feudalismus zu tun hat und mit Familienkunde. Und dann ein zweiter Strang: ein Verfolgen von Idealisierungswünschen.

G.B.: Das wäre ein spannendes Thema: Man müsste fragen, welche Formen von Idealisierung es überhaupt gibt. Idealisierung ist sozusagen die allgemeine Tendenz, aber die findet immer zu einer konkreten Form. Man müsste zeigen können, dass das »Historische« oder die »historische Betrachtung«, das »historische Interesse« eine solche Form sein kann. Das ist ja zum Beispiel auch bei dieser Erzherzog-Johann-Geschichte der Fall.

K.P.: Ja, wo einer der Historiker in einer Nebenbemerkung auf meine Frage: »Wieso gibt's keine systematisch-historische Forschung zu Erzherzog Johann?« gesagt hat: »Weil er eigentlich uninteressant ist!« Weil er eigentlich wenig hergibt für den Historiker, der sich einem Thema auch immer mit einem persönlichen Motiv nähert. Die Historiker suchen sich ja die Themen nicht nach einem allgemein objektiven Gesichtspunkt aus, sondern weil sie damit auch etwas beweisen wollen. Das ist jedenfalls meine Erfahrung in der Kirchengeschichte.

G.B.: Kirchengeschichte ist ein wichtiges Stichwort – damit ist auf das Problem der Organisation verwiesen. Interessant ist, welche Bedeutung – im Gegensatz zum Protestantismus – die Organisation in der katholischen Lehre hat: Diese Heiligsprechung der Organisation – existiert da die Organisation per se, unabhängig von den Menschen, gleichsam über deren Köpfe hinweg?

K.P.: Die Institution ist – der Theorie nach – von Gott eingesetzt und Christus findet seine Fortsetzung in der Kirche. Die Kirche ist die Heilsvermittlerin.

G.B.: Sie ist also mehr als eine bloße Ansammlung von Priestern und Bischöfen?

K.P.: Ja, sie ist ein Geheimnis, sozusagen der corpus mystica.

G.B.: Gibt es da eine Analogie zur Form der Organisation der Psychoanalyse?

K.P.: Ja!

G.B.: Nennen wir sie beim Namen: die IPV, zu der jeder hinstrebt, wie in den Schoß der Mutter Kirche?

K.P.: Die Internationale ist die ideale Familie. Ganz im Sinne Ferenczis: »Gerade die psychoanalytische geschulten Mitglieder wären am besten dazu berufen einen Verein zu gründen, der die größtmögliche persönliche Freiheit mit den Vorteilen einer Familienorganisation verbindet.« Und dann am Schluss, im Nachtrag: »Die Gründung der internationalen psychoanalytischen Vereinigung wurde auf dem Nürnberger Kongress, diesen Vorschlägen entsprechend, besprochen« (Ferenczi 1910, S. 53). Die Heilige Familie!

G.B.: Ist das mehr als eine Metapher?

K.P.: Ja. Wenn man die Anfänge der Geschichte der Organisation Psychoanalyse anschaut, spielt die Beziehung zwischen Sigmund und Anna Freud gerade im Hinblick auf die Mystifizierung eine ganz enorme Rolle.

G.B.: Das ist ja das Besondere. Darum stimmt die Metapher sehr genau: Die Organisation definiert sich von ihrem Zentrum heraus und auf das Zentrum hin – und das ist nun der Vater.

K.P.: Und ich sage, es ist nicht der Vater, sondern die Vater-Tochter-Beziehung. Wir wissen, dass die Anna Freud schon in ganz jungen Jahren in heiklen Missionen für ihren Vater und die Psychoanalyse – der Vater ist gleich die Psychoanalyse! – unterwegs war. Das zeigt der Briefwechsel zwischen dem Vater und der Tochter (S. Freud/A. Freud 2006). Organisation baut ja immer auf Vertrauen auf, um Komplexität reduzieren zu können. Und dieser Briefwechsel zeigt, dass das Vertrauensverhältnis von Vater Freud zu seiner Tochter ein ganz besonderes war. Dramatisch war das nach der Krebsdiagnose und den chirurgischen Eingriffen im Herbst 1923, als Anna Freud von nun an diese ganze Frage der Weitergabe psychoanalytischen Wissens in der Ausbildung massiv mitbestimmt hat. Und zwar, wie ich meine, nach ihrer Façon und nicht nach der Façon ihres Vaters. Und ihre Façon war schon die der schulischen Ausbildung und nicht die einer umfassenden Bildung, nach der Fragen der Gesellschaft und Kultur mindestens gleich bedeutend behandelt werden sollten wie klinische Fragen. Das ist aus den Protokollen der ersten beiden

Treffen des sogenannten Lehrkomitees ersichtlich. Und sogleich spielt – im zweiten Protokoll – dann auch die Frage der Finanzierung eine ganz andere Rolle. War der Preis für die Ausbildung zunächst einmal unbedeutend und vermutlich sogar kostengünstig, wurde er alsbald hinaufgesetzt, wie sich dies im zweiten Protokoll vermerkt findet. Das ist schon ein interessanter Zusammenhang. Das sind zwei Protokolle, die Karl Fallend im Archiv gefunden und in seinem Buch veröffentlicht hat (Fallend 1995, S. 107–140). Interessant ist, dass sich Anna Freud dann 1968 darüber mokiert, dass es in der Psychoanalyse eben keine Träumer, Sonderlinge und Sensitiven mehr gebe. Träumer – meiner Meinung nach sind das nach diesem System genau jene, die wenig Geld gehabt haben und eben wenig Interesse an einer klinifizierten Psychoanalyse, mit der man zeitweise viel Geld verdienen konnte und immer noch kann. Das eine – eine auf das Klinische beschränkte Psychoanalyse – ist in den Vordergrund getreten, das andere – die Gesellschafts- und Kulturkritik – ist ganz nach hinten gerückt. Also das sind schon eine Reihe von Mystifizierungen und die finde ich in der Person Anna Freud und in ihrer Beziehung zu ihrem Vater fundiert. Wenn wir nochmals die Parallele zur Kirche hernehmen, so ist auch in der christlichen Kirche das Vater-Sohn-Verhältnis der Grundstein. Aus Grunbergers und Dessuants Analyse des Christentums (Grunberger/Dessuant 2000) wird ersichtlich, dass es da einen narzisstischen Grundzug gibt: Über die Idealisierung wird versucht, den eigenen Narzissmus zu retten.

G.B: Also wäre die Psychoanalyse am Beginn sozusagen eine Vaterreligion gewesen und dann mit der Zeit – je weiter die Organisation ausreift – zu einer Sohnesreligion geworden?

K.P.: Und dann kommen halt die anderen Söhne und Töchter, und der Vater wird mit seinen ursprünglich aufklärerischen, kritischen Ideen zwar hin und wieder zur Kenntnis genommen, aber organisatorisch niedergemetzelt.

G.B.: Aber warum *diese* Form und warum vor allem *diese* Wichtigkeit der Organisation? Die ganze Geschichte hätte ja auch anders laufen können, zum Beispiel in Form von losen Zusammenschlüssen von lokalen, dezentralen Einheiten.

K.P.: Weil die mächtige, quasikirchliche Organisation am ehesten das Weiterleben zu garantieren scheint.

G.B.: Aber bloß in der Fantasie. Wenn man die ganze Sache rein technisch betrachtet, dann garantiert die Kirchenorganisation, die sich die Katholiken gegeben haben, die Weitergabe und damit die Reinheit der Lehre. Funktion dieser Kirche ist es, die Lehre frei zu halten von Einflüssen von außen, frei zu halten von Anpassung an den Lauf der weltlichen Dinge. Andererseits ist das Judentum ohne eine solche Organisationsform ausgekommen und dennoch geradezu zu einem Sinnbild der Nichtanpassung, der Assimilationsverweigerung geworden. Wenn man sich anschaut, unter welchen Bedingungen das Judentum überlebt und festgehalten hat an seinem Glauben, so ist das sehr erstaunlich. Ohne Weltkirche – und die Lehre hat überlebt!

K.P.: Ja, über die Schrift. Und das ist jetzt schon die Frage, welche Rolle spielt das Schrifttum von Freud in der Organisation. Inwieweit wird es dazu benutzt, um die Organisation zu festigen und inwieweit wird es dazu benutzt, um die Organisation infrage zu stellen.

G.B.: Verglichen mit den Schriftreligionen ist die Sache im Fall der Psychoanalyse doch recht einfach. Da gibt es das Werk von Freud, und die Schriften von Freud haben für seine Anhänger Orientierungsfunktion. Jeder, der dazu gehören will, muss seine Ideen, die originell und neu sein sollen, ausrichten auf das Bestehende: auf den Kanon der anerkannten Schriften. Das Neue muss irgendwie integrierbar sein.

K.P.: Ja, das wird ja auch gerne so gemacht. Man sucht sich die Passagen aus, die zu dem eigenen Gedankengebilde passen, und legitimiert damit über die Autorität des Vaters sein eigenes Denken.

G.B.: Man hat den Eindruck, da ist eine Herde von Söhnen und Töchtern, die ununterbrochen neue und bisweilen absonderliche Ideen generieren und eifrig danach trachten, diese als integrierbar auszugeben. Integrierbar heißt in diesem Kontext nur, dass eine Idee nicht in Widerspruch gerät mit der allgemein akzeptierten Lehre.

K.P.: Zumindest nicht in Widerspruch gerät. Noch besser ist es natürlich, dass man Anhaltspunkte für das Eigene gewinnt. Beispielsweise die ganze Euphorie zur Todestriebtheorie, die jetzt wieder über Lacan ausgebrochen ist. Da findet man eben bei Freud Spekulationen, die er selbst als solche benennt, die aber jetzt in der Lacan'schen Schule als gleichgewichtig aufgefasst werden mit der Freud'schen Entdeckung des dynamischen Unbewussten, um es pointiert zu sagen. Das ist eben keine historisch-kritische Auslegung. Es gibt ja kaum historisch-kritische Auslegungen der Schriften Freuds. Wo bezieht Freud seine Überlegungen her? Das wäre zum Beispiel ein geeigneter Ausgang für eine historisch-kritische Bearbeitung seiner Texte.

G.B.: Zu fragen ist, wer das tun kann, wer solche historisch-kritische Untersuchungen durchführen soll. Es gibt ja bereits eine Fülle von Literatur, zum Beispiel zu Freuds Bezugnahmen auf Fechner, über den Einfluss von Nietzsche etc. Der Psychoanalytiker würde vermutlich sagen: Der Psychoanalytiker selbst, er allein ist textkundig.

K.P.: Das bezweifle ich, ob die Psychoanalytiker textkundig sind und ob das primär ihre Aufgabe ist. Psychoanalytiker neigen dazu, sich selbst zu überschätzen. Das Geschäft des Verstehens lernen sie in der klinischen Situation, und die folgt einer anderen Logik als die Situation, in der man vor einem Text sitzt und diesen historisch-kritisch zu interpretieren versucht.

G.B.: Dazu kommt, dass jeder, der an die Lehre glaubt, schon einen sehr selektiven Blick für mögliche Quellen, Anstöße oder Einflüsse hat.

K.P.: Die Frage ist, ob Kritik am Inhalt zur historischen Auslegung dazu gehört oder ob das gar nicht sein darf.

G.B.: Absolut. Was mich an Freud immer wieder besonders fasziniert hat, sind gerade diese großen spekulativen Schriften wie *Totem und Tabu* (Freud 1912/13). Nichts davon ist eigentlich haltbar, und das war schon in Bezug auf den Stand der zeitgenössischen Forschung so. Oder die *Leonardo*-Schrift (Freud 1910) zum Beispiel: »Nibio« – in der modernen Form »nibbio« – ist im Italienischen die Bezeichnung für Milan, Freud übersetzt es aber falsch mit Geier, um sich dann in die ägyptische Mythologie zu verirren: der Geier als das Muttertier schlechthin, als Symbol der Mütterlichkeit (ebd., S. 156–161). Dann das »unbewusste Vexierbild«, auf das Freud von Pfister aufmerksam gemacht worden ist: Im Faltenwurf des Gewands Marias sei in Leonardos Gemälde *Anna Selbdritt* die Kontur eines Geiers zu sehen (ebd., S. 186–188). Alles beruht auf einem Missverständnis. Oder, um einen für die Lehre zentraleren Punkt anzusprechen, die Begründung der von Freud postulierten Ubiquität des Ödipuskomplexes: der Vatermord in der Urhorde, die lamarckistische Denkfigur, dass die Untat in den Erbgang eingeht – ein unglaublicher Blödsinn eigentlich, jedenfalls ein eklatanter Bruch mit allen Regeln des State of the Art der Wissenschaft, und zwar des zeitgenössischen ebenso wie des heute Gültigen. Darf man das sagen, dass Freud in seinen Spekulationen oft nichts anderes tut, als Märchen zu erzählen? Kann das ein Psychoanalytiker sagen, der an die Lehre glaubt und der mit seiner Textkritik an Freud an einer ganz bestimmten Funktion der Lehre interessiert ist?

K.P.: Also ich denke mir, dass das eine der großen Zukunftsfragen ist. Für mich ist sie klar entschieden: Es muss der Inhalt kritisierbar bleiben! Aus der Sicht Freuds – in *Die Zukunft einer Illusion* (Freud 1927), wo er dafür plädiert, ein wissenschaftliches Denken zu etablieren – ist es gerade die Aufgabe der Psychoanalytiker, ihre Geschichte in einem historisch-kritischen Sinn der Aufklärung zu durchleuchten. Aber das fällt schwer. Was Freud selbst ja auch nicht gelungen ist. Dass er selbst Mythen gestiftet hat, wissen wir. Seine Rede zum Beispiel von der Splendid Isolation – der Mythos des einsamen Helden – stimmt einfach nicht.

G.B.: Man könnte glauben, wenn Psychoanalytiker, zumindest die mit »klassischer« Ausbildung, so würde ich das einleiten, von Interdisziplinarität reden, meinen sie damit nur, dass sich alle anderen für die Psychoanalyse interessieren sollen. Das Plädoyer für Interdisziplinarität endet also zumeist mit dem Angebot an Soziologen, Historiker, Techniker usw., sich gefälligst mit der Wahrheit der Psychoanalyse auseinanderzusetzen. Psychoanalytiker, die sich für Dinge außerhalb der engen Grenzen der Psychoanalyse interessieren, sind eher selten.

K.P.: Sind selten geworden!

G.B.: Und die suchen oft auch nur nach Parallelen oder Analogien: Dies und jenes ist interessant, weil hier und dort Ähnliches gedacht worden ist wie bei uns. Eigentlich langweilig, oder? Zudem überheblich, mehr noch: präpotent. Psychoanalytiker scheinen heutzutage eine eher ungebildete Spezies zu sein, eben weil sie sich für nichts außer für ihre Psychoanalyse, und da vielleicht auch nur für gewisse Teilaspekte, interessieren. Woher kommt das? Woher kommt diese unglaubliche Selbstzufriedenheit? Eigentlich unsympathisch, diese psychoanalytische Identität: Viele gerieren sich als ein Jemand, der auserwählt ist, weil er über eine Art Geheimwissen verfügt. Diese Selbstzufriedenheit erinnert mich an eine Passage bei Tucholsky über den Hochmut der Katholiken: »Die Katholiken sitzen vor ihrer Hütte. Ein Heide geht vorbei und pfeift sich eins. Die Katholiken tuscheln: ›Der wird sich schön wundern, wenn er mal stirbt!‹ Sie klopfen sich auf den Bauch ihrer Frömmigkeit, denn sie haben einen Fahrschein, der Heide aber hat keinen, und er weiß es nicht einmal. Wie hochmütig kann Demut sein!« (Tucholsky 1973, S. 126)

K.P.: Also das, was früher psychoanalytische Neugierde war, ist eher selten anzutreffen. Die Basis jeder interdisziplinären Forschung ist ja die Neugierde an der anderen Disziplin, nicht nur an den Ergebnissen, sondern vor allem auch an den Forschungsmethoden.

G.B.: Aber ist das denn tatsächlich so? Kann man das wirklich so festhalten: Die Psychoanalytiker interessieren sich nicht für Dinge, die außerhalb der Psychoanalyse sind?

K.P.: Sagen wir, es ist eine Tendenz dazu da. Eine Tendenz, die mit der Auswahl der Personen zu tun hat und mit ihrer Sozialisation in die Organisation hinein. Diese Sozialisation selbst wird zu einem alles beherrschenden Thema, weil die Ausbildung sehr familialistisch ausgerichtet ist und sozusagen die Neugierde entsprechend fokussiert wird auf familiäre Geheimnisse. Und nicht, was doch, glaube ich, bei Freud sehr deutlich ist, auf vieles andere auch.

G.B.: Wenn man irgendwo dazugehört, dann ist es wichtig oder ist es das Wichtigste überhaupt, dass andere nicht dazugehören. Man ist geradezu darum bemüht, Leute draußen zu halten.

K.P.: Was konstruiert wird, ist der Feind von außen und gleichzeitig der Feind aus dem Innen.

G.B.: Im Falle der Psychoanalyse ist das mit dem äußeren Feind nicht gar so einfach. Der Wille zum Anschluss an die Kirche ist bei denen, die wirklich außen stehen, enden wollend. Umso mehr muss man daher aus dem Innen heraus Abweichler produzieren und sie dann als Ketzer verfolgen.

K.P.: Ja, das ist sicher eine Tendenz. Diese Frage der Zugehörigkeit ist unter zweierlei Gesichtspunkten anzugehen: Zum einen ist eben der Gruppennarzissmus infrage zu stellen; zum anderen geht es darum, den neugierigen Blick nach außen zu systematisieren. Man kann das Leben in den verschiedenen psychoanalytischen Gruppierungen ja schon allein aus ihren Programmen sich erschließen: Kommen auch andere Referenten und Referentinnen vor oder nur solche, die dem Zentrum der Psychoanalyse angehören? Und wenn das nun völlig konzentriert ist auf das Zentrum, so ist das schon eine implizite Form von Zugehörigkeitsdefinition, wie du sie zuvor beschrieben hast. Es ist klar, dass in eben solchen Kontexten der Impuls entsteht, zu fragen, ob das, was Herr XY vertritt, überhaupt noch Psychoanalyse ist.

G.B.: Ist das überhaupt noch ein *wissenschaftlicher* Diskurs?

K.P.: Also wenn ich an die Diskurse der Psychologie oder der Soziologie denke, so sind die in Bezug auf die Auseinandersetzung mit andersdenkenden Leuten auch nicht viel anders geartet. Als ich in Wien Psychologie studiert habe, hat es dort eine eindeutige Schulrichtung gegeben. Diese Tendenz zur Verschulung im Sinne von Abschottung durch Zugehörigkeit zu einer möglichst kleinen Gruppe ist überall in der Wissenschaft anzutreffen. Oder die Systemtheoretiker. Wer versteht noch systemtheoretische Diskussionen, wenn er nicht im Zentrum der systemtheoretischen Diskussionsgemeinschaft ist. Das ist ein Austausch von Worten pur, man weiß gar nicht mehr, welcher sachliche Inhalt hinter den Begriffen steht. Man begibt sich auf eine Meta-Metaebene und damit ist die Diskussion auch schon zu Ende. Entweder man glaubt dem anderen oder nicht – darin erschöpft sich dann das, was man einen wissenschaftlichen Austausch nennt.

G.B.: Das ist eigentlich ein völlig autistischer Diskurs, der jegliches Interesse verloren hat an der Empirie, das heißt daran, sich an der Wirklichkeit zu messen. Es geht nicht mehr darum, Werkzeuge zu schmieden, die die Erfahrungen ordnen helfen, um die Welt besser zu verstehen, sondern es ist ein monadischer Diskurs. Mit den Dingen außerhalb der Glasglocke, unter der man sitzt und redet, hat der nichts mehr zu tun. Das hat etwas Scholastisches.

K.P.: Aber die Scholastiker haben auch noch etwas anderes im Sinn gehabt.

G.B.: Ist es so bei den Psychoanalytikern, dass man da beisammensitzt und sagt: »Ich bin ein orthodoxer Triebthoretiker, ich bin Kleinianer etc.«, und dann redet und streitet man *darüber*, ohne überhaupt noch einen Bezug zur Empirie zu haben? Wenn das so ist, dann ist das alles ja völlig unerheblich.

K.P.: Ja, es gibt sicher eine Tendenz, sozialwissenschaftliche Empirie als nicht psychoanalytisch darzustellen. Qualitative Forschung ist vielleicht noch akzeptabel, aber quantitative Forschung ist völlig irrelevant für weitere Theoriebildung in der Psychoanalyse. Probleme, die in der Theoriebildung auftauchen, so anzugehen, dass man sagt, »untersuchen wir das einmal empirisch« – das ist ein Gedankengang, der kaum anzutreffen ist. Also das Bemühen um eine psychoanalytische empirische Forschung ist sehr reduziert.

G.B.: Aber das bedeutet ja, dass man schlussendlich jeden wissenschaftlichen Anspruch aufgibt.

K.P.: Oder man definiert halt Wissenschaft um in eine Kunst, in Literatur.

G.B.: Aber das nimmt dann niemand mehr ernst, außer jene, die das betreiben.

K.P.: Von außen nimmt das niemand mehr ernst. Von außen betrachtet ist das »eleganter Unsinn«. Nicht umsonst finden sich in Sokals Buch viele hoch angesehene Psychoanalytiker verdächtigt, eleganten Unsinn zu produzieren (Sokal 1999). Und das wird nicht ernst genommen. Auseinandersetzungen mit der Frage, was da noch wissenschaftlich ist an der Psychoanalyse, werden eben als Bedrohung von außen betrachtet und verstärken das je individuelle Bedürfnis, sich der Zugehörigkeit der Gruppe zu versichern. Und in manchen psychoanalytischen Gruppierungen zählt eine ablehnende Haltung gegenüber sozialwissenschaftlicher Empirie zu den unverzichtbaren Bestandteilen der Gruppenideologie. Indem man jedem empirischen Forschungsinteresse abschwört, erwirbt man sich dort Zugehörigkeit.

G.B.: Wenn das Bild stimmt, dass der Bezug zu einer sozialwissenschaftlichen Validierung verloren ist, was bewegt dann die Theoriebildung? Gut, dann bleibt noch die Therapie. Aber da muss man sehr genau darüber nachdenken, inwieweit Therapie tatsächlich zugleich Forschung sein kann.

K.P.: Forschung nur auf therapeutischen Erfahrungen aufzubauen, ist sicher nicht ausreichend. Aber gehen wir nochmals zurück zur Ursprungsfrage. Wir haben im Laufe unseres Gesprächs einige Aspekte angesprochen, an denen deutlich wird, wie ein System entsteht, das in gewisser Weise nicht nur geschichtslos, sondern auch zunehmend nicht imstande ist, den Dialog mit anderen Wissenschaften zu pflegen und davon zu profitieren. Dieser Dialog scheint mir aber notwendig zu sein für das Überleben der Psychoanalyse als Wissenschaft.

G.B.: Ich muss gestehen, ich bin ein wenig skeptisch. Sehen wir uns zum Beispiel die Beziehungen der Psychoanalyse zu den Neurowissenschaften an. Psychoanalytiker freuen sich, weil Neurowissenschafter Dinge als neue Erkenntnisse kundtun, die kompatibel sind mit dem Wissen der Psychoanalyse. Die modernen Neurowissenschaften werden begrüßt, weil sie die Freud'sche Theorie nachträglich zu legitimieren scheinen. Wie langweilig – und wie problematisch das ist! Und zwar deshalb problematisch, weil kein Interesse besteht an einer Herausforderung. Erkenntnisse anderer Disziplinen stellen dann eine Herausforderung dar an die eigene Disziplin, wenn sie in die gängigen disziplinären Schemata oder Frames nicht einfach einpassbar sind. Was nicht in die vorhandenen Schemata passt, gilt in der Psychoanalyse nur allzu schnell als Unsinn. Ist es überhaupt denkbar, dass es irgendeinen wissenschaftlichen Befund gibt, der für die Psychoanalyse – im eben skizzierten Sinn – eine Herausforderung darstellen könnte? Gibt es für die Psychoanalyse irgendetwas Neues zu erfahren, oder weiß sie ohnehin schon alles? Das ist eine ganz ernst gemeinte Frage! Kennst du dieses Buch von Italo Calvino? In seinem Buch *Das Schloss, darin sich Schicksale kreuzen* (Calvino 1973) zum Beispiel fungieren Tarockkarten als

»Konstruktionsmaschine« für Geschichten. Ziel des Autors ist es, aus wechselnden Anordnungen der Karten Erzählungen zu generieren. Das ist tatsächlich ein mathematisches Problem: Es geht darum, *alle* in diesem System möglichen Geschichten zu konstruieren. Wenn man sich die Diskurse der Psychoanalyse ansieht, so hat man den Verdacht, dass dahinter eine nach einer ganz ähnlichen Logik funktionierende Erzählmaschine stecken könnte. Lacanianismus, Kleinianismus etc. wären dann nichts anderes als Varianten, die sich aus der völlig willkürlichen – weil von jeder Rücksicht auf reale Beziehungen befreiten – Kombination einiger weniger Bauelemente ergeben. Eine einzige Mythenproduktionsmaschine!

K.P.: Vielleicht ist es wirklich die Angst davor, aus der Gemeinschaft hinauszufliegen, wenn man ernsthaft neugierig wird. Darüber haben wir schon gesprochen. Es ist nicht lustig, ein Außenseiter in der psychoanalytischen Gruppe zu sein. Man verliert mitunter sogar Zertifikate. Die Vereinigungen sind da oft gnadenlos im Ausschluss. Das ist immer wieder zu beobachten. Und wer ausgestoßen ist, ist – wie ein aus der Kirche verbannter Priester – gezwungen, sich eine neue Identität aufzubauen.

Literatur

Aly, G. (1997): Macht, Geist, Wahn – Kontinuitäten deutschen Denkens. Berlin (Argon).

Bernfeld, S. & Cassirer-Bernfeld, S. (1988): Bausteine der Freud-Biographik. Frankfurt/M. (Suhrkamp).

Calvino, I. (1973): Das Schloß, darin sich Schicksale kreuzen. München (Hanser).

Fallend, K. (1995): Sonderlinge, Träumer, Sensitive. Psychoanalyse auf dem Weg zur Institution und Profession. Veröffentlichungen des Ludwig-Boltzmann-Institutes für Geschichte und Gesellschaft. Band 26. Wien (Jugend und Volk).

Ferenczi, S. (1910): Zur Organisierung der psychoanalytischen Bewegung. In: Ferenczi, S.: Schriften zur Psychoanalyse. Bd. 1. Frankfurt/M. (Fischer), 1982.

Freud, S. (1910): Eine Kindheitserinnerung des Leonardo da Vinci. GW VIII, S. 127–211.

Freud, S. (1912–13): Totem und Tabu. Einige Übereinstimmungen im Seelenleben der Wilden und der Neurotiker. GW IX.

Freud, S. (1927): Die Zukunft einer Illusion. GW XIV, S. 323–380.

Freud, S. & Freud, A. (2006): Briefwechsel 1904–1938. Frankfurt/M. (S. Fischer).

Grunberger, B. & Dessuant, P. (2000): Narzismus, Christentum, Antisemitismus. Eine psychoanalytische Untersuchung. Stuttgart (Klett-Cotta).

Grubrich-Simitis, I. (1988): Siegfried Bernfeld: Historiker der Psychoanalyse und Freud-

Biograf. In: Siegfried B. & Cassirer-Bernfeld, S.: Bausteine der Freud-Biographik. Frankfurt/M. (Suhrkamp).

Jones, E. (1953): Das Leben und Werk von Sigmund Freud, Bd. 1. Die Entwicklung zur Persönlichkeit und die großen Entdeckungen, 1856–1900. Bern (Huber).

Sokal, A. (1999): Eleganter Unsinn. Wie die Denker der Postmoderne die Wissenschaften missbrauchten. München (Beck).

Tucholsky, K. (1973): Schnipsel. Reinbek (Rowohlt).

Psychoanalysieren an der Schwelle zum Balkan

Ulrike Körbitz

Im Vorfeld meiner Überlegungen zu diesem Vortrag, der hier in einer für die Publikation leicht überarbeiteten Form vorliegt, stieß ich auf verschiedene *Erinnerungen*, denen im Folgenden die Stellung einer Ausgangsbasis für Konkretisierungen des Themas zukommen soll. Zuerst komme ich zurück an den Ort meines Studiums, an die von Univ. Prof. Igor A. Caruso geleitete Abteilung des Psychologischen Instituts der Universität Salzburg, Ende der 1970er Jahre. Ein zweiter Erinnerungskomplex gruppiert sich um den Besuch der Tagung *Der Fremde Blick* des Grazer Arbeitskreises für Psychoanalyse mehr als zwei Jahrzehnte später. Die Beschäftigung mit einigen Charakteristika der *Psychoanalyse in der Provinz*, die sich in unserem Fall – zunächst geografisch gesehen – am Übergang zu den Ländern des Balkans befindet, führt mich zur Untersuchung der Frage, welche Möglichkeiten diese regionale Position in Bezug auf die Kultivierung der Psychoanalyse als Wissenschaft und als Methode eröffnet und was es mit dem *Psychoanalysieren an der Schwelle zum Balkan* auf sich haben mag.

Erinnerungen

Studium in Salzburg

Die Vorlesung »Freud-Lektüre«

Der Sexualforscher Ernest Borneman liest Freuds Schriften in chronologischer Reihenfolge. Der Hörsaal ist übervoll. Viele der Anwesenden sind Hörer anderer Fakultäten. Borneman geht während der Vorlesung auf und ab, spricht frei, hüpft von einer Querverbindung zur anderen, holt sich ab und zu den jeweiligen Freud-Text und nimmt einen Schluck aus dem Glas mit brauner Flüssigkeit, das vor ihm auf dem Tisch steht. Es hat sich bald herumgesprochen, dass es sich hier nicht um Tee handelt. Unklar bleibt lediglich, ob der Whiskey pur oder verdünnt ist. Im Lauf der Zeit gerät er immer mehr in Fahrt. Einige wenige besonders schrift- und wortkundige Studenten, vorwiegend männlich, machen gelegentlich Zwischenbemerkungen.

Ich könnte nicht behaupten, damals (mit gerade 20 Jahren) besonders viel verstanden zu haben. Ohne zu wissen warum, bedeutete es dennoch einen Verlust, auch nur eine Sequenz dieser Vorlesung zu versäumen. Irgendetwas an den hier mit begeisterter Eloquenz vorgetragenen »Verrücktheiten« zog mich in den Bann. Die Grenzen zwischen Geschichtenerzählung, Teilhabe an einem Geschichte generierenden Prozess und Theorievermittlung waren fließend.

Das Kasuistikseminar

Zwei junge Assistenten stellen psychoanalytisches Fallmaterial vor: Johannes Reichmayr und Axel Krefting. Von der Erscheinung her wirken die Beiden unwesentlich älter als die Studierenden. Der eine blond-, der andere braungelockt, oft in Schlapfen und selbstgedrehte Zigaretten rauchend, verstehen sie es, eine lockere, spannende, attraktive Seminaratmosphäre zu erzeugen.

Meiner Erinnerung nach wurden unter anderem Film- und Tonbandaufnahmen von Sitzungen Prof. Carusos abgespielt: Erstinterviews,

Besprechungen im Sitzen und Psychoanalysestunden. Wir wurden dazu ermutigt, möglichst frei und ungezwungen darüber zu sprechen, was uns anhand dieser Szenen auf- oder einfiel, Hypothesen zu bilden, diagnostische Überlegungen anzustellen usw. Der Wechsel von individuellem Zuhören hin zu kollektiver Versprachlichung des Wahrgenommenen war nicht allzu schwierig oder gar gehemmt. Die Angst vor persönlicher Blamage wurde durch die Seminarleiter gering gehalten. Man konnte selten vollkommen ›daneben‹ liegen; auch scheinbar absurden Einfällen wurde eine sonst unübliche Wertschätzung zuteil. Es war sogar möglich, den Psychoanalytiker, der zugleich Inhaber des Lehrstuhls für klinische Psychologie an unserem Institut war, in seinen Interventionen zu kritisieren oder zu übertrumpfen! Die Aufnahmen erlaubten visuelle wie akustische Einblicke in Carusos Behandlungszimmer[1], das sich am Institut befand.

Das Randgruppenseminar

Dieses Seminar hatte den Charakter eines Umschlagplatzes für Projekte, die von offener Psychiatrie über Obdachloseninitiativen, Betreuung von Haftentlassenen bis zur alternativen Kinderbetreuung im Arbeiterviertel reichten. Diese Projekte wurden hier konzeptualisiert, besprochen, beforscht und von mehreren Lehrenden begleitet. Einige der im Randgruppenseminar entwickelten Projekte gehören heute zum fixen Bestandteil der psychosozialen Institutionen Österreichs.

Gemessen an den Standards psychoanalytischer Ausbildungseinrichtungen ging es in dieser Institutsabteilung unorthodox, geradezu ungehörig zu. Kollektive emotionale Prozesse eines schwer erklärbaren, faszinierten Angesprochen-Seins und Dabei-sein-Wollens verknüpften sich in dieser Atmosphäre mit dem individuellen Wunsch nach mehr Wissen. Während viele der den anderen Institutsabteilungen zugeordneten Pflichtvorlesungen bisweilen skeptisch und lustlos absolviert wurden, ging es beim Besuch der

1 Was die filmischen Aufnahmen betrifft, kann dies nur im übertragenen Sinne gelten, da es sich hierbei um einen im Studio erstellten Lehrfilm handelte (schriftliche Auskunft von Univ. Prof. Dr. Axel Krefting im Oktober 2009). Die mit einer Perücke »verkleidete« Analysandin war indirekt gefilmt, Caruso hingegen voll im Bild – sprechend oder schweigend, häufig rauchend.

oben angeführten Lehrveranstaltungen nach geraumer Zeit für die meisten Studierenden längst nicht mehr um den Erwerb anrechenbarer Zeugnisse; also nicht um Pflicht, sondern um Kür. Obwohl das Psychologische Institut in einem eigentlich unschönen, für damalige Zeiten aber modernen Plattenbau am Stadtrand von Salzburg untergebracht war, hatte ich keinen Moment lang den Eindruck, hier in der biederen, behäbig-öden Salzburger Provinz gelandet zu sein, sondern vielmehr in einem pulsierenden, exterritorial gelegenen Zentrum der Geisteswelt, mit dem es damals kein anderer Ort in Österreich aufnehmen konnte. Vorherrschend war ein Flair von Aufbruch, Freiheit und Abenteuer. Caruso selbst war während dieser Zeit – es handelt sich um die späten 70er Jahre – der große Abwesende. Manchmal sah man ihn über den Gang ›schweben‹. Ich erlebte gerade noch zwei der selten gewordenen, von ihm selbst abgehaltenen Vorlesungen. Wenn er den großen, brechend vollen Hörsaal betrat, verstummte jedes Geräusch wie in der Oper, sobald der Dirigent ans Pult tritt. Caruso schaute langsam in die Runde, zeichnete schweigend einen großen Dinosaurier an die Tafel und begann bedächtig, wie aus einer anderen Welt kommend, über Phylo- und Ontogenese zu sprechen.

Die letzte Begegnung mit diesem bereits zu Lebzeiten Abwesenden fand im russisch-orthodoxen Teil des Salzburger Zentralfriedhofs statt. Es war, als würde ein geistlicher Würdenträger im Kreise seiner weltlichen Anhänger zu Grabe getragen werden. Ich selbst verortete mich bei diesem höchst feierlichen Ereignis am Rande. Im Gegensatz zu vielen anderen, die sich im engeren Kreis rund um den Verstorbenen angeordnet hatten, wollte mir das Weinen nicht gelingen. Einige meiner etwas älteren StudienkollegInnen sprachen ›letzte Worte‹. Sie gehörten zu den Nahestehenden, Wissenden, Eingeweihten, die im Geist über etwas Besonderes verfügen mussten. Dass hier viel mehr geendet hatte als das Leben einer wichtigen Persönlichkeit, sollte sich im Nachhinein bald erweisen. Carusos Lehrstuhl für Klinische Psychologie wurde mit einem ausgewiesenen Gegner der Psychoanalyse neu besetzt.[2] Das sukzessive

2 Urs Baumann, der diesen Lehrstuhl bis heute innehat. In ihrem Beitrag »Annalen: Geschichte der Psychoanalyse von unten« erörtern Mitglieder der Institutsgruppe Psychologie die zu dieser Nachbesetzung führenden hochschulpolitischen Vorgänge und vermitteln darüber hinaus Eindrücke über das Studieren am damaligen Psychologischen Institut (vgl. Institutsgruppe Psychologie 1984).

Enden der oben skizzierten Verhältnisse am Psychologischen Institut führte zum Entstehen einer kleinen, aber beharrlichen psychoanalytischen Initiative, die sich später den Namen »Werkstatt für Gesellschafts- und Psychoanalyse« geben sollte.

Vom Habitus und der Art seines Sprechens her hatte ich Caruso nicht als Vaterfigur erlebt. Vielmehr ähnelte er meinem damals bereits verstorbenen Großvater väterlicherseits, einem aus Böhmen stammenden Glasfabrikanten: ein großer Mann mit distanziertem Blick, weißen Haaren, Schnauzbart, stoisch ruhig, immer in Anzug und Krawatte. Als Kind wollte ich nicht gern in seiner Nähe sein, geschweige denn allein mit ihm im Raum. Während meines Studiums in Salzburg realisierte ich, dass dieser mächtig wirkende Großvater nicht nur ideologisch aufseiten der Nationalsozialisten gestanden, sondern diese auch finanziell unterstützt hatte. Eine ähnliche Orientierung habe ich bei Caruso keinesfalls vermutet – wenngleich ich ebenfalls seine Nähe mied. Dieser respektierte, vor allem aber bewunderte Universitätsprofessor soll durch seine Gutachtertätigkeit als Psychologe an der Kinderpsychiatrischen Abteilung *Am Spiegelgrund* im Jahr 1942 in das Vernichtungsprogramm von »lebensunwertem Leben« involviert gewesen sein. Hat er damit auch über die (unter Umständen tödlichen) Folgen seiner Gutachten für die betroffenen Kinder Bescheid gewusst? (Vgl. Benetka/Rudolph 2008; List 2008)

Graz/Salzburg 1998

Von Salzburg aus besuchte ich 1998 das Symposium zum 20-jährigen Bestehen des Grazer psychoanalytischen Arbeitskreises mit dem Titel *Der Fremde Blick*. Im selben Jahr wurde die Salzburger »Werkstatt für Gesellschafts- und Psychoanalyse« aufgelöst. Dieses gut organisierte Kollektiv mit einer öffentlich zugänglichen Fachbibliothek[3] und Sitz in

3 Mittlerweile ist sie zur zweitgrößten psychoanalytischen Fachbibliothek Österreichs angewachsen. Mit ihrem Aufbau hatte Karl Fallend Anfang 1983 begonnen. Die im Laufe der Zeit durch Nachlässe emigrierter PsychoanalytikerInnen besonders wertvoll und umfangreich gewordenen Bestände wurden Ende der 1990er Jahre in die Salzburger Sexualberatungsstelle eingegliedert und dank Univ. Prof. Dr. Erika Weinzierl und Univ. Prof. Dr. Oliver Rathkolb um den psychoanalytischen Teil der Bibliothek des Ludwig Boltzmann Instituts für Geschichte und Gesellschaft nochmals entscheidend erweitert.

einem autonomen Kulturgelände war in die Jahre gekommen und hatte in gewisser Weise ›das Zeitliche gesegnet‹, wenngleich sämtliche Veranstaltungen und Seminare bis zuletzt gut besucht waren. Konzipiert als »Gegen-Universität« war hier so etwas wie eine im Kontext der Alternativkultur verankerte psychoanalytische Nach-68er-Bewegung entstanden. Mehr oder weniger prominente progressive Analytiker, Sozial- und Geisteswissenschaftler aus dem In- und Ausland kamen zu Vorträgen, Wochenendseminaren, Supervisionen und Tagungen angereist, viele von ihnen verzichteten auf ihr Honorar. Die Verknüpfung der »Werkstatt« mit dem Namen Caruso war für dieses mit Neugier gepaarte Engagement vermutlich nicht unbedeutend. Über Fragen der Verwertbarkeit der hier betriebenen Studien im Sinne anrechenbarer Zeugnisse zerbrach sich niemand den Kopf.

Zu den Kolleginnen und Kollegen in Graz hatte ich bis dahin kaum Kontakt gepflegt. Im Grunde genommen erschien mir die gesamte Region meiner mittlerweile fremd gewordenen sogenannten Heimat als kleinräumig, hinterwäldlerisch, nazi-kontaminiert und rückständig – mit immerhin einigen deutlichen avantgardistischen Einsprengseln.[4]

Zur Eröffnung der Grazer Tagung[5] weist der in Zürich lebende Exilant Paul Parin nicht ohne Rührung darauf hin, dass der Tagungstitel *Der fremde Blick* ihn an einen denkwürdigen Ausspruch seiner vor Kurzem verstorbenen Weggefährtin Goldy Parin-Matthéy erinnert, der da lautet: »Mit dem fremden Blick das Eigene sehen.« Als ehemaliger Analytiker und nunmehriger Literat zeigt er sich überaus skeptisch im Hinblick auf die aktuelle Psychoanalyse. Ein junger Wiener Psychoanalytiker, Rainer Gross (1999, S. 47ff.), beginnt seinen Vortrag mit meinem Lieblingszitat Fritz Morgenthalers[6]; ein weiterer in Wien ansässiger Analytiker, August

4 Zu überregionaler Bedeutung gelangten beispielsweise das Forum Stadtpark, der Steirische Herbst, die »Grazer Schule« zeitgenössischer Architektur sowie die Hochschulabteilungen für Jazz und Moderne Musik.

5 Die Veröffentlichung aller Beiträge findet sich im Tagungsband *Der fremde Blick. 20 Jahre Grazer Arbeitskreis für Psychoanalyse* der Zeitschrift *texte. psychoanalyse. ästhetik. kulturkritik* (3/1999).

6 »In der analytischen Beziehung entwickelt sich immer aus dem emotionalen Angebot des Analytikers ein emotionales Echo des Analysanden. Dieses emotionale Echo enthält die Reste und trägt die Spuren der Gäste, die am einst frisch gedeckten Tisch des Kindes, das der Analysand einmal war, gesessen, gegessen, gefressen, gewütet, gefastet, verachtet, verschlungen, gespuckt, gestohlen und getrunken haben. Das

Ruhs (ebd., S. 107ff.), verweist auf das Auge als Triebquelle und zugleich auf die attraktive Präsenz lacanianischen Denkens im Hinblick auf kulturelle Phänomene. In seiner Reflexion der Geschichte des Grazer Arbeitskreises berichtet Gert Lyon von den hiesigen Bestrebungen, ein möglichst auf Eigeninitiative, Selbstverantwortung und Emanzipation gerichtetes, unverschultes, offenes Ausbildungssystem zu etablieren: »Keine Festschreibung des Status Lehranalytiker, um überflüssige Hierarchie zu vermeiden« (ebd., S. 39). Diese Sätze werden zum – positiven – Kulminationspunkt meines Erstaunens. Ich komme gar nicht auf die Idee, nachzufragen, wie dies denn in Zeiten des Psychotherapiegesetzes praktikabel sein sollte und begebe mich freudig in die Sphäre des guten Glaubens. Außerdem nimmt der Referent eine Gegenüberstellung zeitgeschichtlicher Ereignisse, sozialpsychologischer Tendenzen und wesentlicher, für die Psychoanalyse relevanter Stationen vor. So verknüpft er beispielsweise das Jahr 1981, die Jugendunruhen in Amsterdam, Berlin und Zürich mit der Bemerkung: »Man sollte Lacan gelesen haben.« Für das Jahr 1984 wird die Verhinderung des Atomkraftwerkbaus in Hainburg mit der ersten Nummer des *Werkblatt. Zeitschrift für Psychoanalyse und Gesellschaftskritik* in Verbindung gebracht (ebd., S. 44f.). Es ist kaum zu fassen, was hier zu hören ist! Ein weiterer Referent, Klaus Posch, thematisiert die erste Vertreibung der Psychoanalyse durch die Nationalsozialisten und untersucht die zweite Vertreibung der Psychoanalyse am Psychologischen Institut der Grazer Universität in den 50er Jahren (ebd., S. 80ff.). All dies geschieht in der rückständigen südöstlichen Provinzmetropole, die aus westlicher Sicht längst auf dem *Balkan* liegt. Bilder geraten ins Rutschen. Zurück in Salzburg erzähle ich meinen staunenden, leicht ungläubigen KollegInnen begeistert von einer kleinen, bisher fast verborgenen paradiesischen Insel im Süden des Landes, als handele es sich um eine neuentdeckte, verheißungsvolle, gegenüber der psychoanalytischen Hochkultur ungehorsame, impulsive Subkultur. War es die spontane Aktualisierung eines Begehrens, wie es der italienische

alles ist in der Vergangenheit versunken. Als Analytiker bin ich der verspätete Gast, der von alldem, was da einst vorging, nicht weiß und nicht versteht. [...] Ich sitze mit dem Analysanden zwischen halbleeren Flaschen am schon abgesessenen Tisch. So saß noch niemand zuvor. Es ist eine neue Erfahrung für beide« (Morgenthaler 1981, S. 90; zit. nach Gross 1999, S. 47).

Philosoph Toni Negri als typisch für die 68er-Bewegung beschreibt? »Ihre Aktualität liegt zwischen einer schon toten Gegenwart und einer bereits zum Leben erwachenden Zukunft. Achtundsechzig war der Pfeil, der auf die Zukunft gerichtet wurde« (Negri 2008, S. 9).

Die Tagung *Der fremde Blick* im Grazer Afro-Asiatischen Institut war vom offenen, kritischen Impetus der eben zu Grabe getragenen »Werkstatt für Gesellschafts- und Psychoanalyse« durchzogen. Von daher schien sie für mich besonders dazu angetan, inmitten dieses Verlustes Trost durch atmosphärische Heimatgefühle wachzurufen.

Zur Psychoanalyse in der Provinz

Wir befinden uns in Graz. Der Name ist auf das slowenische »gradez« zurückzuführen: kleine Burg. Die bereits im zehnten Jahrhundert auf dem Schlossberg erbaute kleine Wehranlage wurde Mitte des 16. Jahrhunderts durch Installierung modernster italienischer Waffentechnik zur Hauptfestung des damaligen »Innerösterreich« (bestehend aus dem damaligen Herzogtum Steiermark, Kärnten, Krain und Deutsch-Görz) ausgebaut, dessen Hauptstadt Graz lange Zeit war. Entscheidende Siege gegen den Ansturm der Türken sind der bereits erwähnten Technik an diesem Ort zu verdanken. Nachdem die osmanische Gefahr gebannt war, verlor Graz zwar einiges von seiner machtpolitischen Bedeutung, wurde jedoch zum Einsatzgebiet berühmter italienischer Renaissancebaumeister. Die heute 280.000 Einwohner zählende, von den Nationalsozialisten seinerzeit lobend zur »Stadt der Volkserhebung« ausgerufene Provinzmetropole profitiert weiterhin von ihrer Geschichte und ihrer geografischen Lage als Bollwerk zum Schutz des deutschsprachigen Raumes gegen die vermeintlichen Bedrohungen aus dem Südosten. Seit seinem EU-Beitritt übernimmt nun der neue Staat Slowenien an seinen südlichen Außengrenzen diese Funktion, den EU-Binnenmarkt vor missliebiger Invasion durch arbeitssuchende Heerscharen oder gar vor ›kriminellen Elementen‹ aus dieser Himmelsrichtung abzuschirmen. Die derzeit in Wien lebende kroatische Schriftstellerin Slavenka Drakulic resümiert in einem *Falter*-Interview (Drakulic 2008) ihre regelmäßigen Erfahrungen mit peinlichen Befragungen an der kroatischslowenischen Grenze so: »Slowenien bewacht nun die EU-Grenze wie ein Heiligtum. Es ist sehr demütigend.« Mit Freuden geduldet sind unsere fremdsprachigen Nachbarn aus den diversen Balkanländern hingegen, solange sie als Tagesgäste – ausgerüstet mit den Insignien der neuen Mittelschicht – die wie Pilze aus dem Boden schießenden Einkaufszentren an den Speckgürteln der steirischen Provinzstädte besiedeln und nach getaner Konsumarbeit wieder abreisen: Wenn also aus den Tagesgästen Tagesreste geworden sind.

Ein eigentümlicher Kontrast macht sich bemerkbar, betrachtet man das Verhältnis der zweitgrößten Stadt Österreichs im Hinblick auf die Anzahl der in ihr ansässigen PsychoanalytikerInnen. Was deren Dichte betrifft, bildet Graz – im diesbezüglichen Ranking vielleicht nahezu gleichauf oder noch kurz vor der ›Kleinstadt‹ Klagenfurt liegend – das Schlusslicht im nationalen Städtevergleich. Ob dies ein zu bedauerndes Faktum ist, bleibe dahingestellt. Ich denke jedenfalls nicht, dass quantifizierbare Größen Rückschlüsse auf Inhalt und Qualität erlauben, weder im Hinblick auf einen wissenschaftlichen Verein noch im Hinblick auf den psychoanalytischen Prozess, dessen radikale Dimension nicht hinsichtlich der Quantitäten von Gesamtanzahl und Frequenz der auf einer Couch zugebrachten Wochenstunden beurteilt werden kann.

Bevor ich nun auf unsere besondere Position an der *Schwelle zum Balkan* zu sprechen komme, noch etwas anderes: Vielleicht ist Ihnen in der einleitenden Erzählung ein bestimmter Rhythmus aufgefallen, der nicht nur mit dem sanften oder abrupten An- und Abschwellen von ereignisbezogenen Erregungsmengen zu tun hat, sondern mit tiefer einschneidenden Brüchen. Ich möchte sie als Wechsel zwischen Anwesenheit und Abwesenheit bestimmter, bestimmbarer sozialer Verhältnisse im Rahmen von Institutionen bezeichnen. Diese Verhältnisse umfassen immer auch Sprechbeziehungen der beteiligten Subjekte. Im Falle der Caruso-Lehrkanzel am Salzburger Psychologischen Institut sowie der »Werkstatt für Gesellschafts- und Psychoanalyse« ging es um Institutionen, die sich um Tradierung und Kultivierung psychoanalytischen Denkens verdient gemacht haben – jedoch in einem anderen (umfassenderen und zugleich reduzierteren) Sinne, als es psychoanalytische Ausbildungsvereine tun. Um es noch auf die Spitze zu treiben: Es ist ein Wechsel zwischen bisweilen großer, schwer fassbarer, kollektiver Intensität und deren Ende; ein

Wechsel zwischen kreativen, erfindungsreichen, aber auch beschwerlichen Schöpfungsakten und Tod, Abschied, Begräbnis.

Was den Überlebenden bleibt, ist die Notwendigkeit der nachträglichen Bearbeitung oder Überschreibung des Verlorenen im Status des Mangels. Hierdurch wird nicht nur drohende melancholische Stagnation umgewandelt. Für die *Psychoanalyse in der Provinz*[7] eröffnen sich möglicherweise sogar weitreichende, erfreuliche Perspektiven, deren »Gewinn nicht gering anzuschlagen sei«, um eine altmodisch wirkende Freud'sche Redewendung zu gebrauchen.[8]

Die nun folgende skizzenhafte Zeichnung soll konkretere Vorstellungen der hiermit gemeinten Verhältnisse erlauben und diese zugleich aus meiner subjektiven Sicht charakterisieren:

- Die vereinstechnisch als notwendig erachteten, ehrenamtlich erledigten Organisations- und Verwaltungstätigkeiten beschränken sich auf ein Minimum, monatliche Treffen auf ein bis zwei Termine.
- Im Vereinsgefüge existieren zwar die üblichen Hierarchien mit den dazugehörigen Bezeichnungen (Kandidaten, Analytiker in Ausbildung, Analytiker, Lehranalytiker); anders als in den psychoanalytischen Ballungszentren wird jedoch wenig Gelegenheit geboten, diese Hierarchien auch zu ›bedienen‹. Die reale Abhängigkeit der in Ausbildung Befindlichen von einzelnen, ortsansässigen Lehrenden ist insofern geringer, als die meisten Seminare von anderen AnalytikerInnen aus dem In- und Ausland, und noch dazu häufig an einem anderen Ort, nämlich in Salzburg, abgehalten werden. Zusätzlich zu einem recht lückenhaften jährlichen Seminarangebot unterliegt die Auswahl von Lehrenden und thematischen Schwerpunkten im Sinne der Selbstorganisation durch die KandidatInnen dem

7 Um die negativen Konnotationen (rück- und randständig, behäbig, eng, folkloristisch ...) des Provinzbegriffs zu überwinden, wird heute gerne von »Peripherie« oder »Region« gesprochen: »Umfassender gedacht sind Regionen *moderne Hybride*, die emotional und mental besondere atmosphärische Potentiale aufweisen: Sie besitzen eine *regionale Kultur* – oder zumindest deren Residuum. Diese Kultur [...] unterscheidet sie von anderen. Es fragt sich, wie sehr, und ob es ein regionales Selbstbewusstsein gibt, das sich der Eigenheiten nicht nur bewusst ist, sondern sie unter modernen Bedingungen entfaltet« (Eigner et al. 2009, S. 133).

8 Freud bezieht diesen Gewinn auf den Nutzen der eigenen (Lehr-)Analyse für Personen, die beabsichtigen, Psychoanalytiker zu werden (vgl. Freud 1912, S. 382f.).

sogenannten freien Spiel der Kräfte. Letztere sind dazu aufgerufen, Personen, deren Vermittlung psychoanalytischen Denkens ihnen interessant oder attraktiv erscheint, eigenständig zu engagieren. Dies geschieht in kurzer Rücksprache mit der Ausbildungskommission. Bewilligungen erfolgen einigermaßen unkompliziert.

- Wer die Absicht hat, von der Provinz aus einen psychoanalytischen Werdegang einzuschlagen, ist nach der Aufnahme in den entsprechenden Verein zunächst einmal darauf angewiesen, Kontakt zu den – meist wenigen – anderen aufzunehmen, die Ähnliches im Sinne haben. Im Lauf der Zeit wird sich Verschiedenes herausstellen: Reisen, Ortswechsel, Kontakte zu Kolleginnen und Kollegen in den anderen Bundesländern, das Finden und Erfinden origineller Formen und Kontexte des Austauschs werden zu einer wesentlichen Begleiterscheinung der gemeinsamen Aneignung psychoanalytischer Kompetenz. Die Eingeschlossenheit in »ethnisch reine Folklorepferche«, nach Ansicht der kroatischen Literaturwissenschaftlerin Rada Ivekovic ein wesentliches Charakteristikum für »Provinzler« (1993, S. 54) muss hier überschritten werden.
- Der Wechsel zwischen An- und Abwesenheit möglicher intensiver Momente in psychoanalytischen Erkenntnisprozessen, die immer auch Selbsterkenntnis bedeuten, ist inhärenter Bestandteil des Analytiker-Werdens. Das durch ein vorhandenes Seminarangebot ohnehin nur lückenhaft abgedeckte Ausbildungscurriculum ist ständig in Gefahr, wieder verloren zu gehen – als Folge des Mangels an organisatorischer Festschreibung. Hierzu ein fiktives, von mir erfundenes Beispiel: Ein von einzelnen KollegInnen organisiertes Blockseminar mit der deutschsprachigen belgischen Analytikerin XY, einer betagten Dame, zur Lektüre von Freuds *Trauer und Melancholie* unter der Perspektive des Primats des Anderen, abgehalten im schmuddeligen Erkerzimmer einer Gemeinschaftspraxis wird sich beim besten Willen nicht mehr wiederholen lassen, weil erstens das fragile Koordinatensystem seines Zustandekommens nicht mehr existiert und zweitens die Analytikerin aus Altersgründen reiseunfähig geworden ist.

Die Bedeutung dieser ungesicherten, institutionspolitisch betrachtet relativ ›flüssigen‹ Verhältnisse soll jedoch weder beschönigt noch verklärt werden: Krisenhafte Entwicklungen scheinen vorprogrammiert. Es muss ständig wieder von vorne begonnen werden. Der Eindruck des Peripheren, Vorläufigen, Verlorenen kann sich zu einer Art negativem Gruppenphantasma verfestigen oder einer Vorstellung Vorschub leisten, die wirklichen, ›richtigen‹ AnalytikerInnen würden woanders sitzen, nämlich in den Metropolen – am besten und am zentralsten positioniert wären die im Schoße der IPA[9] Beheimateten. Genährt werden derlei Annahmen durch entsprechende Behauptungen, wie sie beispielsweise in einem Buch der Wiener Psychoanalytikerin Silvia Zwettler-Otte, selbst Mitglied der Wiener Psychoanalytischen Vereinigung sowie der IPA, nachzulesen sind. Die Vorteile der IPA, die sich nach Ansicht der Autorin direkt von dieser 1910 durch Sigmund Freud mitbegründeten Vereinigung bzw. deren bis heute geltenden Statuten »ableiten« lassen, charakterisiert sie folgendermaßen:

> »[U]nd so ist die Zugehörigkeit eines Psychoanalytikers zur IPA mit ihren sehr *sorgfältigen* Ausbildungskriterien eine gewisse Garantie, dass er kein *selbst ernannter* Psychoanalytiker ist, sondern eine *gute* Ausbildung genossen hat, die in einer *gründlichen* eigenen Analyse, in einer *profunden* theoretischen Ausbildung und einer *dichten* Supervision während der ersten Praxiserfahrungen besteht« (Zwettler-Otte 2006, S. 110; Hervorh. U.K.).

Hier kommt es zu einer tendenziösen Konstruktion eines vermeintlichen Widerspruchs zwischen sorgfältig, gut, gründlich, dicht, profund und selbst ernannt.[10]

---

9 International Psychoanalytic Association/Internationale Psychoanalytische Vereinigung: Diese internationale Organisation fungiert meiner Ansicht nach als ein imaginäres Zentrum, in dem, ähnlich wie im klassischen Altertum, alle Fäden zusammenlaufen, wie Michael Rutschky (2008, S. 960) ausführt: »Alle Wege führen nach Rom. Rom ist so etwas wie ein unverrückbares Zentrum, das alle anderen Orte auf dem Planeten als Peripherie definiert.«

10 Der Züricher Analytiker Peter Schneider setzt solcherlei Hervorhebungen in Bezug zur Tätigkeit von AnalytikerInnen und meint, dass sie immer auch im Kontext einer Bewältigung von Schuld zu sehen wären: »[W]enn der analytische Prozess ein Klima der Verführung und Verführbarkeit schafft, in dem – freilich auf dem Hintergrund der Abstinenz des Analytikers – Phantasien sich Raum schaffen dürfen, die im Alltagsdialog unausgesprochen und ungehört bleiben müssten – wenn das alles so ist, dann liegt es nicht fern für den Analytiker, sich durch eine legitimierte Ausbildung als professionell jenseits von Schuld stehend auszuweisen. […] Der Analytiker analysiert schließlich nicht zu seinem Vergnügen. Die Legitimation der Ausbildung soll die Immunität des Analytikers und seine Seriosität garantieren und absichern« (Schneider 1996, S. 84f.).

Erkenntnistheoretisch begründete Erläuterungen psychoanalytischer Werdegänge, denen meines Erachtens eine Dialektik zwischen Selbst und Anderem zugrunde liegt, werden zugunsten einer ausschließlich institutionspolitisch orientierten Argumentationsweise vernachlässigt. *Selbsternannt* sind nach Ansicht der Autorin offensichtlich PsychoanalytikerInnen, die sich so nennen, ohne es zu *sein*. Das Selbst oder besser das Subjekt mutiert zu einer fragwürdigen, leeren Kategorie in Bezug auf die Autorisierung zu diesem Beruf. Demgegenüber sollen Verbandszugehörigkeit, Ausbildungskriterien und Fremdautorisierung neben der oben erwähnten »gewissen Garantie« für das Analytiker-*Sein* auch wesentliche Orientierungshilfen für potenzielle PatientInnen und AusbildungskandidatInnen abgeben (ebd., S. 109).

Es stellt sich die Frage, ob gemäß dieser Logik all jene, die sich als Psychoanalytiker verstehen, *ohne* der IPA anzugehören, unter die Selbsternannten einzuordnen wären? In Österreich betrifft dies sämtliche KollegInnen in den Bundesländern außerhalb von Wien. Und: Wer soll es denn eigentlich dem *Selbst* in letzter Konsequenz abnehmen, sich zum/zur PsychoanalytikerIn zu autorisieren?

Vor einiger Zeit referierte Johann August Schülein in Graz über Institutionalisierungsprobleme der Psychoanalyse. Er rief uns Ferenczis 1910 gehaltenen Vortrag »Zur Organisation der psychoanalytischen Bewegung« in Erinnerung, der damals aufgrund überaus origineller Gedankengänge und scharfer, pointierter Formulierungen »heftige Turbulenzen auslöste« (Schülein 2009, S. 3). Er habe nämlich in seiner Charakterisierung der Analytikerkollegen offensichtlich wunde Punkte getroffen.

Den *Beginn* der psychoanalytischen Bewegung bezeichnet Ferenczi als heroische Pionierphase, in der Vorläufigkeit, Labilität, Improvisation und Selbstorganisation dominiert hätten. Eine Zeit für Einzelkämpfer mit einer gewissen Exzentrik, Akteure ohne Fachausbildung, Nonkonformisten, die in bestehende Verhältnisse nicht vollständig eingebunden waren – Pioniere eben, die eine Art Guerillakrieg ohne einheitliche Anleitung zur Landnahme führten.

Aus Ferenczis Perspektive im Jahre 1910 war der nächste anzustrebende Schritt der Zusammenschluss zu einer internationalen Vereinigung, welche der Psychoanalyse zu Achtung und Anerkennung von außen verhelfen und ihre Massenwirkung fördern würde. Schülein zufolge entwickelten sich dementsprechend in einer *zweiten Phase* institutionelle Etablierung, Konsolidierung nach innen, Expansion nach außen, geordnete Kommunikationsformen und formalisierte Beziehungen. Die Bewegung behielt jedoch ihren Status des Neuen bei.

Als *dritte Phase* des Voranschreitens wurde von ihm die Normalisierung angegeben: Der institutionelle Prozess funktioniert auf Basis einer elaborierten Organisation, auf Basis von Routine und standardisierter Sozialstruktur. Pioniere oder die von Anna Freud für die Weiterentwicklung der Psychoanalyse als wesentlich erachteten »Sonderlinge, Träumer und Sensitive[n]« (vgl. A. Freud 1968; Fallend 1995) würden von einem solchen Gebilde nicht mehr angezogen; stattdessen folgten Mitglieder mit Normalbiografie, geregelter Ausbildung, sicherem Status und gutem Einkommen.

Gerade dieses letzte Stadium der Normalisierung scheint mir wenig verheißungsvoll zu sein, weil unattraktiv für alle unkonventionell Denkenden außerhalb psychoanalytischer Institutionen, die an der Psychoanalyse als Wissenschaft interessiert sind. Dieses Stadium fördert die Einengung auf klinisch-therapeutische Gesichtspunkte (Therapeutismus) und das Stagnieren des weitertreibenden Denkens und Forschens. Der von mir weiter oben angedeutete Optimismus bezüglich der Psychoanalyse an peripheren Standorten lässt sich aus meiner Sicht nur aus der permanenten Kultivierung eines Raumes für »Pionierphasen« innerhalb psychoanalytischer Institutionen ableiten – allerdings in skeptischer Vorsicht, was Ferenczis Verknüpfung dieser Phasen mit dem Heroischen angeht. Un-ordentliche Vorläufigkeit, Notwendigkeiten des Erfindens, Krisenpotenziale des Organisierens psychoanalytischer Bildungs- und Ausbildungswege beispielsweise geraten aus dieser Perspektive nicht zur spezifischen Not kleiner Provinzarbeitskreise, sondern zu einer durchaus vorteilhaften, bedenkenswerten Möglichkeit.

An der Schwelle zum Balkan

Um AnalytikerIn werden bzw. sein zu können, benötigt es die Erfahrung des Aufenthalts an einem Ort, den ich als *Schwelle zum Balkan* bezeichnen möchte. Mir ist hierbei durchaus bewusst, dass allein die

Verwendung des Wortes *Balkan* kein harmloses Unterfangen ist. Der Eigenname bezeichnete zunächst einen Gebirgszug bzw. die von ihm geprägte Halbinsel zwischen Europa und Asien; erst im 19. Jahrhundert wurde er zu einem politisch-historischen Begriff.

Balkan ist längst zu einer Metapher für Inhalte geworden, mit denen diejenigen, die das Wort aussprechen, selbst nichts zu tun haben wollen. Der slowenische Philosoph Slavoj Žižek geht davon aus, dass eine definitive Antwort auf die Frage »Wo fängt der Balkan an?« unmöglich ist:

> »Für Serben beginnt er da unten, im Kosovo oder in Bosnien, und sie verteidigen die christliche Zivilisation gegen diesen ›Anderen‹ Europas; für die Kroaten beginnt er im orthodoxen, despotischen und byzantinischen Serbien, gegen das Kroatien seine Werte der demokratischen westlichen Zivilisation verteidigt; für die Slowenen beginnt er in Kroatien, und wir, die Slowenen, sind der letzte Außenposten eines friedlichen Mitteleuropas; […] für manche Deutsche ist es Österreich auf Grund seiner historischen Verbindungen selbst, das schon von der balkanischen Korruption und Unfähigkeit bestimmt wird; für manche Norddeutsche ist auch Bayern, mit seiner katholisch bäuerlichen Dimension, nicht frei von einem gewissen balkanischen Flair; manch arrogante Franzosen assoziieren mit Deutschland eine östliche balkanische Wildheit. Den Extremfall repräsentieren einige konservative, gegen die Europäische Union gewandte Engländer, für die das ganze Kontinentaleuropa, das genaue Gegenteil des Balkans, heute als eine Art balkan-türkisches Großreich funktioniert, mit Brüssel als dem neuen Konstantinopel […]. Der Balkan ist also immer der Andere, er liegt irgendwo anders, immer ein wenig weiter im Südosten« (Žižek 1999, S. 7f.).

Nach Žižek fungiert das mit dem Wort *Balkan* Bezeichnete als eine Art leere Projektionsfläche für phantasmatische Bilder, deren Urheber sich selbst als kultiviert, zivilisiert, aufgeklärt und dem Westen zugehörig verstehen und die Position des neutralen, gutwilligen Beobachters einnehmen, quasi als letztes Bollwerk gegen den Wahnsinn. Vielen von uns sind die Balkan-Bilder irgendwie vertraut: An dem einen, einigermaßen positiv gefärbten Ende des Spektrums stehen überbordende, kaum zu zügelnde triebhafte Lebendigkeit und fröhlich-bunte Lebenslust, Žižek zufolge das Feiern einer »exotischen Authentizität« (ebd., S. 9) als Variante eines umgekehrten Rassismus. Überwiegend ist das mit dem Wort *Balkan* Angesprochene jedoch deutlich negativ getönt: Den

Bewohnern dieses angeblich letzten wirklichen, dreckigen, abgründig-rückständigen europäischen Hinterhofs wird eine nahezu angeborene Bereitschaft zu unberechenbarer Gewalt und Grausamkeit attestiert.[11]

Karl-Markus Gauß beschreibt die stets nach unten führende, steil abfallende »Karriere« des Balkan-Begriffs, der heute als Schimpfwort, als Synonym für barbarische, primitive Verhältnisse (Gauß 2000, S. 17) und für Zerfall (ebd., S. 26) dient, folgendermaßen:

> »Was so wild wie die Landschaft und so chaotisch wie die politischen Zustände schien, die dort herrschten, das wurde zum ›Balkan‹ erklärt, der so bald für alles stand, was national unübersichtlich und politisch unberechenbar schien und nicht von der Hegemonie eines Staatsvolkes, sondern der Balance vieler Völker geprägt war« (ebd., S. 19).

In seinem Hauptvortrag auf dem IPA-Kongress in Chicago 2009 beklagt beispielsweise Warren Poland eine gegenwärtige »Balkanisierung« unter Psychoanalytikern, die sich seiner Ansicht nach »in immer kleinere und sogar feindliche Sekten« (Poland 2009, S. 4) aufspalten würden, statt den interessierten, schulenübergreifenden Dialog zu suchen. Auch hier verheißt die Anspielung auf den *Balkan* nichts Gutes.

Was aber geschieht, wenn wir den *Balkan* als ein Terrain betrachten, das nicht anderswo im Südosten liegt, sondern jedem Subjekt innewohnt? Was bedeutet das Postulieren einer Erfahrung an der *Schwelle zum Balkan*, um PsychoanalytikerIn werden und sein zu können? Es verweist zunächst auf die Bemühung um ein weniger verzerrtes, neugieriges Verhältnis zu den verschiedenen Facetten eines weggeschobenen, verdächtigen, an den Rand gedrängten Terrains. Wenn es gut gegangen ist, haben alle, die diesen Beruf ausüben, durch ihre eigene Analyse eine Erfahrung gemacht, die an die Schwelle zu diesem mitunter verstörenden Bereich des Unbewussten führte. Mit *Schwelle* meine ich eine spezifische Zone des Übergangs zwischen getrennten Bereichen, in denen unterschiedliche

---

11 Vermeintliche Beweise für deren bedrohliche Faktizität können in den Kriegen gefunden werden, die in den 1990er Jahren mit dem Zerfall des jugoslawischen Staates einhergingen, wenngleich Historiker betonen, dass beispielsweise die Durchführung »ethnischer Säuberungen« aufseiten der Serben, Kroaten und bosnischen Muslime um nichts grausamer war als die während der NS-Zeit begangenen Taten deutscher Militärs (Vgl. Mazower 2007, S. 229).

Gesetzmäßigkeiten herrschen. Sowohl in zeitlicher als auch in räumlicher Hinsicht ist dies ein Ort des *Weder-Noch*. Die Position an oder auf der Schwelle eröffnet dem Subjekt besondere Momente des flexiblen Erkennens, ohne auf einen Bereich festgelegt zu bleiben bzw. in ihm zu versinken. Im analytischen Prozess sind es die Selbstinterpretationen des bewussten Ich, die nach allen Regeln der Kunst in Schwingung versetzt werden. Es ist der Eingriff der *Deutung*, der hier an die Schwelle führt. Ausgehend von jedem sprachlichen und nichtsprachlichen Ereignis orientiert sich die Deutung an der dynamischen, sich zugleich zeigenden und verbergenden[12] Präsenz unbewusster Wünsche und darüber hinaus an den spezifischen Konstellationen, die zu ihrer Unbewusstmachung geführt haben. Diese Konstellationen verweisen immer auf soziale und kulturelle Strukturen.[13]

Die Deutung bringt den von Freud so bezeichneten »anderen Schauplatz«, das Unbewusste, ins Visier der Aufmerksamkeit *beider* am analytischen Prozess Beteiligten. Intendiert wird hiermit eine Art der Öffnung, die Irritation und Befremdung in sich trägt. Die verpönten Wahrheiten, die in einer Analyse zur Sprache kommen, rütteln an der Vorstellung eines kultivierten, autonomen, zivilisierten Ich. Daraus folgen nicht unbedingt gesteigertes Glücksgefühl, erfüllbar scheinende Klischees von Selbstverwirklichung oder Normalität, sondern vielmehr Irritation, Horizonterweiterungen, Umwandlung und Neukonfiguration. Die Annäherung an die unzugänglichen, verdrängten Ursprünge des Begehrens tangiert alle möglichen Varianten von ›primitiven‹ kindlichen Körpererfahrungen, wie beispielsweise den Lustgewinn aus polymorph-perversen Befriedigungsmöglichkeiten an verschiedenen Körperöffnungen, die nicht nur für das Kind, sondern auch für seine erwachsenen Bezugspersonen erregend waren und sind. Darüber hinaus rüttelt der analytische Prozess an der »hegemonialen Staatsmacht« von Genitalprimat und heterosexueller Ordnung.

---

12 »Die Formen, in denen das Unbewusste sich zugleich verbirgt und zeigt, sind: Symptom, Traum, Fehlleistung, Witz, die Sprache schlechthin, aber auch die Formen nichtsprachlichen Verhaltens« (Knellessen et al. 2003, S. 11).

13 »Das biologische Individuum, das menschliche Leben, ist durch und durch vom Eindringen des Kulturellen überschwemmt, das definitionsgemäß störend, anregend und sexuell ist« (Laplanche 1996, S. 189).

Die Analyse führt zu einer passageren Ich-Schwächung zugunsten erhöhter Durchlässigkeit gegenüber Strömungen aus dem Unbewussten als Territorium des Fremdartigen, Beängstigenden, Absurden, ursprünglich vom Anderen herkommenden.

Was also kann es mit dem Psychoanalysieren an der *Schwelle zum Balkan* auf sich haben? Hierzu einige keineswegs abschließende Überlegungen:

- Psychoanalysieren darf allen Beteiligten (auch) Spaß machen, ebenso wie es an die Abgründe oder Wurzeln von Lust, Dreck, Ekel, Hass, Grausamkeit und Sterben führt.
- Der Prozess des Analytiker-*Werdens* verträgt sich schlecht mit Vorstellungen des chronologisch geordneten Durchlaufens von modulhaft angelegten Curricula mit einem Anfang und einem zertifizierbaren Ende, etwa in Gestalt einer Abschlussprüfung. Auch das Analytiker-*Sein* ist weniger mit sicheren, garantierten, dauerhaft verbriefbaren Tätigkeiten in Verbindung zu bringen, als vielmehr mit dem permanenten Bestreben, es im Wechselspiel mit dem Scheitern immer wieder aufs Neue zu werden.
- Psychoanalytische Schwellenerfahrungen am Übergang zwischen Unbewusstem und Bewusstem gehören nicht zur alltäglichen Routine. Eher sind es seltene »Sternstunden«, in denen etwas zur Sprache kommen kann, für das es noch niemals zuvor Worte gab. Solche Momente der Freisetzung neuartiger Erkenntnis sind bewegend. Den Platz hinter der Couch als ein Übertragungsfeld poetischer Lust des Analytikers oder der Analytikerin zu (er)kennen und zu nützen, ist kein Vergehen – im Gegenteil.
- AnalytikerInnen sollten es riskieren, aufgrund ihrer Beschäftigung mit den Folgen der Verquickung zwischen Sprache, Kultur, Politik und Begehren immer wieder Fremde im eigenen Land zu sein. Sofern sie sich für die Machtverhältnisse herrschender Diskurse nicht nur interessieren, sondern diese auch unterwandern und mit Elementen verdrängter, verpönter Inhalte verknüpfen, werden sie die Erregung öffentlichen Ärgernisses riskieren müssen.
- Eine entscheidende Erweiterung des bereits erwähnten institutionell verordneten Amalgams von »sorgfältig, gründlich, gut, profund, dicht« scheint mir in individuellen wie kollektiven Erfahrungen des

»Reisens auf eigene Faust« begründet zu liegen. Das Faszinosum psychoanalytischer Erkenntnisprozesse will gesucht, erschlossen und entdeckt werden, bevor es – notgedrungen – wieder verloren geht, jedoch Erinnerungsspuren hinterlassen hat.

- Ausbildungsinstitutionen sind dazu da, die Psychoanalyse als Wissenschaft und als Methode weitertreibend zu kultivieren und ihre permanente Neuerfindung[14] zu fördern. Sie stehen mehr oder weniger quer zum vorherrschenden, empiristischen Wissenschaftsverständnis der akademischen Psychologie und erfüllen eine Aufgabe, die mein Kollege Dave Karloff im Rahmen seines Versuchs »einer Neubestimmung der politischen Kultur der Psychotherapie« folgendermaßen skizziert: »Die [...] Aufgabe bestünde darin, den Ort der Psychotherapie weder als privates Biotop (absolute Sicherheit und soziale Abgeschiedenheit) noch als Utopie (absolute Freiheit oder absolute Gleichheit) aufzufassen, sondern vielmehr als Ort der Unentschiedenheit, der Krisis, der Kritik, des Dazwischen, mithin keinen Un-Ort, keine Utopie – einen Ort, den es nicht gibt – sondern einen anderen, einen dritten Ort, eine *Heterotopie*« (Karloff 2009, S. 292).
- Abschließend möchte ich nochmals auf Igor A. Caruso zurückkommen, der seine Kindheit und Jugend in der russischen Ukraine und im heutigen Moldawien verbrachte: Hat er nicht die Schwelle *vom* Balkan überschritten und in denen von ihm geprägten Institutionen – unter anderem – dessen Spuren eingeschrieben?[15]

---

14 Es ist aus meiner Sicht keinesfalls abwegig, das Psychoanalytiker-Dasein mit Aspekten einer schwer vermittelbaren Kunstform zu verknüpfen, mit der permanenten Notwendigkeit einer kreativen Überschreitung vorhandenen Wissens und (bisherigen) Könnens zugunsten der Entwicklung einer eigenständigen Handschrift. In seinen Überlegungen »Über die Zweizeitigkeit des Analytiker-Werdens« weist Pierre Passett in diese Richtung: »Analytiker werden kann man auf sehr verschiedenen Wegen. Immer aber ist es unumgänglich, dass man das, was man in einem ersten Schritt an analytischer Theorie und Technik, wenn man bei diesen Begriffen bleiben will, wo immer und wie immer gelernt hat, in einem zweiten Schritt noch einmal neu erfindet und subjektiv vertieft. Nur so wird das, was man seinen Analysanden deutend mitteilt, mehr als korrekte Applikation von fremder Theorie, also Schul- oder Meisterwissen, nämlich aus eigener Forschung – deren Ursprung immer in der Sexualforschung liegt – entstammendes Wissen. Solches Wissen ist im besten Sinne subjektiv« (Passett 2009, S. 66f.).

15 Für erweiternde und anregende Diskussionen, die in diesen Text eingegriffen haben,

Literatur

Benetka, G. & Rudolph, C. (2008): »Selbstverständlich ist vieles damals geschehen...« Igor A. Caruso *Am Spiegelgrund*. Werkblatt. Zeitschrift für Psychoanalyse und Gesellschaftskritik 60(1/2008), 5–45.

Drakulic, S. (2008): Europa hat Angst vor uns Barbaren. Falter 51, 12.

Eigner, C. et al. (Hg.) (2009): Zukunft: Regionalwirtschaft! Ein Plädoyer. Innsbruck (Studienverlag)

Fallend, K. (1995): Sonderlinge Träumer Sensitive. Psychoanalyse auf dem Weg zur Institution und Profession. Protokolle der Wiener Psychoanalytischen Vereinigung und biographische Studien. Wien (Jugend & Volk)

Freud, A. (1968): Schwierigkeiten der Psychoanalyse in Vergangenheit und Gegenwart. In: Die Schriften der Anna Freud, Bd. IX. Frankfurt/M. (Fischer), 1987, S. 2481–2508.

Freud, S. (1912): Ratschläge für den Arzt bei der psychoanalytischen Behandlung. GW VIII, S. 376–387.

Gauß, K.-M. (2000): Das Europäische Alphabet. München (dtv).

Gross, R. (1999): Das Bild des Psychoanalytikers/Das Bild der Psychoanalyse. texte. psychoanalyse. ästhetik. kulturkritik 19(3), 47–60.

Institutsgruppe Psychologie der Universität Salzburg (1984): Annalen. Geschichte der Psychoanalyse von unten. In: Institutsgruppe Psychologie der Universität Salzburg (Hg.): Jenseits der Couch. Psychoanalyse und Sozialkritik. Frankfurt/M. (Fischer), S. 275–293.

Ivekovic, R. (1993): Jugoslawischer Salat. Graz (Droschl).

Karloff, D. J. (2009): Selbstbehauptung statt Kopflosigkeit. Vorüberlegungen zu einer anderen politischen Kultur der Kur. In: Karloff, D. J. et al. (Hg.): Aufbruch ins Innere. 40 Jahre Integratives Seminar für Psychotherapie in Bad Gleichenberg. Berlin (Pro Business).

Knellessen, O.; Passett, P. & Schneider, P. (2003): Das Deuten der Psychoanalyse. Wien (Turia + Kant).

Laplanche, J. (1996): Die unvollendete kopernikanische Revolution in der Psychoanalyse. Frankfurt/M. (Fischer).

List, E. (2008): »Warum nicht in Kischniew?« – Zu einem autobiographischen Tondokument Igor Carusos. Zeitschrift für psychoanalytische Theorie und Praxis 23(1–2), 117–141.

Lyon, G. (1999): Zur Geschichte des Grazer Arbeitskreises. texte. psychoanalyse. ästhetik. kulturkritik 19(3), 33–47.

Mazower, M. (2007): Der Balkan. Berlin (Berliner Taschenbuch Verlag).

Morgenthaler, F. (1981): Technik. Zur Dialektik der psychoanalytischen Praxis. Frankfurt/M. (Syndikat).

Negri, T. (2008): Achtundsechzig war der Pfeil, der auf die Zukunft gerichtet wurde. »40 Jahre medico« Rundschreiben (1/2008), 4–9.

Passett, P. (2009): Über die Zweizeitigkeit des Analytikerwerdens. Werkblatt. Zeitschrift für Psychoanalyse und Gesellschaftskritik 63(2/2009), 39–71.

---

bedanke ich mich bei meinen drei Kollegen, die sowohl für die Entstehung der Tagung, als auch für dieses Buches verantwortlich zeichnen (Christian Eigner, Gert Lyon, Klaus Posch) sowie bei Hans Albert, Karl Fallend, Anna Koellreuter und Cornelius Textor.

Poland, W. S. (2009): Probleme des kollegialen Lernens in der Psychoanalyse: Narzißmus und Neugier. Psyche 63(4), 3–24.

Posch, K. (1999): Der Blick der Psychologie auf die Psychoanalyse: Die fortgesetzte Ausgrenzung der Psychoanalyse aus dem Psychologischen Institut der Universität Graz nach der Niederlage des NS. texte. psychoanalyse. ästhetik. kulturkritik 19(3), 80–107.

Ruhs, A. (1999): Triebquelle Auge/Triebobjekt Blick. texte. psychoanalyse. ästhetik. kulturkritik 19(3), 107–124.

Rutschky, M. (2008): Zentrum/Peripherie. Merkur 62(712/713), S. 960–967.

Schneider, P. (1996): Darf man am Sabbat psychoanalysieren? Oder die Ironie der Aufklärung. Tübingen (edition diskord).

Schülein, J. A. (2009): »Die autoerotische Periode des Vereinslebens würde allmählich abgelöst durch die der Objektliebe.« Über Institutionalisierungsprozesse der Psychoanalyse (unveröffentlichtes Vortragsmanuskript).

Žižek, S. (1999): Liebe Deinen Nächsten? Nein, Danke! Die Sackgasse des Sozialen in der Postmoderne. Berlin (Volk & Welt).

Zwettler-Otte, S. (2006): Die Melodie des Abschieds. Eine psychoanalytische Studie zur Trennungsangst. Stuttgart (W. Kohlhammer).

II Grenzgänge

»Vom Rand her ist der Blick zur Mitte frei!«

Eine metapherntheoretische Analyse psychoanalytischer Werdegänge

Johanna Muckenhuber, Rainer Danzinger, Peter Gasser-Steiner, Gernot Herzeg & Gert Lyon

Einleitung

Vergessen wir nicht – die Psychoanalyse!, so lautete der Titel der Tagung, die wir zum Anlass für eine Auseinandersetzung mit psychoanalytischen Biografien nahmen. Welche Wege führen zur Psychoanalyse? Wir näherten uns dieser Frage auf dem Wege theoretischer Diskussionen und empirischer Analysen.

Grundbausteine des vorliegenden Ergebnisberichtes sind metapherntheoretisch inspirierte Analysen qualitativer Interviews und schriftlicher Antworten, die wir auf einen Brief erhalten haben, den wir an PsychoanalytikerInnen im deutschsprachigen Raum gesandt haben, mit der Bitte um Darstellung der eigenen Biografie. Zu Beginn zitieren wir den genannten Brief, der zugleich unsere Fragestellungen und Forschungsabsichten darlegt.

> »Liebe Frau Kollegin, lieber Herr Kollege!
>
> Am 13./14. November dieses Jahres veranstaltet der Grazer Arbeitskreis für Psychoanalyse ein Symposium mit dem Titel: ›Vergessen wir nicht – die Psychoanalyse!‹. Für dieses Symposium bereiten wir einen Beitrag vor, der sich mit Herkunft und Werdegang von derzeit in Österreich, Deutschland und der Schweiz tätigen PsychoanalytikerInnen befasst. Für diesen Beitrag mit dem Titel ›Vom Rand her ist der Blick zur Mitte frei‹ möchten

wir Sie/Dich um Unterstützung bitten. Falls Sie/Du vom eigenen Werdegang, aber eventuell auch vom Werdegang etwaiger LehranalysandInnen, einen irgendwie vergleichbaren Eindruck haben, wie wir ihn nachfolgend beschreiben, wären wir für einen kurzen, durchaus auch unsystematischen, schriftlichen Hinweis dankbar. Es geht um die Fragestellung, ob PsychoanalytikerInnen häufig aus einer charakteristischen sozialen Konstellation kommen: Eine Familie in – aus subjektiver Sicht – Randposition mit einer verunsicherten Mutter, deren Anspruchsniveau deutlich über dieser Position liegt. Diese familiäre soziale und eventuell auch geografische (Provinz) Schieflage der Herkunftsfamilie kann Dissonanzen im Selbstbild mit dem Wunsch, Orientierungslosigkeit zu bewältigen und Fremdes zum Eigenen zu machen, bewirken. Viel ausgeprägter war gewiss die Situation der zahlreichen, aus chassidischen galizischen Familien stammenden AnalytikerInnen der ersten Generation, die vielleicht gerade infolge ihrer Herkunft befähigt waren ›… die Pseudomoral einer dekadenten Bürgerschicht scharf beobachtend zu analysieren‹ (Parin 2000). Wie weit treffen nun für die Berufsmotivation heutiger AnalytikerInnen vergleichbare soziale Spannungen in ihrer Herkunft zu? Fühlen sich zumindest diejenigen, die nicht massiv mit einer sogenannten ›Schule‹ als neuer Heimat überidentifiziert sind, als ›… heimatlose Restgruppe, die im Niemandsland lebt?‹ (Will 2006) Leben auch viele derzeit in Österreich, der Schweiz und in Deutschland tätige AnalytikerInnen gewissermaßen mit einer doppelten Identität – einerseits im Wiederholungszwang der Randposition verhaftet, andererseits durch professionelles Verstehen von verborgenen Zusammenhängen in einer zentralen Position, vielleicht sogar in einer gewissen Machtposition? Diese doppelte Position erleichtert in der klinischen Praxis das (Hin- und Her-)Pendeln der AnalytikerInnen zwischen weitgehender Identifikation mit dem/der GesprächspartnerIn und Rücknahme der Identifikation (Benz 1997). Wir wollen nun durch kritische, ergänzende oder bestätigende Hinweise von anderen PsychoanalytikerInnen unseren – zunächst noch recht vagen – Eindruck vertiefen und präzisieren. Deshalb wären wir für jede, durchaus auch skizzenhafte Rückmeldung über ähnliche Beobachtungen dankbar. Es geht uns nicht um eine repräsentative Befragung, sondern um subjektive Eindrücke, die wir inhaltsanalytisch auswerten und interpretieren wollen. Eine anonyme Behandlung Ihrer/Deiner Rückmeldung versteht sich von selbst, es sei denn, eine namentliche Zitierung wird explizit schriftlich gestattet. Klar ist auch, dass wir viele der unbewussten Motive, die die Berufswahl PsychoanalytikerIn mitbestimmen könnten, wie etwa infantiler Forscherdrang nach Geheimnissen der Eltern, der Wunsch von der Couch eigene Kinder ins Leben zu führen, Doktorspiele mit Geschwistern und Freunden und viele andere mehr, im Rahmen dieser Arbeit im Hintergrund bleiben. Wir beschränken uns im Wesentlichen auf die Frage, ob gegenwärtig viele AnalytikerInnen aus einer Randposition den Weg zu ihrem Beruf gefunden haben. Wir freuen uns über jeden Hinweis.«

Kann die psychoanalytische Identität »psychoanalytisch« erklärt werden?

Der Versuch, die Berufswahl des Psychoanalytikers mit den Mitteln der Psychoanalyse zu erklären, wäre einer Fülle von Einwänden ausgesetzt, die das Unternehmen zum Scheitern bringen würden, bevor es überhaupt in Angriff genommen werden kann. Eine Reihe von anderen Disziplinen bietet konkurrierende Konzepte: die pädagogische Sozialisationsforschung, die entwicklungspsychologischen Ansätze zur Interessenbildung und Berufsentscheidung, die soziologische Lebenslaufanalyse usw. Die dabei zu berücksichtigende Forschungsliteratur ließe die psychoanalytische Selbstbezogenheit als naive Beschränktheit erscheinen, wie dies zum Beispiel auch bei einer Theologie der Fall wäre, welche die Wahl des Priesterberufs mit theologischen Mitteln zu erklären suchte – etwa durch die Theorie einer »göttlicher Berufung«, die zum Priesterberuf führt.

Aber auch innerhalb der psychoanalytischen Bewegung ist mit erheblichen Einwänden zu rechnen: Richtungen, welche die Psychoanalyse bevorzugt als Methode zur Erforschung psychischer Innenwelten ansehen, würden dem Rekurs auf äußere Umstände zur Erklärung von Handlungen erhebliche Vorbehalte entgegensetzen. Liegt doch im Kurzschluss von Umwelt und psychischen Konsequenzen der Grundirrtum des Behaviorismus.[1]

Dennoch erscheint es reizvoll und für das Selbstverständnis der Psychoanalyse bedeutsam, die Frage zu erörtern, ob es im Rahmen psychoanalytischer Modelle »einen Sinn macht«, über die psychoanalytische Berufswahl nachzudenken – etwa, welche interaktiven und kommunikativen »Kompetenzen« für die Berufsausübung entscheidend sind und wovon deren Erwerb bevorzugt abhängt.

Die psychoanalytischen Kompetenzen wurden gerade in jüngster Zeit Gegenstand systematisierter und zusammenfassender Darstellungen, die eine Vielfalt von Anknüpfungspunkten für derartige Analysen bieten. Will (2006) geht von drei Arbeitsschritten aus, die man auch als Begriffsrahmen für Kompetenzen sehen kann:

1) Der teilnehmend-beobachtende Arbeitsschritt, in dem unbewusstes Erleben aktiviert wird und sich konstellieren kann, setzt eine Reihe von Fähigkeiten voraus, unter anderem die Fähigkeit zu psychoanalytischer Interaktion und Intersubjektivität, die den Umgang mit »schwierigen Gefühlen« beim Patienten (Spannung, Angst usw.) und der Gegenübertragung einschließt – bis zum Gewähren von Entwicklungsfreiheit und psychischem Raum.
2) Der konzeptualisierende Arbeitsschritt bedarf der reflexiven Nachdenklichkeit des Analytikers, die ihm gestattet, theoretische Modelle an das im analytischen Prozess Erfahrene heranzutragen.
3) Der intervenierende Arbeitsschritt schließt die Anwendung aller psychoanalytischen Techniken ein, von der Klärung über die Konfrontation bis zu Deutung, in einer Weise, die diese Techniken sinnvoll miteinander verknüpft und sie in förderlicher Weise einsetzt.

1 An dieser Stelle wäre beispielhaft an die weitläufigen Diskussionen innerhalb der von Heinz Kohut begründeten Selbstpsychologie zu erinnern, ob die »Selbstobjekte« – ein Kohut'scher Schlüsselbegriff – nun reale Objekte sind, also relevante Bezugspersonen, oder doch eher »innere Objekte«, also Repräsentanzen realer Objekte, die in bestimmter Weise, nämlich »diffus« erlebt werden (vgl. Bacal/Newman 1994).

Zur Randgruppenhypothese

In der Beschäftigung mit psychoanalytischer Berufsidentität und deren Genese stößt man auf eine Reihe von seit Langem diskutierten Antworten, die es zu berücksichtigen gilt. Die Vermutung, dass die Entstehung der Psychoanalyse aus der sozialen Randständigkeit ihrer Vertreter heraus verstanden werden muss (insbesondere aus ihrer jüdischen Besonderheit), hat vielfach Anhänger gefunden.[2]

Hinsichtlich des sozialen und intellektuellen Milieus, das die Entstehung der Psychoanalyse begünstigt haben könnte, gibt es zahlreiche Beiträge, aus denen nur einige wenige exemplarische Überlegungen herausgegriffen werden sollen: Handlbauer (1999) beschreibt – wie viele andere – die Dominanz nonkonformistischer jüdischer Ärzte und Intellektueller unter den frühen Psychoanalytikern und betont insbesondere den Umstand der ersten Emigration von jüdischen Familien, die aus der Peripherie des Habsburgerreiches nach Wien eingewandert sind[3] (die zweite Emigration wäre dann jene aus den nationalsozialis-

2 Cuddihy (1974) sieht in der Marginalität der Wiener jüdischen Immigranten die psychologische Grundlage für Freuds Theorien und belegt dies durch strukturelle Übereinstimmungen zwischen der *Traumdeutung* und dem Emanzipationsdiskurs der Ostjuden. Oxaal (1988) untersucht noch grundsätzlicher die Wirkung von Fremdheit als Auslöser für kulturelle Innovationen und wissenschaftliche Entdeckungen. »Wiener Juden erlebten oft ein starkes Gefühl von Marginalität und Entfremdung gegenüber der politisch und sozial dominierenden christlichen Gemeinde« (ebd., S. 44). Der Einfluss der jüdischen Tradition auf Freud wurde sehr kontrovers diskutiert: Oxaal spricht von einem Kontinuum zwischen »Ethnic Minimalism« und »Ethnic Maximalism«; Simon (1957) und Klein (1981) sehen zum Beispiel Übereinstimmungen zwischen der Denkweise des Talmud und der Methode der freien Assoziation. Die Einflüsse der sozialen Nahumstände auf Freud wurden aber auch sehr pointiert bestritten: »I want to argue that Freud lived far less in Austrian Vienna than in his own mind« (Gay 1978, S. 33). Sehr ausführliche Darstellungen der möglichen Auswirkungen der jüdischen Tradition auf die Psychoanalyse finden sich bei McGrath (1986) und Gilman (1993).

3 Die Gründe für die Migration jüdischer Familien von der Peripherie ins Zentrum des Habsburgerreiches sind vielfältig und müssten im Einzelfall rekonstruiert werden: Ein Faktor sind aber die latenten judenfeindlichen Tendenzen, die Ende des 19. Jahrhunderts in Russland und Polen zu vereinzelten Ausschreitungen gegen Juden geführt hatten. Ein weiterer Faktor ist, dass es trotz der massenhaften Proletarisierung und Verarmung der osteuropäischen Juden auch eine schmale Schicht erfolgreich Assimilierter gab, die ihre Migration mit Hoffnung auf sozialen Aufstieg verbanden (vgl. Haumann 1990).

tisch beherrschten Ländern). Diese »Entwurzelung« aus der galizischen, rumänischen, bukowinischen oder mährischen Heimat sei ein plausibler Mentalitätshintergrund für das Wagnis der psychologischen Selbsterforschung und den Anspruch der Psychoanalyse, eine heilende Theorie der Psyche zu sein: »An important but little-explored aspect of the history of psychoanalysis is that these people who where themselves uprooted were the ones who dedicated their lives to the restitution of the emotionally uprooted« (Handlbauer 1999, S. 112).

Die Dominanz jüdischer Ärzte in der Gründergeneration der Psychoanalyse hat viele Spekulationen ausgelöst. Die Mittwochsgesellschaft, der erste Kreis um Freud ab 1902, bestand in der Frühphase zu 100% aus Mitgliedern mit jüdischem Familienhintergrund; ihr Anteil sank bis 1909 auf ca. zwei Drittel ab und stieg in der nachfolgenden Wiener Psychoanalytischen Vereinigung bis 1937 wieder auf 84% an. Auf den Gesamtzeitraum von 1902 bis 1937 bezogen lässt sich der Anteil der PsychoanalytikerInnen mit jüdischem Hintergrund auf ca. 73% einschätzen (Mühlleitner/Reichmayr 1997).

Der jüdische Erfolg, wie er auch in vielen anderen wissenschaftlichen Disziplinen zu beobachten ist, hat immer wieder zu Spekulationen geführt, welche die jüdische Tradition, die talmudische Gelehrsamkeit, das intellektuelle Training durch die religiösen Studien usw. für die außerordentlichen Leistungen von Wissenschaftlern mit jüdischem Familienhintergrund verantwortlich machten.

Selbstverständnis und Außerperspektive ergänzten einander mitunter. Freud schrieb bekanntlich 1926 in einem Brief an die Mitglieder der Loge B'nai B'brith: »Weil ich Jude war, fand ich mich frei von vielen Vorurteilen, die andere im Gebrauch ihres Intellekts beschränkten. Als Jude war ich darauf vorbereitet, in die Opposition zu gehen und auf das Einvernehmen mit der ›kompakten Mehrheit‹ zu verzichten.« Schon 1919 erklärte der amerikanische Soziologie und Ökonom Thorstein Veblen (1919) den jüdischen Erfolg in den Wissenschaften mit der »kreativen Skepsis«, welche die Juden sich durch die Macht der Umstände – ihre soziale Randgruppenposition – angeeignet hätten. Man könnte, in Anlehnung an solche Analysen, diese Erklärungsskizze als »Randgruppenhypothese« bezeichnen.

Für das deutsche Universitätssystem hat den »jüdischen Erfolg« in der Wissenschaft in beispielhafter, detaillierter Weise die Historikerin Shulamit Volkov (1990) untersucht und kam dabei zu Ergebnissen, welche sich zumindest in Form von analogen Hypothesen auf die Psychoanalyse anwenden ließen. Die Berufung von Juden auf deutsche Lehrstühle gelang in vielen Fällen eben nicht an den zentralen Hochschulen und in den Hauptfächern; sie gelang vielmehr »nur« in den Unterdisziplinen, in denen erst danach eine kreative Spezialisierung möglich wurde, sowie an Universitäten in der Peripherie. »Am Rand des Systems hatten sie die Möglichkeit, das Potential ihrer Fachgebiete mit größerer Freiheit auszuschöpfen, während die entfernte Hoffnung, doch noch den Sprung ins Zentrum zu schaffen, als zusätzlicher Ansporn wirkte« (Volkov 1990, S. 162). Die Benachteiligung wurde paradoxerweise – aufgrund des schwächeren fachlichen Konformismus – zu einem Vorteil. Aus soziologischer Sicht könnte man diese paradoxe Verschränkung von Karrierebedingungen eine »Gelegenheitsstruktur« nennen.

Es hat auch Kritiker der Randgruppenhypothese gegeben, die versuchten, durch tiefer gehende historische Analysen die Sonderstellung der psychoanalytischen »Scientific Community« der Pionierzeit infrage zu stellen. Edward Shorter (1992) soll hier erwähnt werden, weil seine Argumente besonders pointiert sind und er mit originellen empirischen Vergleichen arbeitet. Er konnte zeigen, dass innerhalb der Wiener medizinischen Welt um 1910 die Situation bei den Psychiatern im »Zeitalter der Nervosität« (vgl. Radkau 1998) keine Besonderheit darstellte. Der Vergleich der Zusammensetzung zweier wissenschaftlicher Gesellschaften (Psychiatrie und Neurologie versus Dermatologie) zeigt, dass die Gesellschaft der Psychiater und Neurologen und die »Kontrollgruppe« der Dermatologen hinsichtlich des Anteils jüdischer Mitglieder exakt übereinstimmen: 64%. In der vertieften Analyse der jüdischen Mitglieder hinsichtlich des Anteils derjenigen, die in Wien geborenen, als Kind nach Wien gekommenen sind und jener, die in der Provinz aufgewachsen sind, setzt sich die überraschende Übereinstimmung fort. Über ein Drittel wurde in Wien geboren, etwa ein weiteres Drittel kam aus der Provinz und ca. 20% waren als Kind nach Wien gekommen. Shorter führt diese Zusammensetzungen auf die allgemeinen sozialen Bedingungen der jüdischen Arrivierten und Immigranten in Wien um die Jahrhundertwende zurück. Eine spezielle Formation der psychoanalytischen Gesellschaft kann er nicht erkennen.

Die soziale Zusammensetzung der Mitglieder der Mittwochsgesellschaft verliert vor dem Hintergrund dieser Vergleiche ihre »Exklusivität« und erklärungsbedürftige Sonderstellung. 79% der Mitglieder waren Juden, das sind nur unwesentlich mehr als in der Wiener Gesellschaft für Psychiatrie und Neurologie. Hinsichtlich ihrer Herkunft lassen sich diese Personen am besten folgendermaßen einteilen: Die Gruppe der in Wien geborenen Juden (9 von 27), die außerhalb von Wien geborenen Juden (12 von 27) und die Nichtjuden (6 von 27).

Bezogen auf das weitere Umfeld der Wiener Juden nach der Jahrhundertwende unterscheidet Shorter vier Milieus: die schon länger etablierten Wiener jüdischen Familien (1); die städtischen, mittelständischen Familien aus anderen Städten der österreichisch-ungarischen Monarchie (wie Budapest und Lemberg) (2); die erst spät zugewanderten Juden aus Böhmen und Mähren, die eine Mischung aus Mittel- und Unterschicht darstellten (3); die große Masse der verarmten oder von der Pauperisierung bedrohten galizischen Juden (4). Die für solche Unterschiede verantwortlichen Dimensionen sind also der Zeitpunkt der Zuwanderung nach Wien und das Milieu, dem man entstammt. Für jedes der vielfältigen Milieus lassen sich innerhalb der Mittwochsgesellschaft Vertreter finden, wobei die Analyse der anteilsmäßigen Verhältnisse angesichts der Kleinheit dieser Gruppe wenig Aussagekraft hätte. Wesentlich erscheint in diesem Zusammenhang vor allem, dass das Spektrum jüdischer Identitäten um die Jahrhundertwende in Wien in der Mittwochsgesellschaft »repräsentativ« vertreten war. Die Einengung auf ein ganz bestimmtes Milieu mit ganz bestimmten Perspektiven entspricht nicht der historischen Quellenlage.

Darüber hinaus ist festzuhalten, dass auch innerhalb der einzelnen Milieus die Spannweite der Perspektiven sehr groß war. Für die galizischen Juden zum Beispiel hat Marianne Krüll (1992) gezeigt, dass es sehr heterogene Orientierungsangebote gab: Innerhalb der Gruppe der religiösen Juden existierten scharfe Gegensätze zwischen dem mystischen Chassidismus und dem sich ausbreitenden Zaddikismus (»Wunderrabbi«), ihren Gegnern im Lager der orthodoxen Juden (mit den führenden Rabbinaten in Lemberg und Brody), den Vertretern der jüdischen Aufklärung (Haskala) und schließlich den beiden Formen der Assimilation, die galizische Juden anstreben konnten – an die herrschende österreichische Gesellschaft oder an die auf Befreiung hoffende polnische Minderheit.

Der These von der Psychoanalyse als »Theorie der Marginalisierten« widerspricht Shorter scharf, indem er auf die durchaus nicht kleine Gruppe der »Insider« unter den frühen Anhängern Freuds hinweist, die etablierten Wiener jüdischen Familien entstammten, wie zum Beispiel Oscar Rie, Paul Federn, Eduard Hitschmann, Fritz Wittels, Josef Friedjung und Margarete Hilferding.

Gewissermaßen zur Konterkarierung der Seelenverwandtschaft von »jüdischem Wesen« und der Psychoanalyse führt Shorter an, dass eine Reihe von Mitgliedern der Mittwochsgesellschaft (12 von 27) enge Verbindungen zum Bäderwesen der Zeit hatte (Hydrotherapie etc.): Rudolf Reitler, Fritz Wittels, Guido Brecher, Adolf Deutsch, Ludwig Jekels, Albert Joachim, Max Kahane, Isidor Sadger, Wilhelm Stekel – sie alle hatten professionelle Verbindungen zu Sanatorien mit Thermalbehandlungen und Physiotherapie, Wasserheilanstalten und ähnlichen Einrichtungen. Die daraus abzuleitende Mentalitätsthese wäre, dass diese Ärzte Erfahrungen mit psychosomatisch erkrankten Menschen hatten, deren organischer Heilung Grenzen gesetzt waren, weil die eigentlichen Ursachen seelischer Natur waren. Der erste Schritt zum psychoanalytischen Menschenbild wäre somit gemacht.

Diese Überlegungen sollen hier abgebrochen werden – mit folgendem Zwischenergebnis: Der Zusammenhang von psychoanalytischer Haltung und individuellen wie familiären Erfahrungen von sozialer Marginalisierung (»Randgruppe«) ist im Einzelfall gut nachvollziehbar und findet in den Biografien bestimmter Vertreter der frühen Psychoanalyse eine intuitive Bestätigung. Durch die Präsenz ganz und gar nicht randständiger Personen im frühen psychoanalytischen Umfeld wird diese These aber stark eingeschränkt und verliert an allgemeiner Geltung. Zumindest sollte der Hinweis auf den »jüdischen Charakter« der Psychoanalyse oder die »galizischen Wurzeln« nicht als Homogenitätsargument – im Sinne der Aufdeckung eines einheitlichen kulturellen Rahmens, der die Entwicklung der Psychoanalyse begünstigt hat – verstanden werden. Bei genauerer Betrachtung der gemischten Milieus verkehrt sich die milieutheoretische Argumentation in ihr Gegenteil: Der soziale Hintergrund der ersten Generation der Anhänger der Psychoanalyse zeichnet sich durch besondere Heterogenität aus, durch Gegensätze, wie sie stärker nicht sein könnten, wie zum Beispiel zwischen den immigrierten Ostjuden und den assimilierten Etablierten.[4] Den gemeinsamen religiösen Hintergrund der Juden – bei allen Brüchen und Distanzierungen im Zuge der Assimilationsschicksale – könnte man als Klammer ansehen, welche die Überbrückung dieser Milieugegensätze erst möglich gemacht hat. Die Judenfeindlichkeit in weiten Teilen der österreichisch-ungarischen Monarchie (vgl. Stölzl 1975), die im 19. Jahrhundert dem Prozess der jüdischen Assimilation Grenzen gesetzt hatte, wird in diesem Zusammenhang immer wieder als jener äußere Zwang betrachtet, der das jüdische Selbstbewusstsein erst geschaffen hat.[5]

In aktuellen soziologischen Analysen über ethnische Minderheiten wird die »Selbstethnisierung« als ein Ausweg aus der anomischen Situation von Randgruppen beschrieben. Der Zwang für Menschen verschiedenster geografischer und sozialer Herkunft, sich in einer gemeinsamen Sozialkategorie des Judentums wiederzufinden, erfuhr erst in der nachfolgenden Epoche des Rassen-Antisemitismus seine Vollendung.

Exemplarische psychoanalytische Werdegänge

Für die Verknüpfung von biografischen Prozessen und der Entscheidung zum Psychoanalytikerberuf gibt es einige überzeugende Beispiele, die in der Folge anhand folgender Personen vorgestellt werden sollen: Paul Parin, Otto F. Kernberg und Andreas Benz.

4 In diesem Sinne hat schon Steven Beller die Rolle des Judentums im Wien der Jahrhundertwende diskutiert: »Nicht die Theorie, dass es einen jüdischen Einfluss auf die Kultur gab, ist falsch, sondern die Vorstellung, dass dieser durch einen einheitlichen jüdischen Geist erklärt werden könnte. Wir brauchen einen neuen konzeptuellen Rahmen, der von dieser vereinfachten Sichtweise abrückt« (Beller 1993, S. 95).

5 Insbesondere S. Volkov hat die kollektiven dissimilatorischen Reaktionen des Judentums auf die Exklusivität der Wirtsgesellschaften und die innere Dynamik der Assimilation selbst hingewiesen: »So trugen sowohl der Antisemitismus als auch der Assimilationsprozess dazu bei, einen dialektischen Prozess der Dissimilation in Gang zu setzen« (Volkov 1990, S. 170).

Paul Parin

Paul Parins autobiografischer, erzählerisch getarnter Reisebericht (Parin 1986) über den schwierigen Beginn seiner psychoanalytischen Ausbildung enthält in nuce eine Theorie der inneren und äußeren Bedingungen, die für eine individuelle Bereitschaft zur psychoanalytischen Perspektive disponieren. Diese individuellen Voraussetzungen entsprechen zugleich den sozialen Konstellationen, die in der bürgerlichen Gesellschaft des ausgehenden 19. Jahrhunderts zur Entdeckung des psychoanalytischen Verfahrens geführt haben.

Parin sieht in der sozialen Position des Fremden die entscheidende erkenntnispsychologische Voraussetzung für die psychoanalytische Perspektive: Die Fremdheit zweier Subjekte, die sich begegnen, mache es notwenig, zum gegenseitigen Verständnis komplizierte Wege zu gehen. In einem virtuellen Dialog könnte es zu folgenden Äußerungen kommen:

> »Ich bin Dir ganz fremd. Wagen wir es, tasten wir die unterschiedlichen Traditionen, die verschiedenartigen Werte und Ideale ab, hoffen wir, den anderen immer tiefer zu verstehen – und seien wir sicher, daß jeder für sich bleiben wird, dem anderen fremd« (Parin 1986, S. 34).

Das psychoanalytische Verfahren imitiert die Fremdheit in der Begegnung – zum Beispiel zweier Kulturkreise – durch die Settingregeln, welche die menschliche Kommunikation einer merkwürdigen Veränderung unterziehen. »Er (Freud) setzte sich hinter die Couch, erwartete Vertrauen und erwies sich vertrauenswürdig, ohne daß sich daran etwas änderte, daß er ein Fremder war und blieb« (ebd., S. 35). Die Merkmale der psychoanalytischen Situation bleiben bei Parin unausgeführt, sind aber an dieser Stelle leicht zu ergänzen: Asymmetrie zwischen Analysand und Analytiker, Abstinenz und gleichschwebende Aufmerksamkeit des Analytikers, freie Assoziation des Analysanden.

Parin illustriert seinen Begriff der Fremdheit durch zwei bezeichnende Beispiele: die Besonderheit der Triestiner Stadtkultur und die letztlich unausweichliche Fremdheit sogar zwischen Liebenden.

Die wechselvolle Geschichte der Stadt Triest ist geprägt durch die Überschneidung verschiedener Einflüsse: der österreichischen (deutschsprachigen) Herrschaft, der Einbettung in eine Slowenisch sprechende Umgebung, der Nähe von Venedig und später des italienischen Nationalstaates. Die kulturellen und sozialen Mischungen in dieser Stadt, »in der kaum eine Familie in den gleichen kulturellen Traditionen und Beziehungen steht, wie eine andere«, schaffen ein gewissermaßen zur Sozialstruktur gefrorenes Niveau an Fremdheit in den Beziehungen der Stadtbürger untereinander, ein Niveau, das dem der Psychoanalyse verwandt ist. »Die kulturelle Eigenart von Triest entspricht der kulturellen Lage der Psychoanalyse. Zeno Cosini ist Psychoanalytiker, weil er Triestiner ist« (ebd.).

Selbst für die Beziehung zwischen Liebenden, die generell eine ideale Überbrückung von Fremdheit darstellt, bedeutet das Umfeld einer solchen Stadt eine bestimmte Verstärkung und Komplizierung ihres Verhältnisses durch die »leidenschaftlichen Anziehungen und schmerzhaften Abstoßungen, die von den Gegensätzlichkeiten der Kultur ausgehen« (ebd.).

Die soziale Rolle des Fremden wird vom Soziologen Georg Simmel in seinem berühmten »Exkurs über den Fremden« mit bestimmten Sichtweisen und Erkenntnismöglichkeiten in Verbindung gebracht (Simmel 1908). Der Fremde bei Simmel ist vorerst der sozialgeschichtlich zu einem bestimmten historischen Zeitpunkt auftretende Händler, der im Warenverkehr zwischen entlegenen Produzenten vermittelt. Im europäischen Spätmittelalter ist es typischerweise der jüdische Händler, der »schlechthin Bewegliche, der gelegentlich mit jedem einzelnen Element in Berührung kommt, aber mit keinem einzelnen durch die verwandtschaftlichen, lokalen, beruflichen Fixiertheiten organisch verbunden ist« (ebd., S. 510).

Die geistige Haltung, die der sozialen Position des Fremden entspricht, nennt Simmel »Objektivität«, weil der Fremde nicht auf die Einseitigkeiten einer Gruppe festgelegt ist – Gleichgültigkeit und Engagement halten sich die Waage. »Man kann diese Objektivität auch als Freiheit bezeichnen: der objektive Mensch ist durch keinerlei Festgelegtheiten gebunden, die ihm seine Aufnahme, sein Verständnis, seine Abwägungen des Gegebenen präjudizieren könnten« (ebd., S. 510). Die Nähe zu den methodologischen Prinzipien des psychoanalytischen Verfahrens ist unverkennbar. Auch andere soziale Praktiken bedürfen eines solchen Rahmens: Simmel erwähnt die Praxis der italienischen Stadtrepubliken, ihre Richter von auswärts zu berufen, weil kein Eingeborener von der Befangenheit der Familieninteressen und Parteiungen frei ist.

In der Analyse der Ursprünge und Formen zwischenmenschlicher

Fremdheit führt uns Georg Simmel in ähnlicher Weise wie Paul Parin in einen Bereich, der vorerst paradox erscheint: in die Intimität der Liebenden. Erotische Beziehungen seien gerade dadurch gekennzeichnet, dass dem Überschwang der ersten Leidenschaft notwendig eine gewisse Entfremdung nachfolgt, wenn das »Einzigkeitsgefühl« entschwindet. Die dann einkehrenden skeptischen Gefühle, die sich an den Gedanken knüpfen, dass man »schließlich nur ein allgemein menschliches Geschick vollzöge, ein tausendmal dagewesenes Erlebnis erlebte, drängen sich wie Schatten zwischen die Menschen« (ebd., S. 511). Dieses in nahen Beziehungen erlebte tiefere Gefühl der Getrenntheit nennt Simmel die »unüberwindlichere Fremdheit«; sie ist unüberwindlicher als jene, die nur durch die äußeren Verhältnisse der Rollenbeziehungen gestiftet ist.

In unnachahmlicher begrifflicher Präzision führt Simmel weiter aus: »Und irgend etwas davon mag keinem, noch so nahen Verhältnis fehlen, weil das Zweien Gemeinsame vielleicht niemals bloß ihnen gemeinsam ist, sondern einem allgemeinen Begriff zugehört, der noch viel anderes einschließt, viele Möglichkeiten des Gleichen« (ebd.). Die Analyse bleibt im rein Formalen und wäre doch ohne Weiteres zu erweitern: Die psychoanalytische Theorie zu Übertragung und Gegenübertragung könnte man hier fugenlos einpassen, sind doch die Gefühlsverhältnisse zwischen Analytiker und Analysand »niemals bloß ihnen gemeinsam«.

Um nochmals die Analogie zur psychoanalytischen Haltung herauszustreichen: Parin sucht in seinem Reisebericht genau jene biografische Stelle auf, an der er durch die Aufgabe einer primären, als mütterlich erlebten Gemeinschaft den Weg zur psychoanalytischen Selbsterforschung frei gemacht hat. Am Beginn seiner Reise nach Triest steht die Trennung von der Gemeinschaft der jugoslawischen Partisanenarmee, von seinen PatientInnen und der Partnerin:

> »Nur der aktive Verzicht auf das Gefühl emotionalen Geborgenheit macht Psychoanalyse möglich. Keine Analyse kann gut gelingen, wenn der Patient oder die Patientin im Analytiker – der doch da ist, um jede psychische Äußerung in Frage zu stellen – die mütterlich Atmosphäre, die er braucht und sucht, vom gleichen Gefühl beantwortet findet« (Parin 1986, S. 17).

Parin interpretiert den äußeren Verlauf seiner Reise und die synchronen Veränderungen in seiner inneren Welt als zwei sich wechselseitig bedingende Prozesse – so wie die historische Entstehung der Psychoanalyse und die individuelle Entscheidung für die Psychoanalyse strukturelle Ähnlichkeiten aufweisen: (1) Verlust der primären Geborgenheit – aber nicht bloß passiv erlittene Trennung, sondern aktiv betriebenes Entwicklungsziel; (2) Fremdheit als Modus der Distanzierung von den eigenen Habitualisierungen und den Gewohnheiten der eigenen kulturellen Umgebung. Die »vertrackte« Wissenschaft der Psychoanalyse verträgt es eben nicht, dass ihre Träger im Einklang mit den illusionären Wert- und Zielvorstellungen leben, die jede Institution hat, und die diese stets pflegen muss, um als solche zu bestehen.

Paul Parins »Kurzer Aufenthalt in Triest« enthält Konstellationen von äußerem Zufall und innerer Notwendigkeit, die so zwingend erscheinen, dass man ihnen – über das einfühlende Verstehen hinaus – den Stellenwert eines theoretischen Modells unbewusster Motivierungen geben möchte.

Otto F. Kernberg

In Kernbergs Biografie finden sich schon früh Einflüsse, die seine Entscheidung für die Psychiatrie und die Psychoanalyse mitbestimmten, wie sein Onkel Manfred Sackel, eine Ehrfurcht einflößende Figur seiner frühen Jahre, der in den 30er Jahren die Insulinbehandlung für Schizophrenie entdeckt hatte. Die Emigration als Jugendlicher von Wien nach Valparaiso in Chile brachte Begegnungen mit anderen deutsch-jüdischen Emigranten mit sich, wie beispielsweise mit Ilse Wittenberg, einer Adlerianerin, und Juan Aufrichtig, einem Jungianer und früheren Anführer der deutschen Jugendbewegung. Kernberg wurde 1953 am Institut der chilenischen psychoanalytischen Vereinigung aufgenommen, an einem Institut, das sich an der sogenannten britischen »Middle Group« orientierte und sich durch eine offene, entspannte Atmosphäre auszeichnete.

1959 kam Kernberg als Rockefeller-Stipendiat an das Johns Hopkins Hospital und somit in die USA und fand dort zwischen den verschiedenen US-amerikanischen Strömungen der Psychoanalyse ein erhebliches Konfliktpotenzial aufgebaut. Er selbst stand unter dem zunehmenden Einfluss der kleinianischen Theorie, war aber über die Beschäftigung mit den behandlungstechnischen Ansätzen an der Chestnut Lodge Klinik in Baltimore in Kontakt mit dem »kulturlastigen« Zweig der US-amerikanischen Psychoanalyse getreten. Weiteres Konfliktpotenzial stellte die in den USA dominierende ich-psychologische Richtung dar.

Die erstaunlichen Barrieren zwischen verschiedenen psychoanalytischen Ansätzen sieht Kernberg als Resultat der Kontroversen in London, die eine Teilung der »Kolonien in der Neuen Welt« in ein »Anna-Freud-Territorium« in den USA und ein »Melanie-Klein-Territorium«, hauptsächlich in Lateinamerika, nach sich zogen. Nach einer kurzen Rückkehr nach Chile geht Kernberg erneut in die USA, an die C.F. Menninger-Klinik (Topeka); die Atmosphäre erlebt er als autoritär, puritanisch und vor allem geprägt von den ideologischen Kontroversen zwischen Psychoanalytikern und Klinikpsychiatern. Kernbergs Stolz beruht gewissermaßen auf dem Umstand, nicht in die Schusslinie dieser Auseinandersetzungen geraten zu sein. Auch in New York (ab 1973) ist er bemüht, sich dem »spalterischen Gruppendruck« zu widersetzen und seine Identität »zwischen den großen Kontinenten psychoanalytischen Denkens« zu finden. Sein Anliegen ist es, scheinbar inkompatible Theorien neu zu formulieren und sie in ein neues kohärentes Theoriegebäude zu integrieren, anstatt sich in den »Kulturkampf« zwischen den damals widerstreitenden psychoanalytischen Richtungen (Ich-Psychologie, Kleinianer, Middle Group) involvieren zu lassen.

Er war schockiert über die Tatsache, dass die renommiertesten AnalytikerInnen kaum Einfluss auf das institutionelle Geschehen hatten, und wunderte sich über die »seltsame Spaltung zwischen institutioneller und intellektueller Macht« (Kernberg 2005, 261). Zur Entwicklung seiner Position als eher »randständiges« Mitglied des US-amerikanischen psychoanalytischen Establishments hatte nicht zuletzt auch Heinz Kohut beigetragen, als dieser zum »enfant terrible« wurde, was Kernberg, der sich selbst lange Zeit in dieser Position erlebt hatte, entlastete.

Andreas Benz

Andreas Benz beschreibt seinen eigenen Werdegang, sein Aufwachsen zwischen einer bäuerlichen Umgebung und einem intellektuellen Elternhaus und seine daraus resultierende Randposition zugleich als

Chance und als Leiden. Die erkenntnismäßigen Vorzüge einer solchen Perspektive verdichtet er zu dem Satz: »Vom Rand her ist der Blick zur Mitte frei« (Benz 1997, S. 16).

Für sein späteres berufliches Leben war von entscheidender Bedeutung, dass er außerhalb institutioneller Zwänge arbeiten konnte, die durch bewusste und unbewusste Identifikation das Ausleben seiner intellektuellen Neugier eingeschränkt hätten: »Das heißt, wenn Arbeitsfreude und Neugierde nicht andauernd Kompromisse mit institutioneller Loyalität, akademischen Ehrgeiz und Karrierestreben eingehen müssen« (ebd., S. 17).

Uns erscheint dieser Passus von besonderer Bedeutung zu sein. Wenn die Ausbildung zum/zur PsychoanalytikerIn bedeutet, sich außerhalb gesellschaftlich anerkannter Normen zu bewegen, so ist sie wohl nur für Personen attraktiv, die sich von Ehrgeiz, Karrierestreben und der Meinung anderer frei machen können. Wenn Psychoanalyse heute jedoch schon Teil eines anerkannten Curriculums ist, so muss die These des Besonderen der Ausbildung hinterfragt werden.

Der erste Passus, in dem Benz von der Notwendigkeit schreibt, sich als Kind zwischen verschiedenen Welten und Rollenanforderungen zu bewegen, scheint uns ebenfalls unabdingbar für die psychoanalytische Tätigkeit zu sein. Benz beschreibt in Zusammenhang mit der Bedeutung von Migrationserfahrungen von PsychoanalytikerInnen – in Anlehnung an Tobie Nathan –das Reisekoffersyndrom, welches für ihn eng mit der Identität von PsychoanalytikerInnen verknüpft ist.

> »Die Verdoppelung, die Menschen während ihrer Emigration erfahren und erleiden, kann sie dazu befähigen, ihre Verdoppelungspotenz später als Analytiker professionell zu nutzen. Der Psychoanalytiker muss er selbst bleiben und darf sich nicht verlieren. Gleichzeitig muss er sich aber auch vorübergehend und intensiv mit dem Analysanden identifizieren, das heißt in dessen Welt und Erleben eintauchen können. Er muss gleichzeitig oder abwechselnd emotional engagiert und mitfühlend sowie distanziert-beobachtend und analysierend sein können« (Benz 1997, S. 65).

Hier werden weniger die Motive und inneren Beweggründe angesprochen, die es einer Person ermöglichen, sich den intellektuellen Herausforderungen der Psychoanalyse zu stellen, sondern es geht um die Eignung, als TherapeutIn tätig zu sein.

Unter Bezugnahme auf Nathan beschreibt Benz die Bedeutung von Migrationserfahrungen für die Psychoanalyse auf zwei Ebenen: Die Erfahrung des Ausgeschlossen-Seins aus etablierten gesellschaftlichen Kreisen, mehreren Seiten und somit keiner Seite zur Gänze zugehörig zu sein, wird als auslösendes Moment für die Fähigkeit und den Willen beschrieben, autonom zu denken, den Widerspruch zu vorherrschenden Paradigmen zu pflegen und die Normen der Mehrheitsgesellschaft kritisch zu beleuchten, was wiederum als zentral für die Hinwendung zur Psychoanalyse und für deren Weiterentwicklung angesehen wird. Für die Befähigung von Menschen mit Migrationserfahrungen im weitesten Sinne zur Tätigkeit als PsychoanalytikerIn wird als zweites zentrales Moment das frühe Erleben der eigenen Person in unterschiedlichen Rollen und das Einüben des wiederholten Rollenwechsels dargestellt: Dieser kann nur dann gelingen, wenn der/die TrägerIn simultaner Rollen eine reflexive Rollendistanz aufzubauen vermag und ein hohes Ausmaß an Ambiguitätstoleranz ausgebildet hat – beides zentrale psychoanalytische Kompetenzen.

Betrachten wir die Aktualität der Thesen von Benz und Nathan, so muss zumindest ein Teil der ersten These infrage gestellt werden. Wenn die Psychoanalyse heute als weitgehend anerkannte Institution angesehen werden kann, so verliert die Außenseiterhypothese an Erklärungskraft für die Zuwendung zu psychoanalytischen Denksystemen. Die Notwendigkeit einer Persönlichkeitsstruktur, die es erlaubt, sich abseits vorherrschender Paradigmen zu positionieren, erscheint uns jedoch nach wie vor gültig zu sein, wenn es um die Weiterentwicklung der Psychoanalyse als einer kritischen Theorie geht.

Dass eine solche Persönlichkeit notwendigerweise mit Migrationserfahrung oder anderen Erfahrungen des AußenseiterInnendaseins in Kontakt stehen muss, wäre noch zu belegen: Es lassen sich sicher MigrantInnen finden, die besonders »starke« Anpassungsleistungen vollbringen, um sich so, in der Hoffnung auf Anerkennung, in die Mehrheitsgesellschaft zu integrieren. Andererseits wird es jedoch viel seltener der Fall sein, dass Personen, die in ihrem Werdegang keinerlei Ambivalenzen und Brüche zwischen verschiedenen Lebenswelten erlebt haben, Möglichkeiten und Interesse an kritischer Positionierung finden.

Die Thesen von Benz über die Bedeutung multipler Rollenanforderungen in der Sozialisation für die psychoanalytische Praxis erscheinen plausibel. Es stellt sich jedoch auch hier die Frage, ob es überhaupt möglich ist, ein Leben zu führen, das nicht zumindest phasenweise von Rollenwechseln bestimmt ist.

Darüber hinaus zeigen diese drei Beispiele, dass es auch gilt, den hier gewählten methodischen Zugang zum Thema methodologisch zu reflektieren.

Ist die Psychoanalyse eine eigenständige Forschungsmethode?

In den geisteswissenschaftlichen Bereichen von Psychologie, Soziologie, Geschichte oder Literaturwissenschaft scheinen die methodischen Ideale des logischen Empirismus, die mit ihren mechanistischen, pseudoexakten Vorschriften oft ein Monopol auf die Gewinnung von Erkenntnis beanspruchen, nicht so recht zu greifen. Irgendwie scheint sich das menschliche Innenleben dem Angriff psychometrischer Methoden, dem Zugriff von Psychotests, Fragebogen oder strukturierten Befragungen zu entziehen. Oft entsteht sogar der Eindruck, dass sich die standardisierten Messmethoden wie eine Trennwand zwischen den Klienten, den Mitmenschen, den man zu erfassen sucht, und den Forscher schieben. Der Psychologe oder Soziologe kommuniziert dann nur mehr mit seinen Daten und Skalen, »wälzt« sich im Wust der Pseudogenauigkeit seiner scheinbar objektiven Statistik. Mit dem Gegenüber, dem Anderen, den er erfassen wollte, hat seine autistische Betriebsamkeit offenbar wenig zu tun. Die emotionale Resonanz wird durch diese Vorgehensweise abgewehrt.

Selbstverständlich gibt es und gab es gerade in den Geisteswissenschaften eine methodische Gegenströmung, die betonte, dass es darauf ankäme, mithilfe der eigenen Lebenserfahrung des Forschers andere Personen und den Sinn von Institutionen oder historischen Abläufen einfühlend zu verstehen. Diese alternative Vorgangsweise wird hermeneutisch, gelegentlich auch finalistisch oder teleologisch genannt. Oft wird sie dem Positivismus als polar gegenübergestellt; ein Gegensatz, der auch als Gegeneinander von nomothetisch zu ideografisch, von aristotelisch zu galileisch, von final zu kausal oder von verstehend zu erklärend beschrieben wird.

Die psychoanalytische Methode der Erkenntnisgewinnung wird den hermeneutischen Verfahren zugerechnet, sie besitzt auf diesem Gebiet aber keineswegs ein Monopol. Auch in der Psychoanalyse ist der innere, verstehende Nachvollzug eine methodische Grundlage und die Fähigkeit zur Einfühlung zur angemessenen Wahrnehmung komplexer psychischer Konfigurationen unverzichtbar (Kohut 1971).

Dem systematischen »Training« der Einfühlungsfähigkeit und der Auseinandersetzung mit der Möglichkeit »szenischen Verstehens« soll in der Ausbildung die sogenannte Lehranalyse dienen. Lorenzer (1974) spricht hier von einer »Aufhebung der Skotome«. Schon Freud (1927) betont, dass es für unsere Verständigung mit dem Patienten notwendig ist, »daß unsere Organisation, d.h. unser seelischer Apparat […] selbst Bestandteil jener Welt ist, die wir erforschen sollen«.

Etwas eingehender betrachtet heißt dies, dass beim Versuch, einen anderen Menschen zu begreifen, immer auch die eigene Biografie des Forschers, seine eigenen Lebenserfahrungen und inneren Konflikte mitreflektiert werden müssen. Theodor Reik (1948) hat dafür von Friedrich Nietzsche die Metapher des Hörens mit einem dritten Ohr übernommen: »[W]ir müssen lernen, mit dem dritten Ohr zuzuhören, auf zwei Kanälen, nach innen gerichtet.«

Mit der Betonung der subjektiven Einfühlung in das dunkle, unbewusste Innenleben des Gegenübers steht die hermeneutisch-psychoanalytische Methode offenbar auch in der deutschen romantischen Tradition, die den Tiefsinn, die Nacht und das Geheimnis idealisierte (Safranski 2007).

Im Feld der psychoanalytischen Technik des Verstehens und Kommunizierens gibt es selbstverständlich eine Menge praktisch lehr- und lernbarer Werkzeuge zur nachvollziehbaren und kontrollierten Anwendung dieser Einfühlung.

An erster Stelle dürfte wohl die Arbeit mit der Übertragung, das heißt mit der persönlichen Beziehung stehen, die sich – wie zum Analysanden – auch zur Interviewpartnerin entwickelt. Weiterhin ist die Aufforderung zur freien Assoziation hilfreich, selbst wenn sie dem Gespräch nur eine bestimmte Note verleiht. Im Grunde genommen lassen sich einige wichtige Empfehlungen zu einer tendenziell psychoanalytisch ausgerichteten Gesprächsführung recht einfach operationalisieren: Das

Interview möglichst offen führen, immer wieder Pausen zulassen, den Gesprächspartner auffordern, »einfach darauf los« zu erzählen, ihn nicht verhörartig mit allzu vielen Fragen bombardieren, warten können und damit den kommunikativen Raum öffnen. Es wird vermutlich rasch deutlich, dass diese Empfehlungen für die Kommunikation auch eine gewisse Verführung bedeuten. In einer Zeit, wo keiner der anderen wirklich zuhört und auf einen eingeht, erzeugt dies viel Intimität und Nähe und weckt oft Wünsche nach einer noch intensiveren Beziehung.

Um sich nicht unlösbar mit dem/der GesprächspartnerIn zu verstricken, hat die Psychoanalyse die Konzepte eines Grenzen definierenden Arbeitsbündnisses sowie eines bewussten Verzichts auf das Ausleben eigenen Begehrens – die sogenannte Abstinenz – entwickelt.

Zur Position der Psychoanalyse im Zwischenbereich zwischen Natur- und Geisteswissenschaften hat der Wiener Soziologe Johann August Schülein einen innovativen Vorschlag vorgelegt, der die unauflösbaren Entgegensetzungen dieser Debatte einer Lösung zuführen könnte. Anstatt von dichotomen Gegenüberstellungen geht er von einem bipolaren Kontinuum der Realitätstypen aus, welches die alte Unterscheidung von Natur- und Geisteswissenschaften aufhebt. Beide Pole stellen idealtypische Konstruktionen dar, die in reiner Form nicht existieren, aber als methodologische Abstraktionen die Theoriebildung leiten: Auf dem einen Pol liegt die »nomologische Realität«, die durch ontologische Stabilität charakterisiert ist (»festgelegte Möglichkeiten«) und dadurch in ihren Regularitäten mithilfe von Gesetzaussagen beschreibbar ist. Den diesem Pol zugeordneten Theorietypus nennt Schülein »denotative Theorie« – in Anlehnung an die semantische Auffassung von der »Grundbedeutung« eines Wortes (oder auch im Sinn von Gottlob Frege als extensionale Bezugnahme eines Wortes auf die Welt). Den entgegengesetzten idealtypischen Realitätstypus nennt Schülein »autopoietische Realität«; sie wird als veränderlich und prozesshaft beschrieben und ihr kommt Subjektcharakter zu, wobei die Akteure unter Rahmenbedingungen handeln, die sie zugleich (selbstreflexiv) konstituieren. Diesem Realitätspol wird die »konnotative Theorie« zugeordnet (im Sinne der Nebenbedeutung oder, wie bei Frege, der intensionalen Bezugnahme eines Wortes). Der Realitätsbezug dieses Theorietypus ist methodologisch weitaus schwieriger zu fassen – zumindest sind die dort bereits beschrittenen Wege weniger kodifiziert und wissenschaftstheoretisch anerkannt. Die Psychoanalyse, die sich mit »psychischer Realität unter besonderer Akzentuierung unbewusster Sinnzusammenhänge« (Schülein 1999, S. 314) beschäftigt, betrifft nun einen Sonderfall konnotativer Theorien, insofern sie nicht nur auf selbstreflexive Subjektivität gerichtet ist, deren intersubjektive Feststellung schwierig genug ist, sondern darüber hinaus auch die Konstatierung latenter psychischer Realität in Angriff nimmt – nämlich des Unbewussten, das per definitionem dem Bewusstsein unzugänglich ist und dessen Erfahrung daher methodologisch gesehen »extrem problematisch« ist (ebd., S. 351). Schülein fügt der ausufernden Debatte über den Wissenschaftscharakter der Psychoanalyse im Wesentlichen keine weiteren Argumente hinzu, aber er schafft durch die Flexibilisierung des ontologischen Hintergrunds (Realitätstypen) und der zugehörigen Theorietypen (denotativ und konnotativ) Spielräume in der metatheoretischen Zuordnung, welche die unfruchtbaren apodiktischen Gegensätze (Naturwissenschaft oder Hermeneutik) überwindet und die Psychoanalyse wieder in die Nähe anderer Disziplinen bringt, deren methodologischer Status umstritten ist, wie zum Beispiel der Soziologie, die wesentliche Aspekte konnotativer Theorien in ihrer Grundlagenproblematik antrifft: Veränderlichkeit und Unabgeschlossenheit der Realität, multiple Thematisierbarkeit und Relativität der Perspektiven (vgl. ebd., S. 288).

Zusammenfassend kann festgehalten werden, dass die Psychoanalyse eine spezifische, eigenständige Kommunikationsmethodik entwickelt hat. Diese eignet sich nicht nur zur Therapie, sondern ist auch psychologisch und sozialwissenschaftlich anwendbar. Dabei ist die Anwendung keinesfalls auf ausgebildete Psychoanalytiker beschränkt. Mehr oder weniger lässt sich dieses hermeneutische Verfahren auch, in unterschiedlichem Ausmaß, als Richtlinie zur Gesprächsführung mit Interviewpartnern kodifizieren und in der Folge in der Forschung anwenden.

Psychoanalyse und qualitative Soziologie: Ein methodologischer Gegensatz?

Der Vorschlag, die psychoanalytische Methodik als Grundlage jedweder Erforschung menschlicher Subjektivität anzusehen, wirft die Frage auf, ob dieses Konzept in einem Gegensatz zum gegenwärtigen methodologischen Selbstverständnis der qualitativen Sozialforschung steht.

Die qualitative Sozialforschung sieht sich, neben anderen Einflüssen, in der Tradition der hermeneutischen, also sinnverstehenden Geisteswissenschaften des 19. Jahrhunderts (vgl. Flick/Kardorf/Steinke 2005). Die Abgrenzung des (historischen) Verstehens von Zusammenhängen von der psychologischen Einfühlung ist eine Differenzierungsleistung, die erst mit der Entwicklung der geisteswissenschaftlichen Psychologie und aufgrund verschiedener Kontroversen innerhalb der akademischen Psychologie vollzogen wurde (Schmidt 1995). Auch in der qualitativen Soziologie geht es um das Erfassen von Sinnstrukturen in den Erzählungen einzelner Personen und – in einem nächsten Schritt – um die induktive Verallgemeinerung subjektiver Sinnstrukturen, zum Beispiel durch die Bildung von Typologien, die eine breitere Gültigkeit für die Erklärung gegenwärtiger Phänomene besitzen sollen (vgl. Kelle/Kluge 1999; Strauss/Corbin 1996).

In der Gesprächsführung sind Parallelen zwischen der psychoanalytischen und verschiedenen sozialwissenschaftlichen Methoden zu finden – beide betonen die Notwendigkeit der Offenheit und der Eröffnung eines kommunikativen Raumes. Die beiden Disziplinen unterscheiden sich jedoch hinsichtlich der Methodik der Verallgemeinerung. In der qualitativen Sozialforschung wurde unter anderem mit der Typenbildung eine Methodik entwickelt, mittels derer versucht wird, Zusammenhänge zwischen und Erklärungsmuster für Phänomene von der Ebene der Individuen für einen größeren Personenkreis zu verallgemeinern.

Als Beispiel für eine solche Methodik können einige Prinzipien der Grounded Theory angeführt werden (Strauss/Corbin 1996). So wird hier versucht, aus den Daten (zum Beispiel Interviews oder Beobachtungen) eine neue gegenstandsbezogene Theorie zu entwickeln. Dies geschieht in einem Prozess ständiger Auseinandersetzung mit eigenen Vorannahmen und Hypothesen, die aus der Datenanalyse generiert werden, und einer Kontrastierung der entwickelten Hypothesen mit neuen Daten. Für diese Kontrastierung wird versucht, immer wieder Fälle zu finden, die den aus den Daten entwickelten Hypothesen widersprechen. Dieses Auffinden neuer Fälle wird durch eine fortgeführte Erhebung neuer Daten, das heißt durch weitere Gespräche, Interviews, Beobachtungen die (durch) geführt werden, ermöglicht. Der Prozess der Generierung einer gegenstandsbezogenen Theorie kann erst dann zu einem vorläufigen Endpunkt gelangen, wenn keine neuen empirischen Evidenzen gefunden werden können, die der entwickelten Theorie widersprechen.

Das bedeutet nicht, dass durch die Grounded Theory einfache Kausalbeziehungen behauptet werden; Ziel ist es vielmehr, Phänomene in ihrer Vielschichtigkeit durch die Entwicklung von Typologien und durch eine Vielzahl möglicher Kausalitäten zu beschreiben.

In unserem Fall der Überlegungen zur Rolle der Migration oder der Randposition für den Werdegang von PsychoanalytikerInnen würde eine Vorgehensweise nach der Grounded Theory bedeuten, dass in anfänglichen Arbeitshypothesen auf Basis von Literaturrecherchen und ersten persönlichen Eindrücken von psychoanalytischen Werdegängen, Migrationserfahrungen und Randpositionen als wichtige Vorbedingung für die Berufswahl in Betracht gezogen werden.

In einem nächsten Schritt würden nach dieser Vorgehensweise nun sowohl PsychoanalytikerInnen gesucht, die diesem Schema entsprechen, als auch solche, die aus zentrumsnahen Positionen heraus den Weg zur Psychoanalyse gefunden haben. In Kontrastierung würde versucht, Gemeinsamkeiten und Unterschiede und auf diesem Wege eventuell zugrunde liegende andere Mechanismen zu finden. In einer Phase der Analyse der Daten würden weitere Arbeitshypothesen generiert, die wiederum neuem empirischen Material gegenübergestellt würden. Dieser Prozess wird in der qualitativen empirischen Soziologie so lange weitergeführt, bis sich eine Form von Sättigung einstellt, also bis aus neuen Daten bezüglich der interessierenden Frage nichts mehr Neues zu erfahren ist.

In unserem Forschungsprozess folgten wir weder ausschließlich psychoanalytischen Methoden noch ausschließlich der Grounded Theory, sondern wir hielten uns an die Vorgehensweise eines zirkulären Forschungsprozesses, bei dem das gewonnene Datenmaterial »metaphernanalytisch« untersucht wurde.

Zur Methode der Metaphernanalyse

Auf den ersten Blick entstehen Metaphern, wenn ein Wort an eine irgendwie untypische Stelle im Text geschoben wird und dort ein anderes

Wort ersetzt. Dadurch ergibt sich eine überraschende Neukombination, ein Vergleich, bei dem lediglich der Partikel »wie« ausgelassen wurde.

Im Licht neuerer linguistischer Erkenntnisse lässt sich dieses Modell der Übertragung eines Wortes an eine andere Textstelle, das schon auf Aristoteles zurückgeht (Poetik 21, 1457b), schwer halten. Denn es hängt immer auch vom Kontext ab, ob wir eine Wortkombination metaphorisch oder wörtlich verstehen. Der Satz »Peter ist ein Kind« kann zunächst ganz simpel auf Peters kindliches Alter verweisen. Verfügt der Leser aus dem Kontext jedoch über das Wissen, dass Peter im reifen Erwachsenenalter steht, dann wird er den Satz als Metapher für Peters kindisches Benehmen auffassen.

Weiterhin muss dem Leser unmittelbar deutlich werden, dass bildlich gesprochen wird. Wenn ich etwa behaupte, Peter sei in einer Diskussion ein mutiger Löwe gewesen, versteht jeder Leser intuitiv, dass sich Peter nicht tatsächlich in einen Löwen verwandelt hat. Sage ich jedoch, dass ein Tiger wie ein mutiger Löwe gekämpft hat, wirkt dies bestenfalls komisch, da der Tiger dem Löwen eben zu ähnlich, die Bildspende zu wenig weit hergeholt ist. Kein Mensch wird, weil er auf der Flasche liest, dass dieser Sekt »trocken« sei, daran zweifeln, dass er ihn trinken könne.

Wenn Metaphern durch häufigen Gebrauch abgenutzt werden, wie etwa der Wolkenkratzer oder die Parteienlandschaft, werden sie lexikalisiert und hören auf, Metaphern zu sein. Sie bleiben jedoch konventionalisierte Termini. Niemand wird meinen, dass ein blinder Passagier tatsächlich blind ist. Übrigens erfüllen Metaphern für den Schreiber oder Sprecher eines Textes auch die Funktion psychischer Abwehr. Aus psychoanalytischer Perspektive lassen sie sich am ehesten mit dem Abwehrmechanismus der Verdichtung vergleichen.

Innerhalb eines Textfeldes üben Metaphern strukturierende Wirkungen aus. Sie erzeugen ein »Magnetfeld«, innerhalb dessen sich Worte und Sätze wie Eisenfeilspäne zu Knoten und Linien ordnen. Die semantische Inkongruenz der Metaphern erzeugt kleine emotionale Erschütterungen, durch die im Text gedankliche Perspektiven entstehen. Vermutlich eignen sich Metaphern deshalb auch gut zur Orientierung in Texten, die zunächst unstrukturiert und uferlos wirken, wie beispielsweise narrative Interviews.

Sinnvollerweise muss der Begriff der Metapher vom Begriff des Symbols, der in Psychoanalyse, Soziologie, Theologie oder Ethnologie eine fast inflationäre Verwendung findet, abgegrenzt werden. Jedes Symbol verweist stets auf etwas Dahinterliegendes, etwas damit Gemeintes. Eine Halteverbotstafel verweist darauf, dass man mit seinem Auto nicht am Straßenrand stehen bleiben darf, ein psychisches Symptom verweist auf einen inneren Konflikt. Die Bedeutung von Symbolen muss immer erst gedeutet werden, der Zusammenhang zwischen dem Symbol und dem von ihm Symbolisierten ist ein hermeneutischer. Man benötigt, um das Symbol zu verstehen, einen Code zu seiner Entschlüsselung.

Mit dem Spracherwerb des Kindes wird in seinem Inneren eine umfangreiche symbolische Ordnung installiert. Dieser Vorgang der Mentalisierung öffnet einerseits kommunikative Möglichkeiten, verhüllt andererseits einen hypothetischen, ursprünglichen Erlebniszugang zur Welt. Symbole verbinden und trennen zugleich.

Die Symbolbildung kann am ehesten mit den Abwehrmechanismen gleichgesetzt werden, welche die Psyche vor Überflutung mit und Überwältigung durch archaische(n) Ängste(n) schützen, also mit Intellektualisierung, Rationalisierung, Isolierung und Reaktionsbildung. Natürlich werden Symbole in hohem Grade sozial implementiert, präverbale Erlebnisse mit Unterstützung der Mutter kodiert: »My caregiver thinks of me as thinking and therefore I exist as a thinker«, wie Peter Fonagy (2002) es ausdrückt.

Die große Bedeutung von metaphorischen Redeweisen in der Alltagssprache hat Sozialwissenschaftler dazu veranlasst, Metaphern ins Zentrum eines Interpretationsverfahrens zu stellen, das es ermöglicht, manifeste und latente Inhalte in sprachlichen Materialien zu interpretieren, die im Rahmen der Methoden der qualitativen Sozialforschung generiert wurden (Schmitt 1997, 2003). Die Metaphernanalyse ist als Verfahren konzipiert, das mit wenigen Hintergrundannahmen arbeitet und zu zuverlässigen (reliablen) Ergebnissen führt, weil es relativ unabhängig von individuellen Auswertungsvorlieben der Interpreten ist. Da die Metaphernanalyse als Gruppeninterpretationsverfahren mit klar abgrenzbaren methodischen Schritten durchgeführt werden kann, bot es sich zur Analyse der durchaus heterogenen Materialien der vorliegenden Studien an: Metaphernerkennung (1) als Phase des unselektiven Sammelns aller metaphorischer Wendungen, die Synthese von kollektiven metaphorischen Modellen (2) als Phase der Verdichtung metaphorischer Redewendungen zu metaphorischen Konzepten und schließlich die Phase der Methodentriangulation (3), in der Verbindungen zu anderen Auswertungsmethoden gesucht werden.

Die metaphernorientierte Interpretation war in der Folge das methodologische Grundverständnis in der Analyse der Interviews und der schriftlichen Antworten auf unseren Rundbrief.

Methode und Vorgehensweise

Für die empirische Untersuchung wurden auf drei unterschiedliche Arten Daten erhoben. So wurde einerseits der zu Beginn dieses Beitrages zitierte Brief in Form einer E-Mail an PsychoanalytikerInnen gesandt. In dieser E-Mail wurden die AdressatInnen darum gebeten, ihren Werdegang zu schildern und anzugeben, warum sie PsychoanalytikerIn geworden sind. Das Datenmaterial besteht also aus:

- Schriftlichen Berichten über den eigenen Werdegang und die Motive der Hinwendung zur Psychoanalyse als Beruf;
- zwei durchgeführten und vollständig transkribierten Interviews zum selben Thema;
- schriftlichen Berichten von Mitgliedern der Arbeitsgruppe zu ihrem eigenen Werdegang;
- Textpassagen aus publizierten Berichten über psychoanalytische Werdegänge.

Die autobiografischen Berichte der von uns befragten PsychoanalytikerInnen sollen in der Folge nicht im Sinn einer Hypothesenprüfung (Bestätigung oder Widerlegung) eingesetzt werden. Das wäre ein falsches Verständnis der methodologischen Position der qualitativen Sozialforschung. Das Ziel ist vielmehr die Erweiterung der Sichtweise und die Vertiefung des Verständnisses für das jeweils interessierende Phänomen: induktive Theorieentwicklung statt deduktiver Hypothesenprüfung.

Die Interpretation der Textpassagen wird in der weiteren Darstellung von den einzelnen Personen getrennt dargestellt. Bei einer Zitation der Textpassagen mit Zuordnung zu den einzelnen Interviews wäre eine vollständige Anonymität der Befragten nicht gewährleistet. Dies stellt jedoch eine forschungsethische Notwendigkeit dar. Auf eine Darstellung von Personen mit ihrer ganzen Geschichte muss aus diesem Grund verzichtet werden.

Metaphern psychoanalytischer Werdegänge

Wir wollen und können mit der folgenden Darstellung keine sozialisations- oder identitätstheoretischen Hypothesen prüfen. Im Zuge der vielfältigen Möglichkeiten, Äußerungen von Befragten zu interpretieren, sind wir auf einige Interpretanda gestoßen, die sinnfällig als Metaphern aufzufassen sind und als solche entweder schon von den Befragten ins Spiel gebracht worden sind oder im Sinne einer Post-hoc-Interpretation unter bestimmte Metaphern subsumierbar waren. Diese Darstellung verfolgt den Zweck, einzelne Biografien durch Metaphern verständlich zu machen.

Die interpretative Bearbeitung des Interviewmaterials hat zu fünf Schlüsselmetaphern geführt, die eine Verbindung zwischen den vorangestellten theoretischen Überlegungen zur individuellen und sozialen Genese der psychoanalytischen Perspektive und den biografischen Äußerungen der von uns befragten PsychoanalytikerInnen herstellen: die Metapher des »Kulturkampfes«, die Metapher »Vom Rand zur Mitte«, die Metapher des »Aufbruchs ins Ungewisse«, die Metapher »Auf der Suche nach dem Vorbild« und schließlich die Metapher des/der »ÜbersetzerIn«.

»Kulturkampf«

Die Metapher des Kulturkampfes charakterisiert eine bestimmte lebensgeschichtliche Befindlichkeit, bei der der/die Betroffene im Schnittpunkt widersprüchlicher bis konflikthafter kultureller Angebote steht und aus dieser Zwangslage einen individuellen Ausweg finden muss. Das Spektrum der Erlebnisformen ist breit – es reicht von der bereichernden Vielfalt kultureller Angebote, die sich gegenseitig relativieren, bis zum schweren Loyalitätskonflikt.

Die primäre, familiär oder gesellschaftlich bereitgestellte Kultur kann mit ihren erprobten Erklärungsmodellen den Einzelnen im Umgang mit dem Fremden entlasten. Durch ihren zwingenden und fordernden Charakter kann sie jedoch auch eine Belastung sein. Die Auseinandersetzung mit widersprüchlichen Kulturangeboten läuft naturgemäß noch komplizierter ab.

Die Metapher vom »Kulturkampf« soll diese lebensgeschichtliche Befindlichkeit und die Auseinandersetzung mit der jeweils fremden Kultur charakterisieren. Sie ist in vielfacher Weise auf das biografische Material anwendbar und erscheint in zahlreichen Varianten.

»Also diese Familie sehe ich im Nachhinein eigentlich auch als ein ganz komisches Biotop von Fremden«, äußerte eine Befragte. Die Eltern kamen auf verschlungenen Wegen aus Slowenien und Deutschland in die Steiermark und die Familie war dort aufgrund ihrer Sprache, Religion und sozialen Stellung dauerhaft ein »Fremdkörper«. Als Kind von Fabrikbesitzern unter Arbeiterkindern habe sie »immer das Gefühl« gehabt: »Wir sind komische Vögel.« Der »protestantische Sparkurs« führte in der Schule zur Ausgrenzung durch die besser ausgestattete katholische Mehrheit, überdies wurde es als kränkend erlebt, »von diesem höchst spannenden katholischen Religionsunterricht« ausgeschlossen zu sein.

Die kulturellen Gegensätze, die in der Familie selbst zu überbrücken waren, reichten von der Moralität der Lebensführung (»Balkanschlamperei« versus »preußischer Strenge«) bis zum Umgang mit der nationalsozialistischen Vergangenheit.

Die Hinwendung zu Psychoanalyse einfach als Folge dieses innerfamiliären Kulturkampfes zu sehen, käme ihr »dann doch ein bisschen konstruiert vor: Im Nachhinein kann man das dann so übereinanderlegen, ja? Dass für diesen Beruf besonders die prädestiniert sind, die eben als Fremde schon immer irgendwo durch die Kultur gegeistert sind, und die sich jetzt auch für das Fremde, das Unbewusste interessieren.«

Der kulturelle Gegensatz in der Herkunftsfamilie zeigt sich auch am Beispiel der Heranwachsenden, deren Eltern ebenfalls beide aus dem Ausland kamen und sehr unter dem Gefühl des »Zuagroast-Seins« (= Zugezogen-Seins) litten. Heute verweist sie darauf, dass die »familiäre Ortlosigkeit großen Anpassungsdruck bedingt«, aber auch lehre, die »Ohnmachtsposition des Außenstehenden als Machtposition zu gestalten. Das Platznehmen auf der analytischen Couch war für mich wie ein Ankommen an einem Ort, der es mir ermöglicht hat, innerlich wie im äußeren Leben meinen Platz zu finden.«

Kulturkonflikte in der Familie können auch aus der Großelterngeneration herrühren: Wenn beispielsweise die Mutter aus einem großbürgerlichen aber auch sozialistischen Haushalt stammt, der Vater jedoch von Schuldgefühlen geprägt ist, die ihn aufgrund einer nationalsozialistischen Familiengeschichte belasten.

Andere Befragte beziehen ihr Fremdheitsgefühl aus den sozialen Gegensätzen der schulischen Welt. Er war stets das Kind aus dem »roten« Arbeitermilieu unter »Klassenkameraden aus dem bürgerlichen Milieu«, so beschreibt ein befragter Analytiker seine Kindheit und damit auch das Kerngefühl, »nie ganz dazuzugehören«: »Auch meine Anerkennung als Lehranalytiker, Vortragender, Institutsleiter hat dieses Grundgefühl nie ganz vertreiben können, später an der Uni verstärkte sich dieses Gefühl noch.« Der Befragte vermerkte dazu, er habe dieses Grundgefühl bislang immer ganz idiosynkratisch, also vor allem auf die eigene Person bezogen.

Der verfremdende Klassengegensatz verschärft sich wohl, wenn andere Dimensionen kultureller Differenzen hinzukommen – wie etwa beim Vorschulkind, das zweimal im Jahr die Schule wechselt: In der kalten Jahreszeit lebt es bei den Eltern in der Landeshauptstadt und ab Ostern bei den Großeltern auf dem Land. Welche Sprache wird gesprochen?

Unter den Gegensätzlichkeiten der Mentalitäten und Gesinnungen, die sich im familiären Hintergrund der Befragten finden, imponieren einige besonders generationstypische Varianten, zum Beispiel die Auseinandersetzung der Nachkriegskinder mit der Kriegsgeneration der Eltern. Die Teilhabe an der Welt vor 1945 mit all ihren komplexen Verhältnissen von Wissen und Nichtwissen, Parteinahme und Opposition, Beteiligung und Unbeteiligtheit hat eine Kluft zwischen den Generationen entstehen lassen, die vielleicht tiefer ist als zwischen anderen Generationen.

Solche Gegensätze wird man als weitverbreitetes Generationsschicksal ansehen, das keine differentia specifica eines psychoanalytischen Lebensweges kennzeichnen kann; die Prägnanz der Konfliktlinien macht aber trotzdem hellhörig: Wenn zum Beispiel der politische Gegensatz zwischen dem (österreichisch-legitimistischen) katholischen und dem großdeutschen Lager in der Familie durch besonders prominente Vertreter repräsentiert ist – durch Priester und Nonne in der mütterlichen Linie und nationalsozialistische »Märtyrer« in der väterlichen Linie.

Die kulturelle Entfremdung kann aber auch in Form eines Außenseiterdaseins in der eigenen Familie erlebt werden: »Ab der Adoleszenz nahm ich sowohl in der Familie als auch in anderen Zusammenhängen häufig eine Außenseiterposition ein, was mich sehr belastete.« Diese (teils selbst gewählte) Position, die ein Gefühl des »Auserwähltseins« wie auch Einsamkeitsgefühle mit sich bringt, ist ein wiederkehrendes Motiv der psychoanalytischen Werdegänge. Die Hinwendung zur Psychoanalyse kann in einer solchen Biografie als entlastender Schritt erlebt werden, wie folgende Formulierung zeigt: »Durch die Psychoanalyse habe ich gelernt, Suche nach Glück, Kritik und eine ›vita activa‹ irgendwie besser zu verknüpfen.«

Konfessionell-kulturelle Fragen spielen in psychoanalytischen Werdegängen häufiger eine Rolle als man vermuten würde. Konfessionelle Widersprüche zwischen Familie und Außenwelt können ein Pendeln zwischen zwei Welten notwendig machen. So kann der Jugendliche innerhalb wie außerhalb der Familie sowohl konform als auch im Widerspruch agieren, er kann an beiden sozialen Orten eine Randposition aber auch eine in der Nähe des Zentrums einnehmen, wobei beide Positionen narzisstische Gratifikationen zu bieten haben.

Dieser sich wiederholende Wechsel zwischen den Positionen spiegelt sich auch in der psychoanalytischen Tätigkeit wieder. Das Pendeln zwischen Integration und Empathie auf der einen und dem Widerspruch, der Darstellung eines distanzierten Außen auf der anderen Seite, wird wiederholt als zentraler Bestandteil der psychoanalytischen Tätigkeit formuliert.

»Vom Rand zur Mitte«

Mit der metaphorischen Redewendung »Vom Rand zur Mitte« werden zwei unterschiedliche Bedeutungen beziehungsweise Lesarten erfasst: Die erste Lesart kann (in Anlehnung an Benz' Diktum »Vom Rand her ist der Blick zur Mitte frei«) als Randposition verstanden werden, in der die Person verhaftet bleibt. Diese ermöglicht es dem/der Psychoanalytikerln, das Zentrum der Gesellschaft besser zu erkennen und zu analysieren, als es vom Zentrum her möglich ist. Die zweite Lesart der Metapher beschreibt eine biografische Bewegung vom Rand zur Mitte, die Spuren in der/dem Psychonanalytikerln hinterlässt. So ist es ihm/ihr, nachdem er/sie bereits im Zentrum angekommen ist, möglich, eine Außenperspektive einzunehmen und deren methodologischen Vorteil zu nutzen. Dieses Vorgehen, die eigene Gesellschaft mit ihren täglichen Routinen, Funktionalitäten und Tabus durch einen Schritt der Reflexion quasi von außen zu betrachten, ist vergleichbar mit der Technik des »othering« in der Soziologie.

Der Weg vom Rand zur Mitte kann sowohl geografisch als auch kulturell und im Hinblick auf die Einbettung in soziale Gruppen verstanden werden. So finden sich gleich mehrere PsychoanalytikerInnen, die ihr Aufwachsen auf dem Land und den Weg in die Stadt, in das geografische Zentrum des Landes, eindrücklich beschreiben. Die Bahnschülerin, die zwischen Dorf und Stadt, zwischen einer ländlichen Welt und dem Wunsch der Mutter, sie solle etwas Besseres werden, hin und her pendelte, fühlte sich auch nirgendwo heimisch. Doch die Reise von der Peripherie ins Zentrum kann auch in der Schilderung der Bewegung von einer Randposition in sozialen Beziehungen ins Zentrum des Aufgenommen-Werdens in die psychoanalytische Gemeinschaft wiedergefunden werden.

Auch das kindliche Erleben eines Anpassungsdruckes, bedingt durch eine familiäre Randposition, die sich im Laufe der Entwicklung wandelt, kann als Weg ins Zentrum interpretiert werden. Wenn also erlernt wird, eine Ohnmachtsposition als Machtposition zu gestalten, und wenn am Ende dieser Reise »das Platznehmen auf der analytischen Couch wie das Ankommen an einem Ort« erlebt wird, der es »ermöglicht hat, innerlich wie auch im äußeren Leben meinen Platz zu finden«.

Dass diese Reise keine Einbahnstraße sein muss und widersprüchlich sein kann, zeigt sich im Hin-und-her-Pendeln zwischen den Positionen, wenn sich der Jugendliche in wechselnder Identifikation aber auch in wechselndem Widerspruch nicht zwischen der Familie und einem als feindlich definiertem Außen entscheiden möchte und kann.

»Aufbruch ins Ungewisse«

Ein spezifisches Merkmal der psychoanalytischen Kur besteht darin, dass zu Beginn der Therapie kein Ziel festgelegt wird. Dadurch unterscheidet sich die Psychoanalyse deutlich von den meisten anderen Formen der Psychotherapie. Die kognitiv-behaviorale Therapie beispielsweise versucht, auf Grundlage einer Verhaltensanalyse eine Baseline zu ziehen, von der aus definierte Ziele angestrebt werden. Im Gegensatz dazu brechen in der psychoanalytischen Kur AnalytikerIn und AnalysandIn gemeinsam zu einer Reise ins Ungewisse auf.

Abgesehen von eher diffusen Orientierungen, wie etwa der Empfehlung Freuds, dass es wünschenswert sei, wenn Arbeits- und Liebesfähigkeit wiederhergestellt würden, fehlt hier eine klare Zielorientierung. Der/die PatientIn und ihr/e TherapeutIn wissen per definitionem noch nicht, welche Abenteuer sie im Reich des Unbewussten, diesem Niemandsland des Primärprozesses, aus dem wir verschlüsselte Botschaften erhalten, erwarten. Um sich immer wieder gerne auf dieses Unterfangen einzulassen, benötigt der/die PsychoanalytikerIn eine gute Portion Entdeckungsfreude, Neugierde und Abenteuerlust, eine Bereitschaft zum Aufbruch ins Niemandsland.

In den Texten der Interviews und der schriftlichen autobiografischen Berichte, welche die Grundlage der vorliegenden Untersuchung bilden, finden sich zahlreiche Hinweise, die sich mit dieser professionellen Bereitschaft zum Aufbruch ins Niemandsland in Verbindung bringen lassen.

Das Milieu der Orientierungsfamilie wird in den meisten Texten, die sich mit dem Werdegang zum/zur PsychoanalytikerIn befassen, als disloziert, entwurzelt, nicht recht zu den Ansprüchen passend beschrieben. Die Familie von A. lebt in einer Kleinstadt, wohin es den Vater aus Slowenien, die Stiefmutter aus Norddeutschland verschlagen hat. B.s Familie ist infolge der Kriegswirren des Zweiten Weltkrieges in eine oberösterreichische Kleinstadt gekommen, der Vater stammt aus Sarajevo, die Mutter aus Schlesien. In gewisser Weise fühlen sich die Erzählenden auch später, auf der Universität oder im Beruf, zunächst »fehl am Platz«. Sie sind auf der Suche nach einer neuen, noch unbekannten Umwelt, wollen eine Alternative zum behavioristisch-empirisch ausgerichteten

Psychologiestudium an den österreichischen Universitäten, sind mit der standardisierten, biologisch ausgerichteten Mainstream-Psychiatrie unzufrieden, distanzieren sich vom Status quo und finden bei dem/der LehranalytikerIn, in den psychoanalytischen Vereinen so etwas wie eine neue, bessere Heimat.

Die Bereitschaft, sich von der aktuellen Situation zu distanzieren, sich auf Unbekanntes einzulassen, ohne den familiären und beruflichen Hintergrund völlig loszulassen, scheint recht gut zur psychoanalytischen Tätigkeit zu passen. Es spricht einiges dafür, dass sie mit der in der Herkunftsfamilie erlebten Anomie, mit der Spannung verknüpft ist, die daraus entsteht, »am falschen Ort zu sein«. Hinter der Fähigkeit, gemeinsam mit den Patienten immer von neuem ins Niemandsland des Unbewussten aufzubrechen, verbirgt sich vielleicht die Fantasie in das idealisierte Milieu heimkehren zu können, das die Herkunftsfamilie verloren hat.

»Auf der Suche nach dem Vorbild«

Als weitere Metapher, die uns in Biografien von PsychoanalytikerInnen begegnet ist, kann die Sehnsucht, der Hunger nach einem Vorbild, nach einem Modell, einem Vater, einer Familie, auf die man stolz sein kann, nach einem idealisierbaren Selbstobjekt, beschrieben werden.

Die hiermit verknüpfte Suche finden wir in besonders ausgeprägter Form in Familien mit Vätern (und Müttern), die in der Zeit des Nationalsozialismus in einer problematischen Beziehung (oder fehlenden Abgrenzung) zur Ideologie des Dritten Reichs gestanden haben.

Die Auseinandersetzung mit einem Vater, auf den man nicht stolz sein kann, sondern der ganz im Gegenteil abgewertet wird, vielleicht werden muss, um die eigenen Identität im Protest und Widerspruch zur Nazi-Ideologie aufzubauen, kann dazu führen, dass die Sehnsucht nach einem besseren Vorbild, als es der reale Vater war, zu einem starken Motiv für die spätere Berufswahl wird. »Die Suche nach einem Vater, auf den man stolz sein kann«, findet sich als Motiv für den Weg zur Psychoanalyse immer wieder. So können intellektuell attraktive und moralisch vermeintlich einwandfreie Lehranalytiker die Rolle des vermissten »guten Vaters« einnehmen.

Die verstärkte Sehnsucht nach einem Vatermodell spielt jedoch auch für jene Heranwachsenden eine besondere Rolle, für die der Vater nicht den politisch abgelehnten Reibepunkt darstellt, sondern für die er entweder gar nicht vorhanden ist, oder für die er in der Familiendynamik eine so schwache Position einnimmt, dass er den Wunsch nach einem bewundernswerten Vorbild bzw. das Bedürfnis nach einem idealisierbaren Selbstobjekt nicht erfüllen kann. Auch in diesen Fällen können sich auf dem Weg zur Psychoanalyse Ersatzväter als intellektuell attraktiv erweisen und damit auch als Projektionsfigur für die Vatersehnsucht eignen.

»Der/die ÜbersetzerIn«

Abschließend sei noch eine weitere im Material verankerte Metapher erwähnt, welche die bereits dargestellten Metaphoriken in vielfacher Hinsicht ergänzt und verbindet: Die Rolle des Übersetzers, der in mehreren Sprachen versiert ist. Die frühe Notwendigkeit – und Chance – mehrere Sprachen zu lernen, ist einer der Begleitaspekte des Außenseitertums, der Randständigkeit, der Nichtzugehörigkeit zur kompakten Majorität, der relativen Heimatlosigkeit und vermutlich auch ein Motiv für die Entscheidung zur Psychoanalyse als Beruf.

Innerfamiliäre Mehrsprachigkeit wurde in verschiedenen Varianten genannt: Herkunft aus verschiedenen Regionen und sozialen Schichten, wobei in allen Fällen ein Statusgefälle zwischen den verschiedenen Positionen auftritt. Die Vermeidung eines (mit geringerem Status assoziierten) Dialekts kann zum Ausweis einer Nichtanpassung an aufgezwungene und nicht akzeptierte Lebensumstände dienen. Die scharfe Trennung zwischen einem zu Hause gesprochenen Hochdeutsch und den Dialekten in der Schule, auf der Straße, im Sportverein, kann als Distinktionsmittel oder auch als Ausdruck eines sozialen Selbstbehauptungswillens angesichts drohenden sozialen Abstiegs fungieren. Die Bereitschaft, sich sprachlich anzupassen, beinhaltet eine große Spannbreite sozialer Wertigkeiten – von der Höflichkeit bis zur Anbiederung.

In der psychoanalytischen Selbsterfahrung gilt es, das »innere Ausland« zu bereisen, zu erkunden, zu erforschen. Dabei ist Mehrsprachigkeit und das Verstehen und Sich-verständigen-Können in mehreren Dialekten eine besonders wichtige Kompetenz. Der Psychoanalytiker erscheint jetzt als Vermittler zwischen verschiedenen Dialekten. Die Auffassung, die psychische Instanzen (Ich, Es, Über-Ich) als unterschiedliche Sprachebenen zu verstehen, zwischen denen Übersetzungsleistungen erforderlich sind, entspricht einem »linguistic turn« – einer sprachanalytischen Wende – der (nach der Philosophie) auch in der Psychoanalyse zahlreich Anhänger gefunden hat.

Auf die Sprachverwirrung zwischen dem Erwachsenen und dem Kind und ihrer gravierenden Folgen für die psychosoziale Entwicklung hat Sándor Ferenczi (1933) in einem seiner letzten Vorträge schon sehr früh hingewiesen. In der von Jean Laplanche entwickelten Konzeption der Entstehung des Unbewussten spielt die für das Kind unverständliche unbewusste Botschaft des Anderen eine Schlüsselrolle.

Resümee

Die Auseinandersetzung mit der Frage nach dem Weg zur Psychoanalyse lohnt sich, ebenso die Frage nach individuellen und überindividuellen Einflussgrößen. Es ist kein Zufall, dass über den Kern der psychoanalytischen Kompetenzen neuerdings vermehrt nachgedacht wird. Die Zeit der Selbstgenügsamkeit ist vorbei und es entsteht eine Perspektive hinsichtlich der Frage, was die Psychoanalyse im Vergleich zu anderen Psychotherapien ausmacht.

Pierre Passett stellte im Rahmen seines Vortrags bei den Frühjahrsgesprächen unseres Arbeitskreises 2009 die These auf, dass psychoanalytisches Wissen und Kompetenz nicht erworben werden können und nicht zu besitzen sind. Es sei vielmehr eine permanente Auseinandersetzung mit sich selbst notwendig: Auseinandersetzung und nicht Aneignung sei der zentrale Modus des Umgangs mit psychoanalytischem Wissen. Die Problematik einer solchen Forderung liegt darin, dass man sich mit etwas *noch nicht* auseinandersetzen kann, solange man es nicht hinreichend erfahren hat – hat man es sich erst einmal angeeignet, kann man sich *nicht mehr* damit auseinandersetzen, weil die kritischen Distanz verloren gegangen ist. Nicht zuletzt deshalb ist die Psychoanalyse ein »unmöglicher Beruf« (vgl. Passett 2009, S. 45).

In den Metaphern der von uns untersuchten autobiografischen Selbstbeschreibungen spiegeln sich generationstypische Lebenserfahrungen wie

Migration, Kriegsfolgen, kulturelle Gegensätze und soziale Marginalisierungen. Die Neigung zu bestimmten Berufen und die Vorliebe für bestimmte Theorien kann besser verstanden werden, wenn man die subjektiven Verarbeitungen dieser Lebenslagen einbezieht. Es bleibt die Frage, ob die Spezifität der psychoanalytischen Berufswahl in diesen Lebensumständen begründet liegt oder in der Subjektivität der Handelnden – oder im Zusammenwirken beider, wie sich in biografischen Erzählungen zeigt. Die intensive Beschäftigung mit diesem Thema hat uns davon überzeugt, dass in den biografischen Erzählungen von PsychoanalytikerInnen gute Interpretamente für das Verständnis ihrer Berufswahl aufzufinden sind; unsere Ausgangsthesen können hingegen nur einen Teil der Erklärung darstellen.

Literatur

Bacal, H. A. & Newman, K. M. (1994): Objektbeziehungstheorien – Brücken zur Selbstpsychologie. Stuttgart, Bad Cannstatt (frommann-holzboog).

Beller, S. (1993): Wien und die Juden 1867–1938. Wien, Köln, Weimar (Böhlau); Originalausgabe 1989.

Benz, A. (1997): Der Überlebenskünstler. Drei Inszenierungen zur Überwindung eines Traumas. Hamburg (Europäische Verlagsanstalt).

Blumenberg, H. (1983): Die Lesbarkeit der Welt. Frankfurt/M. (Suhrkamp).

Cuddihy, J. M. (1974): The Ordeal of Civility: Freud, Marx, Levi-Strauss and the Jewish Struggle with Modernity. New York (Basic Books).

Eco, U. (1985): Semiotik und Philosophie der Sprache. München (Fink).

Ferenczi, S. (1933): Sprachverwirrung zwischen den Erwachsenen und dem Kind. Die Sprache der Zärtlichkeit und der Leidenschaft. Internationale Zeitschrift für (ärztliche) Psychoanalyse 19(1/2), 5–15.

Flick, U.; Kardorf, E. von & Steinke, I. (Hg.) (2005): Qualitative Sozialforschung. Ein Handbuch. Reinbek bei Hamburg (Rowohlt).

Fonagy, P. (2002): Affect Regulation, Mentalization, and the Development of the Self. New York (Other Press).

Freud, S. (1927): Die Zukunft einer Illusion. Leipzig (Internationaler Psychoanalytischer Verlag).

Gay, P. (1978): Freud, Jews and other Germans. Masters and Victims in Modernist Culture. Oxford (Oxford University Press).

Gilman, S. L. (1993): Freud, Race and Gender. Princeton, NJ (Princeton University Press); deutsch: 1994.

Handlbauer, B. (1999): The Influence of Austrian Émigres on the Development and Expansion of Psychoanalysis in the United States after 1945. In: Good, D. F.; Wodak, R. (Hg.): From World War to Waldheim: culture and politics in Austria and the United States. New York (Berghahn), S. 109–137.

Haumann, H. (1990): Geschichte der Ostjuden. München (dtv).

Kelle, U. & Kluge, S. (1999): Vom Einzelfall zum Typus. Fallvergleich und Fallkontrastierung in der qualitativen Sozialforschung. Opladen (Leske + Budrich).
Kernberg, O. F. (2005): Psychoanalyse – Prinzipien, Anhängerschaft und persönliche Entwicklung. In: Kernberg, O. F.; Dulz, B. & Eckert, J. (Hg.): WIR – Psychotherapeuten – über sich und ihren »unmöglichen« Beruf. Stuttgart (Schattauer), S. 251–268.
Klein, D. B. (1981): Jewish Origins of the Psychoanalytic Movement. Chicago, London (University of Chicago Press).
Kohut, H. (1971): Narzissmus. Eine Theorie der psychoanalytischen Behandlung narzisstischer Persönlichkeitsstörungen. Frankfurt/M. (Suhrkamp).
Krüll, M. (1992): Freud und sein Vater. Die Entstehung der Psychoanalyse und Freuds ungelöste Vaterbindung. Frankfurt/M. (Fischer).
Lorenzer, A. (1974): Die Wahrheit der psychoanalytischen Erkenntnis. Frankfurt/M. (Suhrkamp).
McGrath, W. J. (1986): Freud's Discovery of Psychoanalysis: The Politics of Hysteria. Ithaca, New York (Cornell University Press).
Mühlleitner, E. & Reichmayr, J. (1997): Die Freudianer in Wien. Die Psychologische Mittwoch-Gesellschaft und die Wiener Psychoanalytische Vereinigung 1902–1938. Psyche 51(11), 1051–1103.
Oxaal, I. (1988): The Jewish Origins of Psychoanalysis Reconsidered. In: Timms, E. & Segal, N. (Hg.): Freud in Exile. Psychoanalysis and its Vicissitudes. New Haven, London (Yale University Press), S. 37–53.
Parin, P. (1986): Statt einer Einleitung: Kurzer Aufenthalt in Triest oder Koordinaten der Psychoanalyse. In: Parin, P. & Parin-Mathey, G.: Subjekt im Widerspruch. Frankfurt/M. (Athenäum).
Passett, P. (2009): Die Zweizeitigkeit des Analytikerwerdens. Werkblatt 63 (2/2009), 39–71.
Radkau, J. (1989): Das Zeitalter der Nervosität. München (Hanser).
Reik, T. (1948): Listening with the Third Ear. The Inner Experience of a Psychoanalyst. New York (Grove Press).
Safranski, R. (2007): Romantik. München (Hanser).
Schmidt, N. D. (1995): Philosophie und Psychologie. Trennungsgeschichte, Dogmen und Perspektiven. Reinbek bei Hamburg (Rowohlt).
Schmitt, R. (1997): Metaphernanalyse als sozialwissenschaftliche Methode. Mit einigen Bemerkungen zur theoretischen »Fundierung« psychosozialen Handelns. Psychologie & Gesellschaftskritik 81, 21(1), 57–86.
Schmitt, R. (2003): Methode und Subjektivität in der Systematischen Metaphernanalyse. Forum Qualitative Sozialforschung 4(2), Art 41.
Schülein, J. A. (1999): Die Logik der Psychoanalyse. Eine erkenntnistheoretische Studie. Gießen (Psychosozial-Verlag).
Shorter, E. (1992): The Two Medical Worlds of Sigmund Freud. In: Gelfand, T. & Kerr, J. (Hg.): Freud and the history of psychoanalysis. New York (Hillsdale), S. 59–78.
Simon, E. (1957): Sigmund Freud, the Jew. Leo Baeck Institut Yearbook 2(1), 270–305.
Simmel, G. (1908): Soziologie. Untersuchungen über die Formen der Vergesellschaftung. In: Soziologie. Untersuchungen über die Formen der Vergesellschaftung. Berlin (Duncker & Humblot), S. 509–512.
Stölzl, C. (1975): Kafkas böses Böhmen. München (Edition Text + Kritik).
Strauss, A. & Corbin, J. (1996): Grounded Theory: Grundlagen Qualitativer Sozialforschung. Weinheim (Beltz).

Veblen, T. (1919): Intellectual pre-eminence of Jews in modern Europe. Political Science Quarterly 34, p. 33/42; Neuabdruck in: Lerner, M. (Hg.) (1950): The Portable Veblen. New York, (Viking Press), S. 467–479.
Volkov, S. (1990): Antisemitismus als kultureller Code. München (Beck).
Will, H. (2006): Psychoanalytische Kompetenzen. Standards und Ziele für die psychotherapeutische Ausbildung und Praxis. Stuttgart (Kohlhammer).

Freud diagonal gelesen

Wolfgang Brumetz

> »Ich halte Ihnen allen vor, daß Sie nicht schärfer und reinlicher zwischen Psychischem und Biologischem unterscheiden, daß Sie einen durchgehenden Parallelismus zwischen beiden Reihen herstellen wollen und unbedenklich in dieser Absicht psychische Tatbestände erfinden, die nicht nachweisbar sind und daß Sie dabei unzweifelhaft vieles formal für reaktiv und regressiv erklären müssen. Diese Vorwürfe bleiben natürlich dunkel. Ich möchte nur noch betonen, daß wir die Psa. ebenso unabhängig von der Biologie zu halten haben wie von der Anatomie und Physiologie bisher, die Sexualbiologie scheint ja auf zwei Substanzen hinzuführen, die sich gegenseitig anziehen. Wir haben nur eine Libido, die sich männlich gebärdet« (S. Freud, Brief an Carl Müller-Braunschweig, 21. Juli 1935, Library of Congress, Sigmund Freud Collection).

Lacans Theorie des Begehrens beschreibt ein logisches Paradox und ist durch ein einfaches Diagonalverfahren rekonstruierbar. Um dies zu zeigen, entwickeln wir ihre zentralen Aussagen in der Logik von Frege (1893). Deren Wahl wird durch werkgeschichtliche Beziehungen nahegelegt, aber auch durch die Affinität des zugrunde liegenden sprachphilosophischen Paradigmas mit Lacans Denken, welche es erlaubt, die unterstellten Grundannahmen einfach zu halten. Diese brauchen für sich genommen nicht plausibel, ja nicht einmal anschaulich zu sein: Entscheidend ist die Ableitbarkeit der Phänomene (Gödel 1990, S. 121). Ist ihre Heuristik einmal klargelegt, so können sie philosophisch diskutiert und es kann gegebenenfalls zur Konstruktion einer testbaren Theorie fortgeschritten werden. Diese Reihenfolge umzukehren, erscheint wenig sinnvoll. Denn Lacans Satz, das Unbewusste sei »strukturiert wie eine Sprache«, denotiert primär keine empirisch-anthropologische Annahme über die Beziehung des Menschen zur Sprache, sondern eine philosophische These zur Logik der Repräsentation. Bevor er einer ätiologischen Deutung unterworfen wird (»die Dynamik intrapsychischer Konflikte ist durch universelle Eigenschaften der Sprache kausal determiniert, es gibt Krankheiten des Logos«) ist die deskriptive zu rechtfertigen (»weil die therapeutische Praxis im Sprechen besteht, läßt sie sich durch Darlegung ihrer Logik beschreiben«). Dies kann aber nicht in einem einzigen Schritt, sondern nur durch Entwicklung geschehen. Lacans »konservative Revolution« der Psychoanalyse akzeptiert Freuds Text als eine im Wesentlichen korrekte Beschreibung der Erfahrungstatsachen, leitet deren Zusammenhang jedoch aus einer übergeordneten Theorie ab. Dies erfordert Interpretation: Modifikation der Bedeutungen der Terme mit dem Ziel einer intuitiv »richtigen« und gegenüber dem interpretierten Text eventuell erweiterten Rekonstruktion der Folgerungsbeziehungen zwischen den Aussagen. Dabei machen sich zwei einander tendenziell widersprechende Erfordernisse bemerkbar: für den Kliniker darf der Begriffsapparat der Darstellung der Erfahrungstatsachen nicht vorauseilen, während die Theorie um ihres inneren Zusammenhanges willen mit der Festlegung der Grundbegriffe beginnen muss (Aristoteles *Met.* 1029b1–12; Freud, GW X, S. 142, 210f.). Die Divergenz dieser beiden Aspekte sollte nicht zur Bildung sozialer Heterostereotypien Anlass geben; sie gehört zum Gegenstand und ist methodisch zu reflektieren. Der Theoretiker der Psychoanalyse betreibt »sanfte Empirie«: Er kann nicht *ab initio* mit Grundannahmen aufwarten, deren Wahl Funktion empirischer Zusammenhänge ist. Lacan hat seine Kernintuition aus der Praxis; sie liegt zu Beginn der Lehre fertig vor und muss dennoch mühsam diskursiv entfaltet werden. Daher der Eindruck konsequenten Denkens in schriftlichen Arbeiten, wo die Prägnanz der Einzelanalyse für die Klarheit der Grundgedanken einsteht, und zugleich der eines ziellosen Herumlarvierens im Seminar. In Wahrheit ist aber sein Verfahren von demjenigen Freuds nicht prinzipiell verschieden. Beide (vgl. das obige Zitat) protestieren gegen »Biologismus«, eigentlich aber gegen eine verkürzte Sprachlogik, welche die Darstellung der Erfahrungstatsachen verzerrt. Wäre das geeignete philosophische Substrat gefunden, so entfiele der Anlass zur Polemik, weil die Theorie empirisch testbar wird. Aber die Aufgabe ist zu schwer, die Begründung der Psychoanalyse als Wissenschaft nicht erreichbar, ohne dass darum an der Authentizität ihrer Praxis gezweifelt werden dürfte. Diese scheint paradoxerweise gerade an die Inkonsistenz der Theorie gebunden, während die dahin führenden naiven Annahmen gerade für ein empirisches Subjekt höchst plausibel sein könnten, wären sie nur formuliert. Was Lacan aber daran hindert, ist eben jenes universalistische sprachphilosophische Paradigma, welches er mit Frege teilt (Brumetz 2007): Ist die Semantik unserer Sprache nicht definierbar, so macht es auch keinen Sinn, dies auszusprechen. Der signifikante Akt des Sprechens, die existenzielle Dimension der Psychoanalyse wird zur Superstition. Dafür gewinnt die Theorie ihrerseits ein performatives Element. Wo sich bei Freud die physikalistische Sprache der »Energiequantitäten« mit der philologischen Analyse des »Textes« des Unbewussten durchdringt, kommt es bei Lacan zu einer Dialektik von Formalismus und »metaphorischer« Ausdeutung. Die immanente Kritik, welche die Diagonalisierung ermöglicht, bringt dies zum Vorschein. Lacan »lehnt sich hinaus«, er geht das Paradox ein, zu sagen, was seiner Theorie zufolge nicht gesagt werden kann. Dadurch verliert er seine begriffliche Basis und wird zum Clown in den Augen derer, die keine unabweisbare Erfahrung zu derlei Experimenten verpflichtet. Denn in der ihm verfügbaren Logik ist der Signifikant keine wesentlich zeitliche Artikulation, und die Theorie des Unbewussten eher eine Topik als eine Dynamik. Der auf das Sprechen zu begründenden Dualität von Subjekt und Anderem kann nicht voll Rechnung getragen werden. Es bleibt ein Rest, den die vorliegende Interpretation demarkieren helfen will. Das Gewicht der rekonstruierbaren Intentionen in seinem Verhältnis zur resultierenden Kritik muss über ihre Evidenz entscheiden.

Die Theorie des Signifikanten

Lacan teilt mit Frege die philosophische Voraussetzung einer Universalsprache, verfügt aber im Unterschied zu diesem über die Kenntnis des von Tarski (1936) gefundenen Theorems: Es ist nicht möglich, die semantischen Grundbegriffe wie Wahrheit, Bedeutung oder die Erfüllungsbeziehung ohne Zuhilfenahme einer Metasprache zu definieren. Unsere Darstellung erfolgt retrospektiv von diesem Resultat aus und beschränkt sich auf die für Lacans Rekonstruktion der psychoanalytischen Theorie relevanten Zusammenhänge. Frege entwickelt zum einen eine Analyse der logischen Form des Satzes als einer Verbindung von Funktion und Argument. Begriffe sind dabei Funktionen, welche als Argument einen Gegenstand und als Funktionswert einen Wahrheitswert haben. Zum anderen besteht für Frege ein absoluter Parallelismus von sprachlicher und ontologischer Struktur: Die Kategorien der Ausdrücke determinieren die ihrer Bedeutungen, und sofern diese »logische Struktur« der Wirklichkeit korrekt zum Ausdruck kommt, fallen natürliche und formale Sprache zusammen. So zerlegt sich ein elementarer Satz »$\phi(\Delta)$« (»Sokrates ist weise«) in einen (Eigen-)Namen »Δ« (»Sokrates«), welcher einen Gegenstand Δ, und einen Funktionsnamen oder Prädikat »$\phi(\xi)$« mit seiner charakteristischen Argumentstelle ξ (»ξ ist weise«), welches eine (Begriffs-)funktion $\phi(\xi)$ bezeichnet. Dabei fungiert das »ξ« nicht eigentlich als sprachliches Zeichen, sondern als metasprachliche syntaktische Anweisung, welche die Stelle bezeichnet, an der das Prädikat durch Einsetzen eines Eigennamens zum Satz vervollständigt wird. Auf diese Weise wird ein linguistisches Kriterium von Funktionsnamen gegeben oder zumindest unterstellt. Die resultierende Sprache kann ihre eigene Syntax beschreiben, deren Definition sich auf Aussagen über Zeichen beschränkt (»der Name ›$\phi(\xi)$‹ ist als Prädikat zu gebrauchen«), nicht jedoch ihre Semantik (»der Name ›$\phi(\xi)$‹ bezeichnet die Funktion $\phi(\xi)$«), da die Einführung der hierzu erforderlichen Begriffe zur Inkonsistenz führt. Diese grundlegende Unmöglichkeit, die Semantik einer Sprache in dieser selbst zu definieren, führt bei Tarski zur Notwendigkeit einer Hierarchie von Metasprachen, welche jedoch zur Ergänzung der natürlichen Sprache nicht zur Verfügung stehen *(il n'y a pas de métalangage)*. Frege verfügt nicht über dieses Resultat, bringt jedoch intuitiv dessen Wirkung zum Ausdruck. Zwei wichtige semantische Begriffe bleiben bei ihm undefiniert: (a) die gemessen an der linearen Rede »vertikale« Bedeutungsbeziehung (Beziehung von Zeichen und Bezeichnetem) und (b) die »horizontale« Erfüllungsbeziehung (Beziehung von Funktion und Argument), für Frege die »logische Grundbeziehung« des »Fallens eines Gegenstandes unter einen Begriff«. Die Folgen sind: (a) Eine Funktion kann zwar prädikativ gebraucht, nicht aber durch einen Eigennamen bezeichnet und zum Gegenstand eines Urteils werden; (b) der Gebrauch der Zeichen muss aus ihrer Form evident sein und kann nur durch Hindeutungen erläutert, nicht aber eigentlich erklärt werden. In dieser Situation bestimmen wir mit einer ersten Grundannahme das Begehren als Funktion (und nicht als Relation ϕ(ξ, ζ) zwischen Individuen). Die Funktion ϕ(ξ) ist zu lesen als »ξ ist begehrenswert«, das Begehrte fungiert als ihr Argument. Daraus folgt unmittelbar die Unmöglichkeit für das begehrende Subjekt, von sich als Begehrendem zu sprechen, es wird sich selbst ein »Anderer« und erlebt den Verlust seiner selbst als »Kastration«. Zugleich erweist sich die Beziehung des Begehrenden zum Begehrten als nicht weiter bestimmbar *(le rapport sexuel n'existe pas)*. Für eine Theorie des Bewusstseins als Repräsentation ist das Begehren seinem Wesen nach unbewusst (Lacan 1974/1975, S. 106, 21.1.1975). Eine zweite Grundannahme wird erforderlich durch Freuds Auffassung der Libido als »Bedürfnis, geliebt zu werden« (GW XIV, S. 187), sowie durch Lacans Bestimmung des Gegenstandes des Begehrens als das Begehren des Anderen. Da ϕ(ξ) aus syntaktischen Gründen nicht Argument seiner selbst sein kann, bedarf es der Einführung einer Repräsentationsfunktion ἐφ(ε), welche der Funktion ϕ(ξ) einen abstrakten Gegenstand ἐϕ(ε) als »Vertreter« zuordnet[1]. Das »Begehren nach Begehren« ist nun darstellbar als ϕ(ἐϕ(ε)), und dies führt zunächst zum Schema L (Lacan 1966, S. 548): Das Subjekt hat seinen Repräsentanten in der Vorstellung von sich selbst (dem »Ich«), der Andere in dem »kleinen Anderen«, dem »Objekt des Begehrens« *a*. Fehlt eine Metasprache, so ist ἐφ(ε) eine undefinierte Grundfunktion und diese werden systematisch verwechselt: Das Subjekt glaubt von sich *selbst*

1 Dies entspricht einer bei Frege nicht explizit gemachten Existenzannahme ∃x(x = (ἐϕ(ε)) (Burgess 2005, S. 18). Die Formel ἐφ(ε) enthält eine Argumentstelle zweiter Stufe φ, an welcher ein Funktionsname einzusetzen ist. Sie ist in Analogie zum Quantor ∀xϕ(x) gebildet: Das vorangestellte Epsilon mit seinem Spiritus lenis »sättigt« die Argumentstelle des einzusetzenden Funktionsnamens, und es resultiert ein Gegenstandsname.

zu sprechen, spricht aber tatsächlich von einem anderen *(division subjective)*, umgekehrt reduziert sich die Erfahrung des Begehrens des Anderen zur Beziehung auf ein Objekt.[2]

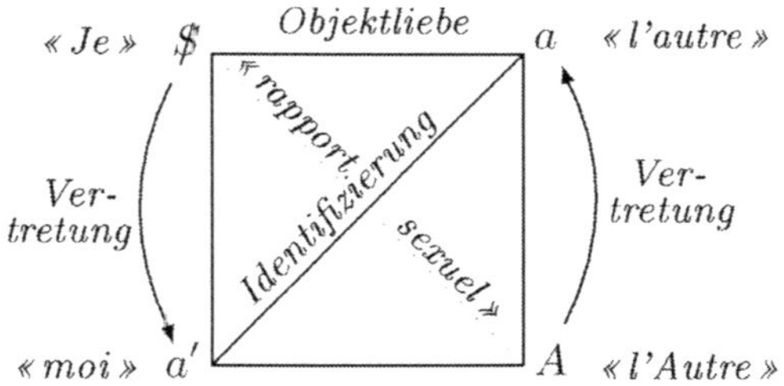

Schema 1

Schema 1 gibt eine Topik des Unbewussten; es »zeigt« eine zwar geübte, aber innerhalb der Sprache des Systems nicht artikulierbare Unterscheidung auf. Anstelle der als einheitlich erlebten »Begehrensbeziehung« ergibt sich eine Diversität von Beziehungen: Das »eigentliche« Begehren als Beziehung zweier Funktionsterme *$-a* ist syntaktisch nicht im System darstellbar (*le rapport sexuel n'existe pas*, wiewohl in anderem Sinne), an seine Stelle tritt die Objektbeziehung *$-a* mit ihrer Umkehrbeziehung A–*a'*, welche syntaktisch möglich, aber nicht definierbar ist[3], und schließlich die narzisstische Identifizierung als Beziehung *a-a'*, welche nicht zwischen dem Subjekt und dem Anderen *selbst*, sondern ihren Repräsentanten besteht. Es handelt sich jeweils um »dieselbe« Beziehung, welche einer »Umschrift« (Freud, GW X, S. 270–275) unterworfen wird: Anstelle von $\phi(\Delta)$ kann *salva veritate* das bedeutungsgleiche $\Delta \cap \dot{\varepsilon}\phi(\varepsilon)$ verwendet werden. Die Repräsentation wird von Frege (1893, S. 52f., §34) so eingeführt, dass

---

2 Die von Lacan im Französischen gemachten Unterscheidungen *Je, moi, l'Autre, l'autre* könnten im Deutschen als »Ich«, »mich«, »Du«, »dich« nachgebildet werden und finden sich auch so in der Klinik. Dies ist aber nur eine Hindeutung auf den wahren Unterschied, der von einer terminologischen Unterscheidung nicht zuverlässig zum Ausdruck gebracht wird.

3 Lacan gebraucht mit *relation d'objet* offenbar bewusst eine Wendung, die kein korrektes Französisch ist.

(1) $$\phi(\Delta) \leftrightarrow \Delta \cap \dot{\varepsilon}\phi(\varepsilon)$$

erfüllt ist: fällt ein Gegenstand Δ unter einen Begriff ϕ(ξ), so ist er auch Teilmenge ξ ∩ ζ von dessen Umfang ἐϕ(ε). Während hierbei aber Funktion und Repräsentant formal klar unterschieden werden, gestattet die natürliche Sprache ihre Verwechslung. Denn ein Ausdruck wie »der Begriff ϕ(ξ)« ist nach linguistischen Kriterien ein Eigenname und bedeutet daher nicht die Funktion ϕ(ξ) *selbst*, sondern einen zunächst weiter nicht definierten Gegenstand (»Freges Paradox«), während er jene allenfalls »metaphorisch« anzudeuten oder zu suggerieren vermag (diese Verwendungsweise wird hier durch Kursivdruck kenntlich gemacht). Für Frege ergibt sich eine »unausweichliche linguistische Schwierigkeit«, welche die beabsichtigte Erklärung der Semantik der Funktionsausdrücke verunmöglicht und sie auf eine bloße Erläuterung reduziert. Diese Schwierigkeit resultiert nicht einfach aus einem ungenauen Gebrauch der Zeichen – es wird keine artikulierbare Regel verletzt –, stellt aber auch kein echtes Paradox dar, denn der Teilausdruck »ϕ(ξ)« ist hier nicht durch einen genuinen Funktionsnamen der natürlichen Sprache *salva congruitate* ersetzbar, und das Ganze daher kein Name, sondern ein unvollständiges Symbol.[4] Vielmehr ist es die Undefinierbarkeit der Bedeutungsbeziehung selbst, welche es nicht erlaubt, die Verwechslung hintanzuhalten. Es kommt zu einer relativen Dehiszenz von formaler und natürlicher Sprache: Nichts autorisiert, aber auch nichts hindert,

4 Freges Paradox wird zumeist linguistisch exemplifiziert, und zwar an Beispielen der Form: »Der Begriff ›Pferd‹ ist kein Begriff.« Aber »›Pferd‹« bezeichnet das Zeichen »Pferd«, nicht dessen Bedeutung, während »der Begriff Pferd« bedeutungslos ist – das Pferd ist kein Begriff. Gewöhnlich versteht man daher den Satz als Abkürzung für: »Der Begriff ξ ist ein Pferd‹ ist kein Begriff. Hier wiederholt sich die Schwierigkeit: Der Ausdruck »ξ ist ein Pferd« ist kein Begriff, sondern ein Ausdruck, während »Der Begriff ξ ist ein Pferd ist kein Begriff« – man mag das »ξ« schreiben oder nicht – kein Satz ist. Der Ausdruck »Der Begriff ›Pferd‹« ist mit Geach (1980, S. 220) als ein unvollständiges Symbol im Sinne von Russell (1905) anzusehen, und dies wird lediglich durch die Verwendung eines »Sprachgemisches« in einem Satz wie »Der Begriff ›ϕ(ξ)‹ ist kein Begriff« verschleiert. Dabei soll der Ausdruck »der Begriff ›ϕ(ξ)‹« veranschaulichen, wie ein Funktionsname »ϕ(ξ)« in einem nominalisierenden linguistischen Kontext wie »der Begriff ...«, welcher Freges Vertretungsfunktion nachbilden soll, zu einem Gegenstandsnamen wird. Dies ist aber nicht der Fall, sondern aus einem tatsächlich bereits als Gegenstandsname gebrauchten »Funktionsnamen« »ϕ(ξ)« wird eine weiterer Gegenstandsname gebildet.

eine ontologische Deutung des Paradoxes als ein »Paradox der Repräsentation« vorzunehmen und zu sagen, die Sprache referiere (formal) korrekt, sie »verfehle« lediglich die vom Sprecher (der natürlichen Sprache) intendierte Referenz, denn der Ausdruck »die Funktion $\phi(\xi)$« bedeute nicht die Funktion $\phi(\xi)$ *selbst*, sondern ihren Vertreter $\dot{\varepsilon}\phi(\varepsilon)$ (vgl. Cocchiarella 1987; de Rouilhan 1988).[5] Würde der Ausdruck »$\phi(\xi)$« prädikativ gebraucht, so referierte er korrekt auf »die Funktion $\phi(\xi)$«, nur sei dies nicht ohne Paradox auszudrücken. Auch die Undefinierbarkeit der »horizontalen« Erfüllungsbeziehung erlaubt eine ontologische Deutung: Zwar könne die Verbindung der Zeichen zum Satz als eine Relation dargestellt werden (die Zeichen sind selbst Gegenstände), nicht aber die ihrer Bedeutungen (die Funktion ist kein Gegenstand), da andernfalls die Notwendigkeit entstünde, die Verknüpfung dieser Relation mit ihren Argumenten ihrerseits durch eine Relation zu erklären, was in Bradley's Regress führt. Die Funktion sei »da«, aber *qua* Funktion nicht Argument einer Relation. Die Verbindung der Teilbedeutungen zum Ganzen ist daher selbst nicht repräsentierbar, sie kennt kein anderes Prinzip als die kategoriale Differenz der Elemente. Da nicht einleuchtet, worin in diesem Falle die Einheit der Bedeutung des Satzes (welche bei Frege sein Wahrheitswert ist) bestehen könnte, wirkt dies als Abbruch eines Regresses, und die Rede vom Urteilen als einem Unterscheiden von »Teilen« innerhalb des Wahrheitswertes erscheint zwar durchaus unglücklich, kann aber nicht vermieden werden (Frege 1990, S. 150). In beiden Fällen bleibt Frege charakteristischerweise – und zu seiner Ehre – unentschieden: Obwohl er nicht die Mittel hat, sich dies deutlich zu machen, handelt es sich um ein Problem der Ausdrucksfähigkeit der Sprache, während seine Ontologie als philosophische These für die Logik entbehrlich bleibt (Church 1956, S. 13, n. 32; Quine 1986, S. 27f.; de Rouilhan 1988, S. 137–155; Wright 2001). Es ist also nicht die Existenz von Bedeutungen, welche keine Gegenstände sind, Ursache eines sprachlichen Paradoxes, sondern die Annahme, die Bedeutungsbeziehung sei definierbar, führt Frege zur widersprüchlichen Interpre-

5 Frege scheint diese Interpretation selbst an entscheidender Stelle (1884, S. 100) anzudeuten, vermeidet aber, sie explizit zu machen und damit der Repräsentationsfunktion ein Korrelat in der natürlichen Sprache zu geben. Sein Text über das Paradox, der hier Klarheit geschaffen hätte, ist verloren (Dummett 1981, S. 212f.).

tation eines ihm nicht fassbaren Realen, welches von der Sprache herrührt. In Wahrheit bedarf es sehr wohl einer solchen Definition, und auch die kategoriale Differenz der Bedeutungen genügt keineswegs als Prinzip ihrer Verknüpfung, aber diese Festlegungen sind metasprachlich und können in der Objektsprache selbst nicht ausgedrückt, ja verwirrenderweise nicht einmal erfragt werden.

Diese Situation entspricht exakt Lacans Voraussetzungen. Auch er unternimmt eine ontologische Deutung des Realen, trifft aber anstelle der »platonistischen« Annahme die entgegengesetzte nominalistische: Da auf die Bedeutungen der Funktionsterme nicht referiert werden kann, sollen diese bedeutungslos sein und die Differenz der Konstitution der Elemente vorausgehen. Die Weigerung, auf Substanzbegriffe zu rekurrieren (Lacan 1972/73, 20.11.1972) entspricht selbst einer ontologische Annahme, sie bleibt trotz der Pertinenz des zugrundeliegenden Gedankens die Hauptquelle der psychoanalytischen Ideologie. Brachte die Theorie des Signifikanten die Interdefiniertheit der semantischen Beziehungen korrekt als Metapher und Metonymie zum Ausdruck, so sind das »Seinsverfehlen« *(manque à être)* des Subjekts und die »Nichtexistenz« der sexuellen Beziehung massiv ontologische Begriffe ohne evidenten Zusammenhang. Es kommt zur Vergröberung des semantischen Begriffsgerüstes: Wo Frege eine positive ontologische Annahme macht und daher Bedeutung und Repräsentation unterscheidet, erzeugt Lacans negative Annahme den Schein einer einzigen Beziehung. Der Mangel eines formalen Repräsentationsbegriffs erweist sich als fatal: Lacan versäumt es, Freges Vertretungsfunktion aufzugreifen[6] – dies erfolgt erst bei Lew (1995) durch Rezeption von de Rouilhan (1988) – und benutzt stattdessen einen intuitiven Begriff der »Repräsentanz«, der sich vor allem an Freud und de Saussure (1916) orientiert. Die Folge ist eine Konfusion von Bedeutung (*signification*, Beziehung von Zeichen und Bezeichnetem) und Repräsentation (*représentation*, Beziehung von Funktion und Vertreter), welche eine entsprechende Ambiguität in der Verwendung des Begriffspaares Signifikant/Signifikat nach sich zieht und später den Übergang zu einer Theorie der Beziehung zweier Signifikanten

6 Diese Unkenntnis kann Lacan nur bedingt angelastet werden, sie ist für die verzögerte Rezeption Freges in Frankreich charakteristisch.

(S1, S2) motiviert. Dies zwingt (und ermöglicht), de Saussure nicht als linguistische Theorie zu lesen, sondern als eine universalistische Theorie der Repräsentation. Das Begriffspaar Signifkant/Signifikat (und mit ihm Freuds Wortvorstellung/Sachvorstellung) entspricht nicht Freges Zeichen/Bedeutung (also Funktionsname/Begriffsfunktion), sondern dem Paar Funktion/Repräsentant.[7] Dies erklärt de Saussures Zögern bei der Ausarbeitung einer allgemeinen Semiotik (Milner 2002, S. 15–43) als ein perplexes Innehalten vor dem Problem einer scheinbaren Zirkularität in der Definition linguistischer Einheiten. Denn einerseits soll das Signifikat (die Sachvorstellung) nur durch Verbindung mit einem Signifikanten (einer Wortvorstellung) abgrenzbar sein – dies entspricht dem Extensionalitätsaxiom (Freges »Grundgesetz V«): Der Umfang eines Begriffes ist ein abstrakter Gegenstand, nämlich die Menge der Gegenstände, die unter diesen Begriff fallen (Burgess 2005, S. 14–23).

(2) $$\dot{\varepsilon}\phi(\varepsilon) = \dot{\varepsilon}\psi(\varepsilon) \quad \leftrightarrow \quad \forall x(\phi(x) \leftrightarrow \psi(x))$$

Die Bewertung dieses Satzes setzt die Interpretation von $\phi(\xi)$ voraus: Der kompetente Sprecher weiß, *welche* Funktion $\phi(\xi)$ er anwendet, um $\dot{\varepsilon}\phi(\varepsilon)$ wiederzufinden. Aber er kann es nicht sagen, und darum scheint zugleich auch die umgekehrte Abhängigkeit zu bestehen: Die Signifikanten sind ihrerseits nur aufgrund der Differenz der Signifikate voneinander unterscheidbar, welche aus der amorphen Masse der Klangbilder einige durch Assoziation mit Sachvorstellungen hervorhebt – das heißt, die in (2) durch die Notation vorausgesetzte Interpretation der Funktion $\phi(\xi)$ ist selbst nur als Quasi-Identität $\xi \equiv \zeta$ durch die der Extensionen definierbar.

(3) $$\phi \equiv \psi \quad \leftrightarrow \quad \dot{\varepsilon}\phi(\varepsilon) = \dot{\varepsilon}\psi(\varepsilon)$$

---

7 Diese Interpretation entspricht Saussures Definition von Signifikant und Signifikat als »Vorstellungen« (nämlich als *image auditive* und *concept*) wie auch Freuds Auffassung, »daß die Wortvorstellung mit ihrem sensiblen Ende (vermittelst der Klangbilder) an die Objektvorstellung geknüpft ist« und deshalb »die Beziehung zwischen Wort und Objektvorstellung eher den Namen einer ›symbolischen‹ zu verdienen scheint als die zwischen Objekt und Objektvorstellung« (Freud 1891, S. 122f.). Sie erklärt auch die Rede von einem Übergang von einer asymmetrischen zu einer symmetrischen Auffassung des Zeichens (Milner 2002, S. 27) bzw. von einem Bruch mit der »Finalität« des Zeichens (1984, S. 43).

In einer berühmten topologischen Metapher *(bande de Moebius)* suggeriert Lacan eine Zirkularität der Identitätskriterien von Funktion und Repräsentant: Sind Funktionen »extensional definiert«, so sind sie in der Tat identisch, sofern sie extensionsgleich sind. Aber diese Zirkularität existiert nicht ohne Weiteres, denn eine solche Definition ist nur in einer Metasprache möglich, und das in (3) ausgedrückte »Identitätskriterium« der Funktion $\phi(\xi)$ ist nicht das in (2) zur Anwendung gebrachte. Auch kann (2) nicht als kontextuelle Definition von $\dot{\varepsilon}\phi(\varepsilon)$ betrachtet werden, denn die Repräsentationsfunktion ist fundamental und daher in der Sprache selbst nicht definierbar. Zwei Sprecher können nicht durch Verabredung sicherstellen, dass sie mit $\dot{\varepsilon}\phi(\varepsilon)$ denselben Gegenstand bezeichnen, auch wenn sie beide $\forall x(\phi(x) \leftrightarrow \psi(x))$ als wahr anerkennen (Frege 1893, S. 16–18, §10). Daher ist es auch umgekehrt nicht möglich, bezüglich eines Gegenstandes Δ, der nicht durch einen Namen der Form $\dot{\varepsilon}\phi(\varepsilon)$ bezeichnet wird, zu entscheiden, ob er Repräsentant einer Funktion ist. Dies muss bereits aus der Herleitung der Ausdrücke bekannt sein und ist nicht aus der Form eines Satzes wie $\phi(\Delta)$ zu ersehen (ebd.; Frege 1884, §66). Hieraus folgt als eine wesentliche Eigenschaft der Repräsentation die Unmöglichkeit einer stabilen Identifikation mit dem Begehren des Anderen: Die der Beziehung *a-a'* entsprechende Gleichsetzung $\Delta = \dot{\varepsilon}\phi(\varepsilon)$ ist innerhalb des Systems nicht entscheidbar. In der natürlichen Sprache erlaubt freilich der hinzutretende Sinn die Bildung von Ausdrücken wie »die Funktion $\phi(\xi)$«, welche eine derartige Entscheidbarkeit suggerieren. Aber diese scheinen lediglich die Form $\dot{\varepsilon}\phi(\varepsilon)$ zu besitzen, während ihnen tatsächlich kein formales Korrelat und damit keine Bedeutung zukommt. Für eine Logik des Unbewussten, in der die erworbene natürliche Sprache zwar als Ausdrucksmittel, nicht jedoch als Metasprache eines primitiven, aus naiven Annahmen gebildeten logischen Systems wirksam wird, ergeben sich somit dreierlei Konsequenzen: (a) Die Undefinierbarkeit semantischer Begriffe in der Objektsprache, welche den Sprecher zu Unterscheidungen nötigt, die er nicht ausdrücken kann; (b) die Repräsentierbarkeit einer Funktion durch einen abstrakten Gegenstand, dessen Identitätskriterien von denen der (Repräsentations-)Funktion abhängen und daher gleichfalls nicht ausdrückbar sind; (c) die in der natürlichen Sprache gegebene Möglichkeit der Bildung von Ausdrücken, welche zwar linguistisch wohlgeformt sind, aber dennoch die in der formalen Sprache gebotene kategoriale Unterscheidung von Funktion und Gegenstand unterlaufen (Freges Paradox). Diese drei Grundphänomene können als eine Interpretation der Begriffe des Realen, Symbolischen und Imaginären angesehen werden, und aus ihnen soll in der Folge die Theorie des Begehrens, wie sie in der Struktur des Ödipuskomplexes zum Ausdruck kommt, entwickelt werden. Zunächst ist jedoch zu zeigen, dass diese drei »Dimensionen« durch eine spezifische Artikulation zusammenhalten: Die Rekonstruktion der von Lacan visierten »Zirkularität«, die gesuchte »Quadratur des Kreises« (1966, S. 806), ist nichts anderes als die Diagonalisierung von $\phi(\xi)$.

Der Ödipuskomplex

Die Rekonstruktion des Ödipuskomplexes als einer zeitlichen Artikulation erfordert die Kritik des Begriffs des Symbolischen. Freuds Idee, dass »die Libidofunktion [...] eine Reihe von aufeinanderfolgenden Phasen durchmacht« (Freud, GW XI, S. 340), zielt darauf, eine Achse zu definieren, an der sich anterograd die Entwicklung, retrograd die Regression vollzieht. Aufgabe der psychoanalytischen Theorie ist es, hier das pertinente Konzept zu finden. Bei Freud spielt die Modalität der Begehrensbeziehung (oral, anal, genital) diese Rolle, daneben aber auch die Abfolge dreier »Konzeptionen« des Geschlechtsunterschiedes (aktiv–passiv, phallisch–kastriert und männlich–weiblich) (Brunswick 1940). Bei Lacan ist es die sich schrittweise vollziehende Artikulation einer an Hegel orientierten »dialektischen« Logik, in der jedes Moment nichts als die explizite »Setzung« der durch das Vorhergehende definierten Situation ist.[8] Diese Theorie leistet die Ineinssetzung von Sprechen und Sexualtheorie: Das Begehren ist hier immer schon zugleich

8 Lacan entwickelt den Begriff einer »dialektischen« Logik in 1966 (S. 197–214) und natürlich aus Hegel 1970a (S. 137–154). Die in 1966 (S. 11–64) implizit enthaltene »dialektische« Konstruktion des Ödipuskomplexes wird in Lacan 1953 angekündigt, in Lacan 1957/58 (S. 203–241; 22.1.1958 und 29.1.1958) zuerst präsentiert und bleibt dann lange Zeit in der Schwebe. Sie wird auch in Lacan 1969/70 und 1971b nicht mit letzter Eindeutigkeit formuliert. Für eine systematische Darstellung vgl. Juranville (1984, S. 125–126, 181, 221, 224, 227–228), der die dialektische Konstruktion einlöst.

»epistemophil«, der Wunsch, sich das Begehrte anzueignen dasselbe wie die das Subjekt konstituierende Frage nach dem »Wesen« des Begehrens, welche sich im Verlauf der Artikulation aus einem *»est-ce?«* über *»quoi?«* zum *»pourquoi?«* wandelt (Lacan 1958/59, S. 435, 27.5.1959). Dem Versuch, hieraus die Klinik zu entwickeln, sind durch die Unklarheit des Grundbegriffs Grenzen gezogen: Der Begriff der »Setzung« *(position)* wird nicht eigentlich expliziert, sondern lediglich in bestimmten Kontexten gebraucht. Der Grund hierfür ist eine Homonymie: Nicht in allen Kontexten kann der Begriff der Setzung als Repräsentation interpretiert werden, sondern er bezeichnet an zentraler Stelle die Diagonalisierung von $\phi(\xi)$, das heißt die Bewertung des Satzes φ(ἐφ(ε)). Erst mit der Auflösung dieser Homonymie wird der Begriff eliminierbar. Die Hypothese einer inhärent zeitlichen oder »performativen« Dimension des Signifikanten wird dagegen in der hier vorgeschlagenen Rekonstruktion völlig aufgegeben. Ihre Zeitachse kommt lediglich durch die sukzessive Einführung der Grundannahmen zustande, welche die Analyse in vier Momente gliedert: (1) Das Begehren ist eine (Begriffs-)Funktion $\phi(\xi)$, (2) diese Funktion ist repräsentierbar, (3) der Repräsentant ἐφ(ε) fällt nicht unter die Funktion $\phi(\xi)$ und (4) ἐφ(ε) korreliert mit einem empirisch aufweisbaren Gegenstand, dem Phallus. Erhalten bleibt dagegen der allegorische Grundcharakter der Klinik: Das Phänomen ist Funktion der Struktur, die Protagonisten des Ödipuskomplexes Personifikationen spezifischer Momente einer Theorie des Begehrens. Daher die Affirmation der universellen Bedeutung des Ödipuskomplexes, welche nicht den invarianten Bestand spezifischer empirischer Manifestationsformen zum Inhalt hat, sondern deren systematische Interpretierbarkeit im Rahmen einer einzigen Theorie.

Das erste Moment

Am Anfang der Dialektik steht die unmittelbare Beziehung zum Begehren des Anderen, aber gerade als unmittelbar genommenes wird dieses noch nicht als Begehren deutlich. Die Frage, ob der Andere begehrt *(»est-ce?«)*, erscheint daher zunächst in verwandelter Gestalt: Lange vor dem Spracherwerb antwortet die Erfahrung eines ersten Signifikanten auf die Frage, ob die Mutter da sei. Dieser Signifikant Δ (»Anwesenheit der Mutter«) ist ein »symbolisches« Objekt – die Mutter ist einmal fort, einmal da –, aber diese binäre Differenz entspricht noch nicht dem speziellen Sinn, den Lacan mit dem Begriff des Symbolischen verbindet. Denn die elementare Frage des Subjekts, welche sich darauf beschränkt, ob (im Gegensatz zu *warum*) die Mutter da sei, erlaubt hier noch nicht, von der Kontingenz ihres Begehrens als einem Gesetz zu sprechen, oder allenfalls von einem rudimentären, »verschleierten« oder »opaken« (Lacan 1959/60, S. 117, 23.12.1959). Ihre Anwesenheit erscheint im Gegenteil als »grundlos« und sie selbst daher nicht als begehrend. Ohne eine weitere Vermittlung ist das Begehren des Anderen von dem entgegengesetzten Zustand nicht zu unterscheiden (Hegel 1970b, 82ff.): Der Signifikant Δ ist zwar an sich Begehren, erscheint aber in der primordialen Situation als »absolutes Objekt« *(Chose)* und – in einem abgeleiteten Sinne – als Fülle »ohne Mangel«. Gegenüber diesem »realen« Anderen seines Begehrens (Juranville 1984) ist das Subjekt »nichts« (durch nichts repräsentiert) und empfindet daher eine ursprüngliche Angst vor dem Verlust seiner Identität *(aphanisis)*. Aber das absolute Objekt »existiert nicht«: Mit der weiteren Artikulation wird die Situation ϕ(Δ) als eine simple Forderung *(demande)* deutlich, welche überdies mit der Bewertung des Satzes eine ihrem Wesen immanente Frustration offenbart, welche sich auch dann einstellt, wenn die Forderung erfüllt wird. Wie das dritte Moment zeigen wird, ist Δ als ein Gegenstand in jedem Fall »das Falsche«. Lacan kehrt die Terminologie um und bestimmt das Begehren als eine dem Gesetz unterworfene Forderung (Lacan 1958/59, S. 477; Juranville 1984, S. 90f). Damit entsteht der durchaus irreführende Anschein, das Begehren würde erst im Laufe der Artikulation durch eine Frustration der Forderung »von außen her« entstehen und das Subjekt in die Welt der Sprache »eintreten« lassen. Aber ϕ(ξ) ist seinem Wesen nach bereits Begehren, und die Frustration der Forderung entsteht »von innen her«, auch wenn diese erfüllt wird. Wie die Diagonalisierung zeigen wird, ist die Erfahrung des absoluten Objekts eine verfehlte Begegnung, die Erfahrung des realen Anderen eine Begegnung mit seinem Begehren. Der entscheidende Punkt der Rekonstruktion ist die Unvorhersehbarkeit dieses dialektischen Umschlags: Um seine Erfahrung machen zu können, muss die Erfüllung erwartet werden.

Das zweite Moment

In einem zweiten Moment wird das Begehren φ(ξ) als ἐφ(ε) repräsentiert und damit das Begehren des Anderen, welches zunächst unmittelbar Gegenstand für das Subjekt war, von *seinem* Gegenstand unterschieden. Der Andere ist in den Augen des Subjekts nicht mehr *selbst* dieses ἐφ(ε), welches er nun seinerseits als ein Objekt begehrt (Lacans »*quoi?*«). Die Frage nach dem »Grund« der Anwesenheit der Mutter beantwortet sich durch eine Identifikation: Die Mutter ist »da«, weil das Subjekt Gegenstand ihres Begehrens ist. Das von Beginn an gegebene Begehren wird explizit. Aber ἐφ(ε) ist Repräsentant und Gegenstand des Begehrens in einem: Die Mutter anerkennt (»setzt«) ihr Begehren, indem sie einen Anderen begehrt.[9] Die Identität dieses Anderen ἐφ(ε) ist aber aufgrund der besonderen Natur der Repräsentation nicht hinreichend determiniert, um ein Kriterium der Objektwahl abzugeben, das heißt, das Begehren der Mutter erscheint auf dieser Stufe als arbiträr, ja promiskuös. Hieraus ergeben sich wichtige Konsequenzen. Das Kind ist in dieser Position zwar das, »was dem Anderen fehlt«, weiß aber dadurch noch keineswegs, was es für den Anderen ist; es ist ἐφ(ε), aber auch »nichts als« ἐφ(ε), ist etwas für sich selbst nur durch die Vermittlung des Anderen. Die Identifizierung mit diesem Signifikanten bedeutet die Unterwerfung unter eine unverständliche Botschaft, sie ist nur »antizipativ« möglich »wie in einem Spiegel« (Lacan 1957/58, S. 215ff., 22.1.1958; zur Deutung des Ödipusdramas als Veranschaulichung dieser Dialektik vgl. Brumetz 2007). Die kategoriale Differenz ist zwar wirksam, aber noch nicht explizit als solche »gesetzt«: Das Subjekt tritt als Idealich (Lacan 1961/62, S. 218) in die erste bewusste Objektbeziehung, während das dieser vorausliegende Begehren *selbst* als nicht repräsentiertes unbewusst bleibt. Daher Freuds Schwanken in der Frage der Priorität der Identifizierung gegenüber der Objektliebe (Freud, GW XIIV, S. 115). Die »Erfahrung seiner selbst« ist wesentlich eine entfremdete Beziehung, Erfahrung seiner selbst als »etwas für den Anderen«. Ja diese primäre

---

9 Die Unterscheidung von φ(ξ) und ἐφ(ε) fällt nicht zusammen mit der Unterscheidung des »Begehren des Anderen« im Sinne des *genetivus subjectivus* und des *genetivus objectivus*, wie dies Lacan (1966, S. 693, 733 l.12–13, 819–823) nahelegt.

Identifizierung ist zugleich eine Situation der absoluten Hilflosigkeit: Sie bindet die Identität des Subjekts an den Anderen, dessen Willkür durch kein Prinzip reguliert zu werden scheint. Gibt es doch keinerlei Kriterium, keinerlei Möglichkeit für das Kind, seine Identität mit $\dot{\varepsilon}\phi(\varepsilon)$ zu »verifizieren«. Der anfängliche Wunsch nach dem Aufgehobensein in der Liebe der Mutter ist daher zugleich Quelle der Angst, kurzerhand mit dem Anderen zu verschmelzen oder von ihm verschlungen zu werden (Lacan 1958/59, S. 478). Diese Angst ist eine »Empfindung des Begehrens des Anderen« (Lacan 1961/62, S. 226, 4.4.1962), die mit der vor dem ursprünglichen Sichverlieren im Begehren zusammentrifft und doch von ihr unterschieden werden muss. Dagegen sind zwei Abwehrmechanismen namhaft zu machen. Zunächst die Konkurrenz mit dem Vater, welcher ebenfalls darauf Anspruch erhebt, $\dot{\varepsilon}\phi(\varepsilon)$ zu sein. Zwar ist er in dieser Position gleichermaßen Statist wie das Kind: Es ist die Frau, die den Mann als für sie signifikant »setzt«, nicht umgekehrt, während er als allein sichtbarer Repräsentant ihr »das Begehren zu bedeuten« nur scheint. »Die Mutter setzt [den Vater] als denjenigen, der für sie das Gesetz macht« (Lacan 1957/58, S. 220). Das Begehren der Mutter *erscheint* als »Intervention« des Vaters, dessen Handeln die Vereinigung von Mutter und Kind hintanhalten würde, ohne dass auf dieser Stufe eine Möglichkeit besteht, die Umkehrung zu erfassen. Das rudimentäre »Gesetz des Vaters« gilt für das wahre. Daher wird die Kastrationsdrohung als vom Vater ausgehend erfahren, während sie tatsächlich eine Projektion des Kindes auf diesen ist. Es handelt sich auch nicht darum, den Vater wirklich zu beseitigen, sondern das labile Gleichgewicht der Konkurrenzsituation zu bewahren, welche das Begehren des Subjekts rettet, indem sie die Distanz von der Mutter aufrechterhält.[10] Die struk-

10 Hamlets Problem beruht auf dieser Logik: Weil der Mutter ein Mann so viel gilt wie ein anderer, wird ihre Liebe für das Kind inakzeptabel, ja zur Gefahr. Es kann nicht mehr als das, was »dem Anderen fehlt«, in der Welt ankommen, ohne Gefahr zu laufen, Phallus der Mutter zu bleiben. Dadurch entsteht die aporetische Frage »*to be or not to be?*«: Um sein Begehren zu erhalten, müsste das Subjekt die Mutter kastrieren, das heißt, sich aus der Welt schaffen. Daher ist Claudius für Hamlet notwendig, und der väterliche Konkurrent wird zugleich geliebt und bewundert. Hamlets Heldentat besteht darin, von der *passage à l'acte* einer inszenierten »Vatertötung« Abstand zu nehmen, obwohl dies der Forderung seines Überich – des toten Vaters – zuwiderläuft und er intuitiv kaum eine Möglichkeit hat, die wahre Logik der Situation zu begreifen. Ihm erscheint seine eigene Tugend als »Hemmung«, welche sich

turelle Zweideutigkeit und Instabilität der Situation kann aber auch von der Mutter akzentuiert werden. Um diesen Mechanismus zu beschreiben, übersetzen wir vorgreifend (und etwas ungenau) den Signifikanten ἐϕ(ε) (»was dem Anderen fehlt«) als »Phallus«. Sofern die Mutter aufgrund ihres eigenen Penisneides die »Setzung« ihres Begehrens in Frage stellt oder verweigert, erscheint sie in der Imagination des Kindes ihrerseits als »Inhaberin« dessen, was für sie zu sein sie dem Anderen nicht gewähren will. Das kindliche Phantasma des im Körperinneren der Mutter angetroffenen Phallus (Boehm 1926; Klein 1932, S. 245f.; Jones 1932, S. 463f.) ist ein Resultat der mütterlichen Verdrängung, etwa wenn sie das Begehren des Vaters devalorisiert, um es zugleich herauszufordern. Eine solche Haltung verführt das Kind dazu, sich regressiv an die Stelle des Phallus zu setzen und bringt es – zunächst durchaus »passiv«, ohne sein Dazutun – in Konkurrenz mit dem Vater. Für das in der Situation befangene Subjekt sieht dies exakt so aus, als wäre sein Begehren die Ursache des Konfliktes, denn als solche wird es repräsentiert: »[W]enn das Begehren der Mutter der Phallus *ist*, dann will das Kind Phallus sein, um ihm zu genügen« (Lacan 1966, S. 693). Es gibt aber schlechterdings keine dem Inzestverbot entsprechende Regel, deren Beobachtung es der Gefahr entziehen würde, denn nicht das kindliche Begehren als solches ist Ursache der ödipalen Konkurrenz, sondern der Penisneid der Mutter, die das Kind unbewusst als ihren Phallus instrumentalisiert. Daher das in Träumen häufige »Laufen, ohne vom Fleck zu kommen«. Der »Inzest« besteht nicht in einer transgressiven Handlung, sondern in der Verdrängung des Begehrens als einer regressiven Bewegung entlang der Abfolge der dialektischen Momente, mithin in der von Mutter und Kind geteilten Illusion, die Mutter würde nicht zu begehren brauchen, wenn man ihr den Phallus, der »das Begehren bedeutet«, als Objekt zurückgibt. Und damit das Subjekt dieses Objekt verkörpern kann, muss zuerst der Vater beseitigt werden. Die Kastrationsangst des Kindes ist Symptom der Mutter, und *a fortiori* gilt dies von

jedoch augenblicklich löst, sobald eine Situation eintritt, die es erlaubt, der Mutter eine veränderte Position zu unterstellen. Dies ist in der Schlussszene auf subtile Weise der Fall, da dort im entscheidenden Augenblick nichts anzunehmen hindert, Gertrud würde gegen Claudius Partei ergreifen und – wie in der Interpretation von Olivier – den vergifteten Becher absichtlich trinken.

der oralen Aggression. Rückt nämlich der Vater in allzu weite Ferne, sodass die mütterliche Referenz auf ihn die Verführung nicht mehr kompensiert, so bleibt nur noch der Versuch, den Spiegel zu zerbrechen und die Mutter physisch zu »öffnen«, ihr den Phallus mit Gewalt wegzunehmen, um sie »begehren zu machen«. Diese »phallische Konkurrenz« mit der Mutter beruht auf dem geheimen Einverständnis, in den Voraussetzungen des zweiten Momentes zu beharren. Denn einerseits streitet man um den Phallus, das heißt darum, dass der Andere »zuerst begehren soll«, andererseits ist aber das Subjekt gerade insofern Phallus, als die Mutter diesen »enthält«. Diese Ambivalenz charakterisiert die Situation der projektiven Identifizierung.

Das dritte Moment

Das dritte Moment definiert ein »Jenseits« des Ödipuskomplexes, indem es die Vatermetapher *(métaphore paternelle)* einrichtet (Lacan 1966, S. 557). Eine narrative Deutung dieser Metapher würde lauten: Begehrt die Mutter den Vater so wie das Kind die Mutter, so wird das, was der Mutter fehlt und der Vater »besitzt«, als Signifikant des Begehrens des Kindes wirksam, nämlich der Phallus, der so »dem Subjekt bedeutet« wird (Juranville 1984, S. 158). Für Lacan handelt es sich jedoch nicht um eine Analogie der Begehrensbeziehungen entsprechend dem traditionellen Sinn von Metaphern, sondern um eine »reine« Substitution eines Signifikanten für einen anderen ohne Rekurs auf die Bedeutungen der Ausdrücke: Der »Name des Vaters« steht für das Begehren der Mutter. Der Sinn dieses Widerspruches erschließt sich nach unserer These durch den Aufweis eines impliziten Diagonalargumentes, welches die Figur der Substitution und die der Prädikation in sich vereint:[11]

11 Zum Begriff der Diagonalisierung vgl. Jacquette (2004) und Smullyan (1994). Exemplarische Diagonalargumente in der Geschichte der Philosophie betreffen die Irrationalität der Länge der Diagonale eines Quadrats im Verhältnis zu seiner Seitenlänge (Kneale/Kneale 1962, S. 8), Cantors überabzählbare Mengen (Boolos et al. 2002, S. 16ff.) und die klassischen limitativen Theoreme von Tarski und Gödel (Boolos et al. 2002, S. 221–227). Lacan kommt der Figur der Diagonalisierung am nächsten in folgendem Passus: »Die gesamte Konstruktion der Analyse beruht auf der Konsistenz des Ödipuskomplexes, der sich in gewissem Sinne folgendermaßen schematisieren

Es gibt eine Funktion ϕ(ξ), deren Sinn sich auf eben die kategoriale Differenz bezieht, die sie formal konstituiert, indem sie sich selbst von ihrem Repräsentanten unterscheidet, und welche wir hier zunächst vereinfachend, aber sinngemäß als den Begriff »ξ ist eine Funktion« paraphrasieren.[12] Auf diese Weise lässt sich die von Lacan intuitiv erfasste Selbstbezüglichkeit konstruieren, ohne mit den universalistischen Voraussetzungen in Konflikt zu geraten. Es ergibt sich als dritte Grundannahme eine spezifische Interpretation der Begehrensfunktion ϕ(ξ) und damit die gesuchte Rekonstruktion von Lacans Paradox – das Begehren ist nicht Gegenstand, aber sein Gegenstand ist ein Begehren – als eine Analyse des Diagonallemmas $\phi(\dot{\varepsilon}\phi(\varepsilon))$, seiner Bildung aus den Teilausdrücken ϕ(ξ) und $\dot{\varepsilon}\phi(\varepsilon)$ sowie seiner »Umschrift« entsprechend (1) in $\dot{\varepsilon}\phi(\varepsilon) \cap \dot{\varepsilon}\phi(\varepsilon)$.

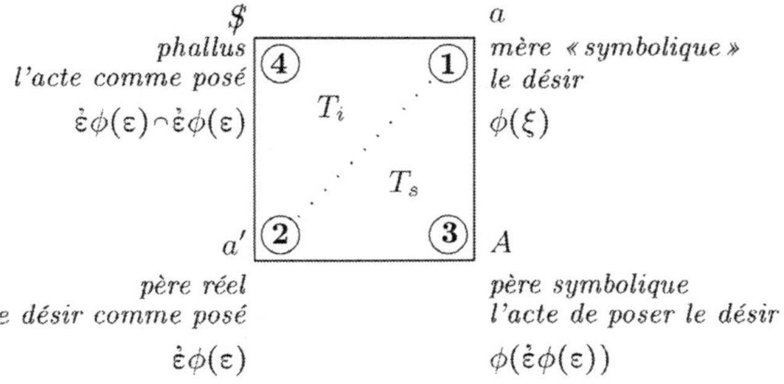

Schema 2

Das Diagramm (vgl. Schema 2) korreliert vier Ebenen der Analyse einer selbst vierteiligen Struktur: Man findet die Terme der Analyse des Sprechens, des Ödipuskomplexes, der »dialektischen« Logik Lacans

läßt: P(N). Wenn der Ödipuskomplex irgend etwas bedeutet, dann dies: daß von einem gewissen Moment an die Mutter als Funktion des Vaters erlebt und betrachtet wird« (Lacan 1956/57, S. 396f., 26.6.1957). »Insofern die Botschaft des Vaters zu der der Mutter wird, wird diese selbst zur Botschaft einer Erlaubnis und Autorisation« (Lacan 1957/58, S. 231, 29.1.1958).

12 Frege (1990, S. 174) fordert als Bedeutung des Ausdrucks »ξ ist eine Funktion« einen Begriff zweiter Stufe, während er hier als ein Begriff erster Stufe gebraucht wird. Für eine Definition von ϕ(ξ) und die formale Analyse des Paradoxes (vgl. Brumetz, in Vorbereitung).

und der hier vorgeschlagenen formalen Rekonstruktion vor.[13] Seine Interpretation ergibt sich aus der Logik der Diagonalisierung: Indem $\phi(\dot{\varepsilon}\phi(\varepsilon))$ den »Signifikanten« [= $\dot{\varepsilon}\phi(\varepsilon)$] als »signifikant« [= $\phi(\xi)$] setzt, wird das (repräsentierte) Begehren als begehrenswert und damit seine Repräsentation als »getreu« behauptet.[14] In Lacans Worten: Der Andere als Ort der Sprache ist zugleich der Ort des Gesetzes.[15] Der »symbolische Vater« ist das Begehren der Mutter, insofern dieses das Symbolische als signifikant setzt. Er ruft zum Sprechen auf, weil es »lohnt«.[16] Auf der Ebene des Ödipuskomplexes wird eine Antwort auf die Frage *»pourquoi?«*, »Warum begehrt die Mutter den Vater?«, und damit auf die Frage »Warum ist überhaupt etwas begehrenswert?« gegeben: Die Mutter begehrt den Vater in seiner Eigenschaft als selbst Begehrender, und das Begehren bestimmt sich damit für das Subjekt als Begehren nach Begehren. Das Schicksal dieser Diagonalisierung bestimmt für Lacan die gesamte Klinik: Nicht in der bloßen Repräsentation, nicht in einem »Eintritt in die Sprache« aus einem präexistenten Biologischen heraus besteht die »Symbolisierung« des Begehrens, sondern in der Behauptung, dass das Begehrte auch als Repräsentiertes begehrenswert sei.[17] Die Bedeutung der Sprache für die Psychoanalyse ist hieraus abgeleitet, ja sie relativiert sich in gewisser Weise durch die Differenz von Bedeu-

---

13 Weiterhin sind die von Lacan (1956/57) als symbolisches und imaginäres Ternion unterschiedenen Dreiecke als T_s und T_i bezeichnet. Spiegelt man das Schema um die punktierte Diagonale, so ergibt sich die *métaphore paternelle*.

14 Die »Signifikantenkette« $S_1 \rightarrow S_2$ ist Lacans »formale« Darstellung der Diagonalisierung, ihre Aussage ist dieselbe wie die der *métaphore paternelle*: $S_1 = \phi(\xi)$, $S_2 = \dot{\varepsilon}\phi(\varepsilon)$. »Ein Signifikant ist, was das Subjekt für einen anderen Signifikanten repräsentiert. Dieser [erste] Signifikant wird also der Signifikant sein, für den alle anderen das Subjekt repräsentieren [= die anderen sind für ihn repräsentativ]: das heißt, daß ohne diesen Signifikanten alle anderen nichts repräsentieren würden [= die anderen sind für ihn repräsentativ, weil er sie als repräsentativ setzt]. Denn nichts wird repräsentiert, es sei denn für ein anderes« (Lacan 1966, S. 819). Und Lacan bestimmt in der Folge den Phallus als Repräsentanten dieser Setzung.

15 »[Der Name des Vaters ist der] Signifikant, der im Anderen als Ort des Signifikanten der Signifikant des Anderen als Ort des Gesetzes [ist] « (Lacan 1966, S. 583).

16 Lacan (1971b, S. 168, 16.6.1971) spielt an auf Jesaja 46, 7: »Der Name des Vaters ist wirksam, weil [immer] einer aufsteht um zu antworten.«

17 »Der Repräsentant der Repräsentation [= $\phi(\dot{\varepsilon}\phi(\varepsilon))$] in [ihrer] absoluten Bedingtheit *(condition absolue)* befindet sich an seinem Ort im Unbewussten [$\phi(\xi)$ ist Funktion], wo er das Begehren verursacht [= die Repräsentation als begehrenswert setzt] entsprechend der Struktur des Phantasmas« (Lacan 1966, S. 814).

tung und Repräsentation. Aus der Struktur der Diagonalisierung rührt auch Freuds Anschauung her, »das eigentlich verdrängende Element [sei] stets das Weibliche« (Freud 1986, S. 263): Der symbolische Vater, welcher Begehren und Gesetz »einigt« (Lacan 1966, S. 824), ist im Unbewussten des Subjekts ein Akt der Mutter, welche durch ihr Begehren $\phi(\xi)$ den (realen) Vater als signifikant setzt, auch wenn diese Setzung als ein »Gesetz des Vaters« in Erscheinung tritt. Umgekehrt ist jeder Mann ein Weib vor dem symbolischen Vater, mit dem seine Frau ihn »betrügt« (Lacan 1957/58, S. 220, 22.1.1958; Lacan 1954/55, 8.6.1955). Die »Auflösung« des Ödipuskomplexes definiert sich durch einen Verzicht, dessen Prinzip allerdings mit einem »Akzeptieren der Kastration« nicht hinreichend artikuliert ist, weil diese so nicht von der imaginären unterschieden werden kann. Zwar eröffnet der dialektische Umschlag des dritten Momentes, indem er die »absolute Bedingtheit« des Begehrens deutlich macht, die Möglichkeit einer Trennung *(séparation)*:[18] Das Begehren des Anderen ist ja nur Gegenstand des Begehrens des Subjekts, sofern das Subjekt Gegenstand des Begehrens des Anderen ist. Wird dies als unzutreffend zugegeben, so löst sich die Beziehung von selbst, da es keinen Sinn macht, etwas zu fordern, das nicht das Begehrte ist. Dies ermöglicht den Ausgang des Ödipuskomplexes: Die Liebe der Mutter, die dem Kind zuteil wird, erlaubt ihm zunächst, das zu sein, was »dem Anderen fehlt«. Aber nun setzt die Mutter ebendiesen Signifikanten $\acute{\varepsilon}\phi(\varepsilon)$ als signifikant, und diese Bestätigung ihrer Liebe eröffnet zugleich die Möglichkeit, dass ihr Begehren sich anderswohin wendet. Weil in der Freiheit des Anderen die Liebe ihren eigentlichen Gegenstand findet, wird sein Verlust als Gegenstand akzeptabel, ja es darf gesagt werden, dass das Begehren des Kindes zugleich mit der Kastration der Mutter entsteht: Beide sind einander nicht alles. Der Verzicht auf das Liebesobjekt ist nur die imaginäre Darstellung der »Setzung« des Begehrens, nicht ihr Prinzip. Er betrifft nicht den Anderen *selbst*, sondern nur seine Gegenständlichkeit. Auf die Frage »Was will das Weib?« antwortet der Signifikant des »symbolischen Vaters«: Sicher-

18 Der »Umschlag, der nicht einfach Negation der Negation ist« (Lacan 1966, S. 691), »kehrt das Unbedingte der Forderung um in die Macht der absoluten Bedingtheit (wobei ›absolut‹ auch Trennung bedeutet)« (ebd., S. 814). So »behauptet sich [das] Begehren als absolute Bedingung *(condition absolue)*« (ebd., S. 629).

lich zunächst das Kind als Ersatz für den fehlenden Phallus, insofern sie nämlich selbst noch Kind ist. Aber als Frau will sie, dass der Andere, als Mutter, dass das Kind begehrt. Das Subjekt muss seinerseits darauf verzichten, das zu sein, was der Mutter fehlt, um sich als begehrender Phallus wiederzufinden, es rettet sein Begehren gerade durch den Verzicht. Aber dessen Prinzip, der symbolische Vater, ist in der natürlichen Sprache nicht ausdrückbar, ohne durch Freges Paradox auf eine Bestimmung des realen reduziert zu werden. Dies verursacht die Unklarheit in Lacans Darstellung des dritten Moments des Ödipuskomplexes (exemplarisch in Lacan 1957/58, S. 203–233, 22. und 29.1.1958): Der Vater erscheint als »Gebender« im Lichte der mütterlichen Forderung, als »Verbietender« im Lichte der kindlichen. Lacan beschreitet zunächst den ersten Weg: War der Vater zuvor lediglich der, der »hat, was der Mutter fehlt«, so ist er nun »als Symbol konstituiert« und dies erlaubt ihm, wirksam aufzutreten und die Mutter zufriedenzustellen (Lacan 1959/60, S. 498, 29.6.1960), indem er »gibt, was er hat« (Lacan 1957/58, S. 231, 29.1.1958). Aber was er »hat«, ist ja nichts, als Repräsentant des Begehrens der Mutter zu sein. Hat er zu geben, so nur darum, weil die Mutter ihm gibt, das heißt ihn zum Repräsentanten ihres Begehrens bestellt: Was der Vater »im Sprechen der Mutter darstellt«, sein »imaginäres« Prestige, ist nicht dasselbe wie das, was Lacan (1966, S. 578f.; 1957/58, S. 218, 22.1.1958) als ihre »Beziehung zu seinem Sprechen« davon emphatisch, aber letztlich erfolglos abzugrenzen versucht. Das »Gegebene« ist das Begehren *selbst*, nicht der Phallus, den er nur deshalb für sie haben kann, weil er für sie Phallus ist. Lacans Beschreibung des dritten Moments ist inkonsistent: Liebe ist »Geben, was man hat« (Lacan 1957/58, S. 219, 22.1.1958) und zugleich »Geben, was man nicht hat« (Lacan 1956/57, S. 141f.). Wird dagegen das »Begehren des Vaters« vom Kinde eingefordert, so erscheint es als Verbot, denn auf die kindliche Forderung nach der väterlichen »Intervention« antwortet die Forderung des Vaters nach der Mutter, und nur als solche kann sie gefordert werden. Der kleine Hans ruft aus, »du tust eifern, das weiß ich, das muß wahr sein« (Freud, GW VII, S. 318), und für Lacan weist er damit den Vater sehr dringlich auf seine Aufgabe hin. Aber dessen Versäumnis *(carence paternelle)* (Lacan 1956/57, S. 265, 288, 322, 331, 343, 389f., 402) besteht nicht in der Unterlassung eines »glaubhaften« Verbots – gleichviel, ob sich dieses an das Kind oder an die Mutter richtet –, sondern der Angelpunkt des Falles ist vielmehr dessen Unwirksamkeit, und zwar bei der Mutter (Lacan 1957/58, S. 218, 22.1.1958) und nur darum beim Kind. Die »Intervention« des Vaters, deren Notwendigkeit Lacan zugleich betont und relativiert, ist in keinem Sinne Ursache des Begehrens, und die Kastrationsdrohung ihrem Wesen nach eine Projektion des Knaben auf den Vater (Freud, GW VII, S. 246f.; Jones 1932, S. 464ff.; Lacan 1957/58, S. 192, 15.1.1958). »Ursache des Begehrens« *(cause du désir)* ist das Begehren des Vaters, nicht seine Intervention. Man erzieht durch Beispiel: Entscheidend ist nicht, dass der Vater die Mutter vom Kind zurückfordert, sondern dass er sie zurückgewinnt.

Das Gesetz des Begehrens und die Ethik der Psychoanalyse

Zu den wesentlichen, nur aus der formalen Struktur zu verstehenden Auskünften der Theorie gehört der Ursprung des Gesetzes. Lacan betrachtet die Erklärung des Inzestverbotes durch väterliche Repression als gescheitert und leitet das Gesetz aus der Natur der Sprache ab. Dies ist keineswegs aus einer durch den Spracherwerb verursachten Entfremdung des Menschen seiner biologischen Grundlage gegenüber zu erklären, sondern sprachphilosophisch aus der Struktur der Diagonalisierung. Die »Setzung des Begehrens« $\phi(\dot{\varepsilon}\phi(\varepsilon))$ erweist sich als falsch, denn $\dot{\varepsilon}\phi(\varepsilon)$ ist keine Funktion, sondern ein Gegenstand und fällt daher nicht unter den Begriff $\phi(\xi)$. Wahr ist vielmehr ihre Verneinung $\sim \phi(\dot{\varepsilon}\phi(\varepsilon))$, welche einzig in der formalen Sprache exakt artikuliert ist, in der natürlichen Sprache dagegen nur als »der Begriff $\phi(\xi)$ ist kein Begriff« oder »es lohnt nicht zu begehren« angedeutet werden kann. Die »Setzung des Signifikanten als signifikant« behält also die Form einer Prädikation: Es stellt sich keineswegs eine Identität von Subjekt und Objekt her, wie die Parallele zu Hegels Dialektik suggeriert (Lacan 1966, S. 691; Juranville 1984, S. 127, §22), sondern eine solche wird lediglich, und zwar fälschlicherweise, behauptet. Der »symbolische Vater« eröffnet die Erfahrung eines aufgrund (1) nicht vorherzusehenden Realen: Das Begehren kann nicht *salva veritate* »gesetzt« werden, das »Gesetz des Begehrens« ist

~ ϕ(ἐϕ(ε)). Daher Freuds Intuition, »etwas am Wesen der [Sexual-] Funktion selbst versage uns die volle Befriedigung und dränge uns auf andere Wege« (Freud, GW XIV, S. 465), daher der »paradoxale, deviante, erratische, exzentrische und skandalöse« Charakter des Begehrens, welchen Lacan (1966, S. 690) emphatisch betont. Lacan gibt zwar nicht die Struktur der Diagonalisierung, registriert jedoch genau deren Konsequenzen: Das Subjekt, welches im Unbewussten die Signifikanz des Signifikanten setzt, ist ein »Lügner«.[19] Sein Begehren stellt sich ihm in der Form der Verneinung *(dénégation)* dar, als das, was es »nicht will« (Lacan 1966, S. 815). Daher das Unbeantwortbare, ja Unverantwortliche der Überich-Fragen »Was willst Du ›wirklich?‹«, »Hast Du Dein Begehren realisiert?« bzw. »Hast Du nach Deinem Begehren gehandelt?« (Lacan 1958/59, S. 416; 1966, S. 815; 1959/60 u.v.a.). Dies zu bejahen, verbietet das Wesen des Gesetzes als »moralisches Interesse des Subjekts, sich selbst anonym zu bleiben« (Benjamin 1974, Bd. 6, S. 59), wie sich durch die Deutung der Formel ~ ϕ(ἐϕ(ε)) erschließt. Vorab auszuschließen ist die Interpretation, nach der ein absolutes Objekt des Begehrens *(Chose)* zwar existiert, aber verboten und deshalb nicht zu erlangen ist: Die Verneinung ist kein Modalbegriff. Das Begehren konstituiert sich nicht, wie Lacan mitunter (Lacan 1962/63, S. 83, 16.1.1963; 1959/60, S. 109) andeutet, durch ein Verbot. Ferner könnte ~ ϕ(ἐϕ(ε)) besagen, dass ein absolutes Objekt nicht existiert, da der Andere wohl Gegenstand für das Subjekt werden kann, aber nicht *als solcher*. Der Signifikant würde demnach das Begehren hervorrufen, lässt es aber letztlich ohne *eigentlichen* Gegenstand, und in diesem Sinne impliziert das Begehren die Kastration (Juranville 1984, S. 201). Um dieses Begehren aber angesichts seiner Gegenstandslosigkeit (dem Korrelat von Freuds »Todestrieb«) aufrechtzuerhalten, wird ein Gesetz erfordert, welches gleichwohl ein gegenständliches Objekt mit einer relativen Signifikanz auszeichnet und so »zu begehren gebietet« (Juranville 1984, S. 107 und 199–207). Allein dies war die Leistung von ϕ(ἐϕ(ε)), während ~ ϕ(ἐϕ(ε)) gerade besagt, dass ἐϕ(ε) nicht signifikant ist: Das so konstituierte »Objekt für das Begehren« ist nur Objekt des Triebes und an sich

19 »Auf der Ebene des Unbewußten lügt das Subjekt. Und diese Lüge ist seine Art, [über das Böse] die Wahrheit zu sagen« (Lacan 1959/60, S. 118).

selbst nicht begehrenswert. Auch kommt die Einführung eines normativen Gesetzes nicht über Freuds *petitio principii* hinaus, nach der das kollektive Schuldgefühl nach der Vatertötung die Inzestschranke errichtet, obwohl dessen Genese ja gerade erklärt werden soll (Lacan 2001, S. 49). Der von Lacan konzipierte Imperativ des »Nicht-Nachgebens im Begehren« *(ne pas céder sur son désir*; Lacan 1959/60, S. 515f., 6.7.1960) ist zwar praktizierbar, kann aber nicht ohne Widerspruch artikuliert werden, denn die Frage »Hast Du Deinem Begehren entsprechend gehandelt?« (ebd., S. 507, 6.7.1960) erheischt zu ihrer Beantwortung die Bestimmung eines Handlungszieles, eines Telos, welches immer nur eine Metapher des Begehrens des Anderen sein kann, nie *dieses selbst*. Mit der bloßen Artikulation wird die Frage zur Überichforderung. Vielmehr erschließt sich das Gesetz des Begehrens durch die Betrachtung von $\sim \phi(\dot{\varepsilon}\phi(\varepsilon))$. Denn zum einen ist das »absolute Objekt« zwar in gewissem Sinne Zentralbegriff der Theorie, hat aber im System keine formale Darstellung, denn $\phi(\xi)$ kann nicht Argument seiner selbst sein. Das »Gesetz des Begehrens« besagt denn auch nichts über dieses absolute Objekt *selbst*[20] – und *a fortiori* auch nicht, dass es nicht existiert –, sondern lediglich etwas über seinen jeweils besonderen Repräsentanten: Weil dieser sich als $\dot{\varepsilon}\phi(\varepsilon)$ darstellt, ist er nicht das *eigentliche* Objekt des Begehrens. Was als ihre natürliche Grenze der Forderung Einhalt gebietet, ist die Kontingenz des Gegenstandes, Lacans *»c'est pas ça«* (1957/58, S. 506, 11.6.1958; 1971a, 9.2.1972). Zum anderen richtet $\sim \phi(\dot{\varepsilon}\phi(\varepsilon))$ die kategoriale Differenz ein, und mit ihr das Begehren. Dies kann charakteristischerweise nur durch eine Verneinung geschehen: Es wird gesagt, $\dot{\varepsilon}\phi(\varepsilon)$ sei keine Funktion, sondern ein Gegenstand. Das »sexuelle Gut« (Freud, GW XIV, S. 326) ist Objekt des Triebes, nicht des Begehrens, und es ist immer möglich, mit Joyce (1934, S. 783) von ihm zu sagen *»as well him as another«*, weil es nicht der Andere *selbst* ist. Was diesen betrifft, übt die Theorie strengste Zurückhaltung, sie schafft wahrhaftig eine Zuflucht »vor dem Subjekt für das Subjekt« (Lacan 1966, S. 100): Keine Aussage über das zu Erwartende wäre abzuleiten, und insbesondere hindert nichts daran, den gegenwärtigen Anderen als Metapher *seiner*

20 »Ich spreche nicht von dem ›Ding‹, weil man davon nicht sprechen kann: ich lasse es selbst sprechen« (Lacan 1971/72, 8.3.1972).

selbst zu nehmen. Es besteht daher für die Theorie des Begehrens keine Veranlassung, ein positives Gesetz gegen ein negatives abzugrenzen. Diese sind vielmehr identisch: Das »Verbot«, ein bestimmtes Objekt wie die Mutter für das absolute zu nehmen – dies ist für Lacan der Sinn des Inzestverbotes –, ist formal exakt dasselbe, wie das »Gebot« zu begehren, welches nichts weiter ist als das Aussprechen der Differenz. Dass der Gegenstand des Begehrens als austauschbar gesetzt werden muss, hindert nicht, den Anderen über seine Gegenständlichkeit hinaus zu lieben. So fallen in der Buchstäblichkeit des Gesetzes der Respekt des Inzestverbotes und seine Außerkraftsetzung zusammen. Gesetz und Begehren sind *im Grunde* identisch, ihr Gegensatz ein Artefakt der Repräsentation.[21] Das Begehren richtet sich auf das »absolute Objekt«, welches der Andere *selbst* ist, und wird dadurch aus sich selbst heraus, ohne einen äußerlich hinzukommenden Imperativ, zum »Gebot« der Objektlosigkeit, welches sich unter den gegebenen semantischen Bedingungen als »Verbot« eines Objektes darstellt. Die von Lacan (1966, S. 821f.) behauptete Homonymie von *interdit* (»verboten«) und *inter-dit* (»nur zwischen den Zeilen ausdrückbar«) gilt von dem absoluten Objekt des Begehrens – aber dort konstituiert sie kein »Verbot« –, bezogen auf die Mutter divergieren dagegen die beiden Bestimmungen und sie erscheint als konstitutiv verboten, gerade weil sie nicht jenes Objekt ist.[22] Anders gewendet: Auf dem Verbot zu insistieren bedeutet, an die Existenz eines absoluten Objekts zu glauben, und dies erfolgt durch die In-

---

21 »Begehren und Gesetz, die sich antithetisch gegenüberzustehen scheinen, sind ein und dieselbe Schranke, welche uns den Zugang zum Ding versperrt« (Lacan 1962/63, S. 67f., 19.12.1962).

22 Das wahre Gesetz, das »Verbot«, die Mutter für das absolute Objekt zu halten, ist nicht das Verbot ihres Besitzes. »Der Ödipusmythos bedeutet nichts anderes, als daß in seinem Ursprung das Begehren, das Begehren des Vaters und das Gesetz ein und dasselbe sind; die Beziehung von Gesetz und Begehren ist so eng, daß die Funktion des Gesetzes allein schon den Weg des Begehrens vorzeichnet, daß das Begehren als Begehren der Mutter, nach der Mutter, mit der Funktion des Gesetzes identisch ist. Indem das Gesetz sie untersagt, gebietet es sie zu begehren. [...] Denn die Mutter ist ja nicht an sich selbst der begehrenswerteste Gegenstand. Wenn alles sich um das Begehren der Mutter ordnet, wenn davon ausgehend sich herausstellt daß die Frau, die man vorziehen muß – denn darum handelt es sich – eine andere ist als die Mutter, was heißt das? wenn nicht, daß ein Gebot sich aufdrängt, in der Struktur des Begehrens selbst deutlich wird, daß, um alles zu sagen, man aufgrund eines Gebotes begehrt. Denn was will der Ödipusmythos besagen, wenn nicht, daß das Begehren des Vaters das Gesetz macht« (Lacan 1962/63, S. 83, 16.1.1963).

terpretation des Gesetzes $\sim \phi(\dot{\varepsilon}\phi(\varepsilon))$ als Verbot, um an dem Glauben an die Existenz eines absoluten Objekts festzuhalten und so »das Begehren zu verdrängen« (Juranville 1984, S. 199–206). Hieraus resultiert die entstellte Auffassung des Neurotikers, der »sich vorstellt, der Andere verlange seine Kastration« (Lacan 1966, S. 826). Für den Neurotiker ist die Kastration allerdings ein »Eintritt in die Sprache« und Verzicht auf ein vorsprachliches Objekt, und die Forderung des Vaters (oder Analytikers), diesen Verzicht zu leisten, wird für ihn zum Motor des Begehrens (vgl. René Girards Theorie des »symbolischen Ödipus«; Juranville 1984, S. 107). Seine Aporie beruht auf folgendem Fehlschluss: Ist das Gesetz Verbot und konstituiert das Gesetz das Begehren, so macht offenbar das Verbot das Verbotene begehrenswert. Hierbei ist es völlig gleichgültig, ob es sich um die Forderung eines gegenwärtigen (wie bei Freud) oder abwesenden, gar »nichtexistenten« Anderen handelt (wie bei Lacan). Das Missverständnis als eine Beziehung zum »Namen des Vaters« als Objekt macht aus seiner Funktion *(fonction paternelle)* in jedem Falle ein heteronomes Gesetz. Der »Name des Vaters« ist gegenständlicher Anhaltspunkt *(support)* der »symbolischen Funktion« (Lacan 1966, S. 278), nicht *diese selbst.* Die kurrente Ideologie der »Symbolisierung« unterschlägt dies, sie leistet als zeitgemäße Überichforderung nicht die mindeste Garantie einer korrekten Praxis, sondern führt im Gegenteil dazu – nicht anders als dies unter dem Alibi der »Gegenübertragung« praktiziert wird –, vom Patienten direkt oder indirekt das »Akzeptieren der Kastration« zu fordern. Die Kur wirkt dann im Sinne der Verdrängung: Indem man die imaginäre Kastration fordert, vermeidet man die symbolische. Das Resultat ist die Introjektion des Penis des Analytikers, welche zu erzwingen versucht, was nur vom Subjekt selbst kommen kann: der Wunsch, dem »symbolischen Vater« $\phi(\dot{\varepsilon}\phi(\varepsilon))$ mit der Umschrift als $\dot{\varepsilon}\phi(\varepsilon) \cap \dot{\varepsilon}\phi(\varepsilon)$ Realität zu verleihen. Dies zu ermöglichen, erfordert eine adäquate Berücksichtigung des paradoxen Charakters der Repräsentation. Dass das Gleichgewicht von Gegenständlichkeit und Nichtgegenständlichkeit des Begehrens in der Symbolik des Unbewussten systematisch in der Schwebe bleibt, bis es in eine Entscheidung des Subjekts mündet, ist die Grundkoordinate der Interpretation in der psychoanalytischen Kur. Und Lacan verfehlt nicht, dem durch eine kluge Zurückhaltung Rechnung zu tragen. An keiner Stelle seines Werkes begegnet etwa der Satz, der Mensch müsse die Kastration akzeptieren. Aber diese Zurückhaltung ist bei ihm nicht auf den Begriff gebracht, und mangels einer formalen Theorie des Paradoxes bleibt die Interpretation auf halbem Wege stehen und gerät mitunter zur Aporie. So enthält der Traum, dass der Vater wieder am Leben, aber doch gestorben war und es nur nicht wusste, einen Todeswunsch (Freud, GW II/III, S. 432), aber dieser ist für Lacan seinerseits Ausdruck des Wunsches, der Vater solle unsterblich sein.[23] Man tötet den Vater, um ihn – dies ist die Wunscherfüllung des Traums – am Leben zu erhalten. Daher Freuds Auffassung der Religion als Totemismus: Einer muss Gott sein, damit ihm als Urheber die Kastration zur Last gelegt und er geopfert werde. Die christliche Entsühnung durch das Opfer ist ein unausgesprochenes Eingeständnis des vorausgegangenen Mordes an Gott (Freud, GW XVI, S. 244), aber was hier »getötet« wird, ist nicht, wie Freud vermeint, der reale Vater, sondern der symbolische – derjenige, der bereits tot ist (Lacan 1966, S. 812), es aber nicht weiß, und dem es zu sagen, ihn zu töten hieße. Dechiffriert man die mythische Verkleidung, so bedeutet dies: Der Satz $\phi(\dot{\varepsilon}\phi(\varepsilon))$ ist falsch, aber das sprechende Subjekt supponiert »ohne es zu wissen« seine Wahrheit, und die Umschrift in $\dot{\varepsilon}\phi(\varepsilon) \cap \dot{\varepsilon}\phi(\varepsilon)$, welche den symbolischen Vater $\phi(\xi)$ durch seinen Repräsentanten $\xi \cap \dot{\varepsilon}\phi(\varepsilon)$ ersetzt – der »Mord Gottes« besteht nicht sowohl in der Tötung des Opfers als in der Inkarnation Gottes im Opfer –, würde ihn nichtsdestoweniger »wahr machen«. Denn wenn $\dot{\varepsilon}\phi(\varepsilon) \cap \dot{\varepsilon}\phi(\varepsilon)$ wahr ist, so muss $\phi(\dot{\varepsilon}\phi(\varepsilon))$ aufgrund (1) ebenfalls wahr gewesen sein, und Gott wird durch den Mord rekonstituiert: »Wollte man auf [das] Glück [, Gottes auserwähltes Volk zu sein,] nicht verzichten, so bot das Schuldgefühl ob der eigenen Sündhaftigkeit eine willkommene Entschuldung Gottes« (Freud, GW XVI, S. 243). Man tötet Gott, um ihm seine Nichtexistenz nicht zur Last legen zu müssen.[24] Diese »Entsühnung« ist aber die Perpetuierung des Mordes selbst, das Erklären der Kastration aus

---

23 Lacan (1969/70, S. 126, 18.3.1970) folgt hier der Interpretation von Stein (1968; vgl. auch Lacan 1971b, 155f.).

24 »Die Erfahrung zeigt, daß [das Genießen] mir für gewöhnlich verboten ist, und dies [...] durch die Schuld des Anderen, falls er existiert: da dieser Andere aber nicht existiert, bleibt mir nur die Schuld auf mich zu nehmen, das heiße an das zu glauben, wohin die Erfahrung uns alle führt, und Freud zuallererst: an die Erbsünde« (Lacan 1966, S. 820).

der Intervention des Vaters ihre Verdrängung. Daher der »unabgeschlossene und unabschließbare Charakter« des Komplexes, die paradoxe Rückkehr der »unterdrückten Gottesfeindschaft« und der »geheimen Absichten der Bestrafung« Gottes (ebd.), welche in Freuds Argument nicht unmittelbar einleuchtet. Denn der tote Vater kann ja nicht mehr sterben, ist also »unsterblich«, während formal $\phi(\xi)$ *(père mort)* und $\dot{\varepsilon}\phi(\varepsilon)$ *(père immortel)* sich unterscheiden und lediglich aufgrund von Freges Paradox verwechselt werden.[25] Daher bleibt auch nach der Beseitigung des Urvaters das Genießen verboten, und die in seinem Namen geleistete Transformation der Libido in Triebverzicht verstärkt das Unbehagen. Das neurotische Schuldgefühl ist Symptom einer »symbolischen Schuld«: Aus der Sicht des Gesetzes ist die Repräsentation des symbolischen Vaters im Phallus – die Anrufung des »Namens des Vaters« zu dem Zweck, eine Forderung an ihn zu richten – »Setzung« eines *falsum*, des »falschen« $\phi(\dot{\varepsilon}\phi(\varepsilon))$. Wie die formale Rekonstruktion sichtbar macht, beruht diese Analyse unmittelbar auf der Logik der Struktur. Sie setzt aber aus eben diesem Grund zugleich die Sichtweise des Neurotikers absolut (Juranville 1984, S. 121, 172, 196, 226, 239, 277) und bietet darum keinerlei Handhabe, den imaginierten Vatermord als eine pathologische Verzerrung der Struktur von dieser selbst abzugrenzen. Daher bleibt trotz der Pertinenz der Gedanken das Wesentliche der von Freud angedeuteten Idee auf der Strecke. Denn dieser Mord ist keine mythische Erbsünde, sondern real, er wiederholt sich überall da, wo der »Tod Gottes« nicht akzeptiert wird, das heißt, wo man dem Vater nicht verzeihen will, das Begehren weitergegeben zu haben.

Das vierte Moment

Mit der Umschrift von $\phi(\dot{\varepsilon}\phi(\varepsilon))$ als $\dot{\varepsilon}\phi(\varepsilon) \cap \dot{\varepsilon}\phi(\varepsilon)$ kommt das »Paradox des Begehrens« zur formalen Darstellung: Obwohl $\phi(\dot{\varepsilon}\phi(\varepsilon))$ als falsch zu bewerten war, wird es durch seine Umschrift »wahr gemacht«, da $\acute{\varepsilon}\phi(\varepsilon) \cap \acute{\varepsilon}\phi(\varepsilon)$ unabhängig von seiner Herleitung aus $\phi(\dot{\varepsilon}\phi(\varepsilon))$ gilt – jeder

25 So bei Cottet (1989, S. 58): »[D]er auf sein reines Symbol reduzierte Vater ist immortalisiert, er kann nicht verrecken.«

Gegenstand ist mit sich selbst identisch[26] – und (1) die Bedeutungsgleichheit der beiden Sätze fordert. Zum einen wird also das Begehren trotz des Fortbestehens der Kastration gerechtfertigt und mit ihm die zuvor mit dem Ausdruck $\phi(\dot{\varepsilon}\phi(\varepsilon))$ verbundenen Konsequenzen, welche einen »Ausgang« des Ödipuskomplexes definieren.[27] Zum anderen aber ist wegen der Unumkehrbarkeit der Repräsentation die Formel $\dot{\varepsilon}\phi(\varepsilon) \cap \dot{\varepsilon}\phi(\varepsilon)$ in ihrer fertigen Gestalt nicht mehr als Umschrift von $\phi(\dot{\varepsilon}\phi(\varepsilon))$ erkennbar. Es ist dem Prädikat $\xi \cap \dot{\varepsilon}\phi(\varepsilon)$ nicht mehr ohne Weiteres anzusehen, ob es als Umschrift von $\phi(\xi)$ gebraucht wird oder nicht; die charakteristische Struktur der Diagonalisierung besteht nur im Augenblick und verwischt sich wieder mit ihrer Repräsentation. Man darf daher von einer »Urverdrängung« sprechen, welche den symbolischen Vater im Phallus repräsentiert, blasphemisch und sublim in einem (Lacan 1971b, S. 168, 16.6.1971). Dazu kommt die Korrelation von $\xi \cap \dot{\varepsilon}\phi(\varepsilon)$ mit einem empirisch aufweisbaren Gegenstand, dessen Wahl zwar durch den anatomischen Geschlechtsunterschied nahegelegt wird – das Kind vermutet, der Vater sei Gegenstand des Begehrens der Mutter, weil er »hat, was sie nicht hat« –, aber aus diesem nicht streng ableitbar ist: Der Repräsentant des Begehrens ist der Phallus. Diese vierte, extralogische Grundannahme, welche $\dot{\varepsilon}\phi(\varepsilon)$ mit einem realen Gegenstand identifiziert, bringt die Struktur des Begehrens zum Abschluss. Sie ermöglicht nun eine nachträgliche, regressive Interpretation des Signifikanten $\dot{\varepsilon}\phi(\varepsilon)$ (Lacans *futur antérieur*): Was dem Anderen fehlt, wird zuletzt als der Phallus deutlich. Umgekehrt ist Freuds Primat des Phallus ein Primat der Repräsentation, denn nur als Repräsentiertes kann das Begehren bewusst werden. Lacans Satz »der Phallus ist ein Signfikant« (1966, S. 690) wird verständlich als »wir haben nur eine Libido«, nämlich die Funktion $\phi(\xi)$, »die sich männlich gebärdet«, das heißt deren Repräsentant $\dot{\varepsilon}\phi(\varepsilon)$ ist (siehe oben). Das begehrende Subjekt stellt sich als phallisch vor, auch wenn es des Organs ermangelt. Aber das

---

26 Quine (1981, S. 122) interpretiert die Teilmengenbeziehung $\xi \cap \zeta$ (bzw. $\in$) für Argumente, die Gegenstände, aber keine Mengen sind, als Identität.

27 Die Rede vom »Setzen des Setzens« (Juranville 1984, S. 126) ist also mehrdeutig: Handelte es sich zunächst um den Übergang von $\dot{\varepsilon}\phi(\varepsilon)$ zu $\phi(\dot{\varepsilon}\phi(\varepsilon))$, so ist es nunmehr die Verwandlung von $\phi(\dot{\varepsilon}\phi(\varepsilon))$ in $\dot{\varepsilon}\phi(\varepsilon) \cap \dot{\varepsilon}\phi(\varepsilon)$. »Der Schein ist nur von der Wahrheit aus auszusprechen/zu benennen, die Wahrheit kann nur Scheinhaftes über das Genießen sagen« (Lacan 1971b, S. 144).

Begehren und sein Repräsentant sind nicht *dasselbe*, und diese Differenz kann durch die Unterscheidung von »symbolischem« und »imaginärem« Phallus nicht hinreichend ausgedrückt werden, auch nicht als Mangel des letzteren (Lacans »-φ«).[28] Es besteht eine »grundsätzliche Ambiguität« zwischen »symbolischer« und »imaginärer« Kastration (Lacan 1983, 161): Die »Gegenstandslosigkeit« des Begehrens ist nicht *eigentlich* der Verlust oder Mangel des Penis, als der sie im Phantasma erscheint, sie ist lediglich nicht anders repräsentierbar. Es besteht der Schein eines »Phallogozentrismus« (Derrida 1975), während in Wahrheit ἐϕ(ε) und ϕ(ξ) divergieren. Die Vorstellung, der Penis würde durch sein Verschwinden zum Phallus (Lacan 1966, S. 692), ist daher so irreführend wie die eines Eintritts in das Begehren durch die Kastration. Sobald von dieser gesprochen wird, handelt es sich *eo ipso* um die imaginäre: Auch am »Ort des Anderen« ist der »Signifikant Phallus« Gegenstand gut wie das »Organ Penis«, denn sein Mangel macht das Begehren nicht als Funktion deutlich. Ist aber die kategoriale Differenz nicht als Fehlen eines Gegenstandes ausdrückbar, so kann man nicht sagen, jemand »verwechsle die imaginäre Kastration mit der symbolischen«, ohne zugleich selbst auf den *status quo ante* dieser Unterscheidung zurückzufallen. Lacans Programm einer Rekonstruktion der Sexualtheorie im Lichte der »wahren Logik Freuds« kann unter seinen philosophischen Voraussetzungen nicht eingelöst werden. Es bleibt bei einer pertinenten, aber wesentlich kritischen Betrachtung der Postfreudianer, deren »Psychologismus« in einer entwicklungspsychologischen Interpretation der Dialektik des Begehrens besteht. Diese unterschlägt die Ambiguität in Freuds Definition der phallischen Phase, welche einerseits durch den Glauben des Kindes bestimmt wird, alle Menschen hätten ein Genitale »wie das seinige«, andererseits aber durch die Annahme, der Geschlechtsunterschied werde durch den Besitz oder das Fehlen eines einzigen Merkmals definiert, nämlich des Penis (Freud, GW XIII, S. 294f.). Da die erste Annahme die Entdeckung des anatomischen Geschlechtsunterschiedes ausschließt, die zweite ihn voraussetzt,

28 Der Phallus »repräsentiert nur partiell die Funktion, die ihn produziert« (Lacan 1966, S. 817), er »antwortet an dem Ort, an dem sich der Mangel des Signifikanten produziert« (Lacan 1983, S. 161).

unterscheidet Jones (1932, S. 453) zwei diachrone Entwicklungsphasen, eine proto- und deuterophallische Phase, und erzwingt damit eine anatomische Interpretation des bei Freud essenziell undefinierten Prädikates »wie das seinige«. Damit ist ein unaufklärbares Missverständnis geschaffen: Freud spricht von einem Analogieschluss des Kindes von der Universalität des Begehrens $\phi(\xi)$ auf die Beschaffenheit des Organs, Jones (1932, S. 454, l. 10) dagegen unmittelbar von dem narzisstischen Interesse am Penis $\xi \cap \dot{\varepsilon}\phi(\varepsilon)$.[29] Im Falle des Knaben bleibt die Homonymie unbemerkt, es resultiert aber eine Inkonsistenz in der Herleitung der Kastrationangst: Ist die Kastration der Mutter Straffolge einer »phallischen« Betätigung im Sinne des Ödipuskomplexes, so ist kein Szenario konstruierbar, in dem der supponierte elterliche Akt bestehen könnte. Im Falle des Mädchens ergibt sich dagegen die »intuitiv falsche«, aber von Freud hartnäckig verteidigte Konsequenz eines primordialen, also vor der Entdeckung des anatomischen Geschlechtsunterschiedes bestehenden Phallizismus. Diese Schwierigkeiten entstehen durch Freges Paradox, formal dagegen ist die vom Begehren implizierte Kastration nicht die Wegnahme des Penis, sondern erscheint nur als solche, und der Phallizismus des Mädchens ist zwar »zurückfantasiert«, aber dennoch die primordiale Vorstellung des Subjekts von sich selbst als begehrendem Wesen. Die Aporie löst sich im Lichte der von Lacan intendierten Theorie, nicht aber für Freud in seiner Diskussion mit den Postfreudianern, in der sowohl die Annahme des primären wie des sekundären Charakters der phallischen Phase inkonsistent erscheint. Jones (1935, S. 489f.) versucht die Differenz zu artikulieren: Hasst das Mädchen die Mutter, weil diese seinen Wunsch, die Klitoris möge ein Penis sein, enttäuscht hat, oder ist umgekehrt der Penisneid Ausdruck seines Hasses gegen die Mutter? Liebt es den Vater, weil es von ihm das

29 Jones unterstellt unwillkürlich, Phallus und Klitoris würden vor der Entdeckung des anatomischen Geschlechtsunterschiedes als »männlich« gewertet. »I will first remind you that in Freud's description of the phallic phase the essential feature common to both sexes was the belief that only one kind of genital organ exists in the world – a male one« (Jones 1932, S. 453). Vgl. bereits Freuds Reaktion auf Jones (1927): »However, I also sense a misunderstanding between us. Can it be that what you denote as the phallic phase in the girl means something different to us; that you make a distinction between phallic and clitoral, which mean the same to us? It seems to me to be so« (Paskauskas 1993, S. 690, 23.1.1932).

fehlende Organ zu erhalten hofft, oder wünscht es, einen Penis zu besitzen, wegen der Aussichtslosigkeit dieser Liebe? Die beiden Alternativen sind in Wahrheit identisch: Wenn das Begehren des Kindes als Wunsch bewusst wird, Phallus für den Anderen zu sein, wird $\dot{\varepsilon}\phi(\varepsilon)$ als Repräsentant eines Begehrens betrachtet, während sich die Bedeutung des Termes bei der an die Mutter gerichteten Forderung, einen Penis für sich selbst zu haben, auf einen bloßen Gegenstand reduziert. Dies ist aber in beiden genannten Fällen gleichermaßen der Fall, ebenso wie bei der Forderung nach der vom Vater zu erhaltenden Gabe, welche als Gabe – gleichviel ob Phallus oder Kind – nicht das Begehren *selbst* ist. Liebe und Hass kommen nicht zur »Entmischung« – und werden lediglich im »ödipalen Konflikt« auf das Elternpaar aufgeteilt –, weil die Forderung nach dem Phallus bereits an sich selbst die Verdrängung des Begehrens darstellt. Das Subjekt »interpretiert« die Kastration als Frustration seines Bedürfnisses durch den Anderen, denn der Hass auf diesen erhält den Glauben an die Existenz des Geforderten.[30] Das neurotische Symptom imponiert als Spaltung (einander widersprechender Ichpositionen), ist aber tatsächlich Vermeidung einer Spaltung (der kategorialen Differenz), entsprechend Freuds Konzeption einer »Ichspaltung im Abwehrvorgang« (Freud, GW XVII, S. 59f.): Festhalten am Signifikantenwert des Phallus bei gleichzeitiger Verleugnung der symbolischen Kastration $\sim \phi(\dot{\varepsilon}\phi(\varepsilon))$, welche denselben konstituiert. Das Mittel hierzu ist die Verdrängung der formalen Struktur zugunsten des Scheins, welcher $\dot{\varepsilon}\phi(\varepsilon)$ und $\phi(\xi)$ und damit $\dot{\varepsilon}\phi(\varepsilon) \cap \dot{\varepsilon}\phi(\varepsilon)$ und $\phi(\dot{\varepsilon}\phi(\varepsilon))$ in der natürlichen Sprache identifiziert. Dieser kann nicht durch terminologische Differenzierungen wie die von »Penis« und »Phallus«, »Haben« und »Sein«, »für sich selbst« und »für den Anderen« zerstreut werden, denn diese Begriffe verwandeln sich, von der Gesamtstruktur der analytischen Praxis isoliert, unversehens in Synonyma. Vielmehr handelt es sich um den für die Identität der Geschlechter konstitutiven Schein, welcher mit der Interpretation von $\dot{\varepsilon}\phi(\varepsilon)$ als Phallus die Theorie

30 Mit der These, jede Privation sei im subjektiven Erleben des Kindes einer Frustration äquivalent, macht Jones (1927, S. 442) diesen Mechanismus zur theoretischen Basis, anstatt ihn zu kritisieren. Hatte Lacan (1957/58, S. 360, 26.3.1958) noch die Einführung des Begriffs der *aphanisis* als eine Metapher der »symbolischen« Kastration begrüßt, so versagt er hier die Gefolgschaft.

des Begehrens zu einer Theorie der sexuellen Identifikation des Subjekts und den Ödipuskomplex sekundär zu einem geschlechtsspezifischen Entwicklungsmodell macht. Dabei tritt die immanente Zweideutigkeit der »Geschlechtsidentität« zutage. Finden nämlich beide Geschlechter den Repräsentanten des Begehrens im Phallus, so macht sich mit dem Inkrafttreten dieser Annahme eine Inkongruenz zwischen der Rolle des Terms $\dot{\varepsilon}\phi(\varepsilon)$ in der Entfaltung der ödipalen Dialektik und der Tatsache des Besitzes oder Nichtbesitzes des Organs bemerkbar: Obwohl jene für beide Geschlechter unterschiedslos gilt, scheint das Prädikat $\xi \cap \dot{\varepsilon}\phi(\varepsilon)$ nur auf den Mann, nicht auf die Frau zuzutreffen. Lacan (1957/58, S. 400f.) entwickelt die Konsequenzen: Die Frau empfindet es als Maskerade, Gegenstand des Begehrens des Anderen zu sein, scheint sie doch um dessentwillen begehrt zu werden, was sie »nicht ist« oder »nicht hat«, während ihr eigenes Begehren ihr als Wunsch erscheint, begehrt zu werden, da dessen Repräsentant sich am Ort des Anderen befindet. Die Erfüllung bekommt für sie dadurch eine nostalgische Note, die Kastration wird zu einem Verlassenwerden. Der Mann dagegen »hat« ironischerweise den Phallus, der nicht sein Begehren *selbst* ist, er ist daher nur männlich, insofern er akzeptiert, seine eigene Metapher zu sein (Lacan 1957/58, S. 221, 22.1.1958). Gerade weil der Phallus nur Instrument des Begehrens ist, wirkt die narzisstische »Parade« nicht männlich, sondern feminin (Lacan 1966, S. 695). Sein *eigentliches* Begehren aber scheint er »woanders« suchen zu müssen, da seine Partnerin dessen Repräsentanten ermangelt. Die »Identität« der Geschlechter konstituiert sich im Imaginären, nicht eigentlich durch die Kastration selbst, sondern durch ihre Beziehung zu dieser: Der Mann ist *qua* Phallusträger kastriert, die Frau *qua* kastrierte Phallus. Aber über dieses Imaginäre hinaus muss die psychoanalytische Interpretation dem Phallus einen »unabgestumpften« Sinn (Hamlet IV,7, V. 136, V,2, V. 301) geben: nicht einfach Repräsentant des Begehrens, sondern Repräsentant seiner Setzung. Nicht einfach Ersatz oder Signifikant eines primordial Fehlenden, sondern Symbol einer Entscheidung[31], welche die vom Anderen erhaltene »falsche« Identität zur Metapher der

31 Freud verwendet »phallisch« nicht nur als das Prädikat »Träger des Organs«, sondern konsequent im Sinne einer Aktivität.

»wahren« macht, in der sich das Subjekt für das kontingente Objekt jeweils neu konstituiert. Seine Freiheit kann sich nur realisieren, indem sie sich in der Freiheit des Anderen aufhebt: Das »Weib will« geheiratet werden, der Mann in einer Weise begehren, die verpflichtet. Nach Lacans Intention entschädigt die metaphorische Bedeutung des Phallus als Signifikant eines »Annehmens des Begehrens« für die Asymmetrie seiner Repräsentation. Im »Jenseits des Ödipus« ist der Gegenstand des Begehrens das Begehren des Anderen, und die Liebenden erfahren sich als »eins«. Aber diese Intention kann nicht eingelöst werden, denn die visierte Einheit ist eine durch ihre syntaktische Differenz hervorgebrachte Metapher, während die Umschrift der Formel das Verhältnis umkehrt: Die formale Einheit stellt sich auf Kosten der Differenz der Partner her, ihre Alterität wird metaphorisch. Als vorgestellte ist die sexuelle Beziehung *eo ipso* symmetrisch – $\dot{\varepsilon}\phi(\varepsilon) \cap \dot{\varepsilon}\phi(\varepsilon)$ besagt »ξ begehrt ζ« ebenso gut wie »ζ begehrt ξ«[32] –, und das phantasmatische Bild zeigt ihr »Funktionieren« um den Preis einer Ambiguität der sexuellen Identität der Partner. Scheidet man, wie es hier unternommen wurde, das von Lacan Intendierte von dem begrifflich tatsächlich Geleisteten, so bleibt von Freges informeller Dialektik der Repräsentation letztlich nichts anderes als Russells Paradox (de Rouilhan 1988, S. 92–97): Die Funktion $\phi(\xi)$ kann von ihrem Umfang her nicht ohne Widerspruch prädiziert werden, denn es folgt

$$(4) \qquad \dot{\varepsilon}\phi(\varepsilon) \cap \dot{\varepsilon}\phi(\varepsilon) \quad \leftrightarrow \quad \sim \dot{\varepsilon}\phi(\varepsilon) \cap \dot{\varepsilon}\phi(\varepsilon)$$

Diese Antinomie bestimmt den Phallus als metonymisches Objekt – er ist »da, wenn er nicht da ist« (Lacan 1961/62, S. 220) –, während die klinische Intuition, nach der das Subjekt Phallus *für den Anderen* ist, insofern es *für sich selbst* darauf verzichtet (Juranville 1984, S. 132), nur in der »metaphorischen« Deutung, das heißt in Freges Paradox Raum findet. Eine universalistische Theorie der Sprache gibt uns letztlich keinen Begriff des »Annehmens der Kastration«, welcher den Widerspruch resorbiert – dieser ist für das Subjekt konstitutiv und muss als

32 Lacan (1961/62, S. 176, 4.4.1962) spricht von der »essentiell identifikatorischen Natur des Phallus«.

Symptom ertragen, kann aber im Grunde nicht bewältigt werden. Folgt man der gegebenen Interpretation, so ist dies Lacans Antwort auf die Frage des Endes der Analyse.

Literatur

Benjamin, W (1974): Gesammelte Schriften. Frankfurt am Main (Suhrkamp).
Boehm, F. (1926): Homosexualität und Ödipuskomplex. Internationale Zeitschrift für Psychoanalyse 12, 66–79.
Boolos, G. S.; Burgess, J. P. & Jeffrey, R. C. (2002): Computability and Logic. 4. Auflage. Cambridge (Cambridge University Press).
Brumetz, W. (2007): Zum Begriff des Unbewussten. In: Ruhs, A. & Seitter, W. (Hg.): Unbewußtes Inszenieren. Symptom – Werk – Leben. Wien (Sonderzahl).
Brumetz, W. (2010): Frege's paradox revisited (in Vorbereitung)
Brunswick, R. M. (1940): The preoedipal phase of the libido development. The Psychoanalytic Quarterly 9, 293–319.
Burgess, J. P. (2005): Fixing Frege. Princeton, NJ (Princeton University Press).
Church, A. (1956): Introduction to Mathematical Logic. Princeton, NJ (Princeton University Press).
Cocchiarella, N. B. (1987): Logical Studies in Early Analytic Philosophy. Columbus (Ohio State University Press).
Cottet, S. (1989): Freud et le père, Le père. Métaphore paternelle et fonctions du père: l'Interdit, la Filiation, la Transmission, L'Espace analytique. Paris (Denoel), S. 53–61.
Derrida, J. (1975): Le facteur de la vérité, Poétique. Revue de théorie et d'analyse littéraires 6, 96–147.
Dummett, M. (1981): Frege. Philosophy of Language. 2 Auflage. London (Duckworth).
Frege, G. (1884): Die Grundlagen der Arithmetik. Eine logisch mathematische Untersuchung über den Begriff der Zahl. Breslau (Koebner).
Frege, G. (1893): Grundgesetze der Arithmetik begriffsschriftlich abgeleitet. Jena (Hermann Pohle).
Frege, G. (1990): Kleine Schriften. 2. Auflage. Hildesheim, Zürich, New York (Georg Olms Verlag).
Freud, S. (1891): Zur Auffassung der Aphasien. Eine kritische Studie. Frankfurt/M. (Fischer), 1992
Freud, S. (1986): Briefe an Wilhelm Fließ 1887–1904. Frankfurt/M. (S. Fischer).
Freud, S. (1999): Gesammelte Werke, GW. Frankfurt/M. (Fischer).
Geach, P. (1980): Logic matters. Berkeley, Los Angeles (University of California Press).
Gödel, K. (1990): Collected Works, Vol. II Publications 1938–1974. New York (Oxford University Press).
Hegel, G. W. F. (1970a): Phänomenologie des Geistes. Werke Bd. 3. Frankfurt/M. (Suhrkamp).
Hegel, G. W. F. (1970b): Wissenschaft der Logik. Werke Bd. 5. Frankfurt/M. (Suhrkamp).
Jacquette, D. (2004): Handbook of Philosophical Logic, Vol. 11. 2. Auflage. Dordrecht, Boston, London (Kluwer), Kapitel: »Diagonalization in Logic and Mathematics«.

Jones, E. (1927): Papers on Psycho-Analysis. 5. Auflage. Baltimore (Williams and Wilkins), 1948.
Jones, E. (1932): Papers on Psycho-Analysis. 5. Auflage. Baltimore (Williams and Wilkins), 1948.
Jones, E. (1935): Papers on Psycho-Analysis. 5 Auflage. Baltimore (Williams and Wilkins), 1948.
Joyce, J. (1934): Ulysses. With a foreword by Morris L. Ernst, and the 1933 decision of the U.S. District Court rendered by Judge John M. Woolsey lifting the ban on the entry of Ulysses into the United States. New York (,The Modern Library), 1992.
Juranville, A. (1984): Lacan et la philosophie. Paris (PUF).
Klein, M. (1932): The Psycho-Analysis of Children. Authorized Translation by Alix Strachey. Revised in Collaboration with Alix Strachey by H.A. Thorner. London (The Hogarth Press), 1975.
Kneale, W. & Kneale, M. (1962): The Development of Logic. Oxford (Clarendon Press).
Lacan, J. (1953): Le mythe individuel du névrosé. Ornicar? 17/18 (1979), 289–307.
Lacan, J. (1954/55): Le Moi. Séminaire 1954–1955. Publication hors commerce. Document interne à l'Association freudienne internationale et destiné à ses membres. Paris (Éditions de l'Association Freudienne Internationale), 2003.
Lacan, J. (1956/57): La relation d'objet et les structures freudiennes. Séminaire 1956–1957. Publication hors commerce. Document interne à l'Association Lacanienne Internationale et destiné à ses membres. Paris (Éditions de l'Association Lacanienne Internationale), 2003.
Lacan, J. (1957/58): Formations de l'inconscient. Séminaire 1957–1958. Publication hors commerce. Paris (Éditions de l'Association Lacanienne Internationale), 2003.
Lacan, J. (1958/59): Le désir et son interprétation. Publication hors commerce. Paris (Éditions de l'Association Freudienne Internationale).
Lacan, J. (1959/60): L'éthique de la psychanalyse. Publication hors commerce. Paris (Éditions de l'Association Freudienne Internationale).
Lacan, J. (1961/62): L'identification. Séminaire prononcé à SainteAnne en 1961–1962. Paris (Michel Roussan), 2000.
Lacan, J. (1962/63): L'angoisse. Séminaire prononcé à Sainte-Anne en 1962–1963. Paris (Michel Roussan), 2003.
Lacan, J. (1966): Écrits. Paris (Seuil).
Lacan, J. (1969/70): L'Envers de la psychanalyse. Séminaire de 1969–1970. Édition noncommerciale établi à partir de l'enregistrement sonore. Graz (Grazer Lacan-Seminar), 2007.
Lacan, J. (1971/72): Le séminaire ... ou pire (Séminaire de 1971–1972) suivi de Le savoir du psychanalyste (Conférences à Sainte-Anne). Graz (Grazer Lacan-Seminar), 2009.
Lacan, J. (1971a): ... ou pire. Paris (Éditions de l'Association Freudienne Internationale).
Lacan, J. (1971b): D'un discours qui ne serait pas du semblant. Publication hors commerce. Paris (Éditions de l'Association Freudienne Internationale).
Lacan, J. (1972/73): Encore. Séminaire de 1972–1973. Édition noncommerciale établi à partir de l'enregistrement sonore. Graz (Grazer Lacan-Seminar), 2007.
Lacan, J. (1974): R. S. I. Publication hors commerce. Paris (Éditions de l'Association Freudienne Internationale), 1975.
Lacan, J. (1983): Le transfert dans sa disparité subjective, sa prétendue situation, ses excursions techniques. Séminaire prononcé à Sainte-Anne en 1959–1960. Paris (École Lacanienne de Psychanalyse).
Lacan, J. (2001): Autres Écrits. Paris (Seuil).

Lew, R. (1995): Théorie de la représentance. Cours tenu de octobre 1995 à janvier 1996 au Collège international de philosophie.
Milner, J.-C. (2002): Le périple structural. Figures et paradigme. Paris (Seuil).
Paskauskas, R. A. (Hg.) (1993): The Complete Correspondence of Sigmund Freud and Ernest Jones 1908–1939. Cambridge, London (Harvard University Press).
Quine, W. V. O. (1981): Mathematical Logic, revised edition edn. Cambridge, Massachusetts, London (Harvard University Press).
Quine, W. V. O. (1986): Philosophy of Logic. 2. Auflage. Cambridge, Massachusetts, London (Harvard University Press).
Rouilhan, P. de (1988): Frege Les paradoxes de la représentation. Paris (Editions de Minuit).
Russell, B. (1905): Logic and Knowledge. Essays 1901–1950. London (George Allen Unwin), 1956.
Saussure, F. de (1916): Cours de linguistique générale. Paris (Payot).
Smullyan, R. M. (1994): Diagonalization and Self-Reference. Oxford Logic Guides 27. Oxford (Clarendon Press).
Stein, C. (1968): Le père mortel et le père immortel. Fragments d'un commentaire de »L'Interprétation des rêves« de Sigmund Freud. L'inconscient 5, 59–100.
Tarski, A. (1936): Logic, semantics, metamathematics. 2. Auflage. Indianapolis (Hackett), 1983.
Wright, C. (2001): The Reason's Proper Study. Essays towards a Neo-Fregean Philosophy of Mathematics. Oxford (Oxford University Press).

Entdecken wir – die lebendige Psychoanalyse!

Psychoanalytische Grenzüberschreitungen und das Festhalten an einer hermeneutischen Analyse

Ein Gespräch zwischen Christian Eigner und Paul Paß

Christian Eigner: Dr. Paß, *Vergessen wir nicht – die Psychoanalyse!* lautete der Titel der Tagung des Grazer Arbeitskreises für Psychoanalyse, die im Herbst 2009 in Graz stattfand. Und so hat auch Jacques Derrida seinen kleinen Band genannt, der schon vor zehn Jahren mit Texten zu Lacan und Freud erschien – womit wir uns hier mitten in einem System von Ausleihen, Ausborgen, Weitertragen befinden …

Paul Paß: … was meines Erachtens alles nichts mit Psychoanalyse zu tun hat. Das ist für mich heute ein zentrales Problem: In der Psychoanalyse wird zu viel philosophiert; ihre größte Qualität geht damit verloren, nämlich das Lernen auf der Ebene des Erlebens, mithin das, was man als »psychoanalytisches Erfahrungslernen« bezeichnen könnte, das Freud'sche Junktim von Forschen und Heilen. Vor diesem Hintergrund würde ich all dem »Vergessen wir nicht – die Psychoanalyse!« gerne ein »Entdecken wir die Psychoanalyse!« entgegenhalten und dieses mit dem Untertitel »Lern- und Lehrerfahrungen« versehen.

C.E.: Sie sind, wenn ich Sie recht verstehe, jedoch kein Gegner von psychoanalytischer Theoriebildung?

P.P.: Keineswegs! Es geht mir um die Art der Theoriebildung: Basiert diese auf der konkreten Fallarbeit? Oder ist sie, wie zum Beispiel in der aktuell besonders beliebten Lacan-Schule, ein Weiterdenken von Theorien? Letzteres erscheint mir problematisch, auch vor dem Hintergrund der Geschichte der Psychoanalyse: Die frühen analytischen Kongresse waren große Fallbesprechungen, aus denen heraus dann Abstraktionen entwickelt wurden. Das erscheint mir sinnvoll und dem Grundanliegen der Psychoanalyse zu entsprechen: Nach Paul Ricoeur geht es in der Psychoanalyse um die konkrete Reflexion!

C.E.: Sie fokussieren also auf den »praktischen Charakter« der Psychoanalyse, wobei ich mit »praktisch« und in weiterer Folge mit »Praxis« eine Tätigkeit meine, die nur bedingt vorgedacht wird und sich vor allem im Tun entfaltet?

P.P.: So könnte man es vielleicht formulieren. Ich persönlich spreche lieber davon, dass Psychoanalyse ein heuristisches Unternehmen ist; heuristisch als eine Bewegung des Entdeckens, auf der Spur des Fremden, mit Paul Parin gesprochen; in einer Wahrnehmung von »zugleich fremd und Freund«. Ergo ein Verfahren, das etwas von einer »Tastbewegung« hat, die sich – je nachdem, worauf es beim Tasten stößt – dem Vorgefundenen zu entsprechen weiß. Zu einem heuristischen Unternehmen gehört aber auch, dass es das in einem »Tastfeld« gewonnene Wissen oder die in einem »Tastfeld« entwickelten Muster auf neue, ähnliche Bereiche überträgt und, bei Bedarf, auf diese Weise Theoriebildung betreibt.

C.E.: Ein solches Muster könnte zum Beispiel das Prinzip der »gleichschwebenden Aufmerksamkeit« oder jenes von »Übertragung/Gegenübertragung« sein …

P.P.: Genau! Das sind, um bei dieser Metapher zu bleiben, »Bewegungsmomente«, die nicht nur in der analytischen Arbeit mit psychisch Kranken Sinn machen, sondern auch dann, wenn es um die Selbstentwicklung eines »gesunden« Menschen geht. Wie man diese Prinzipien überhaupt aus dem Bereich der Einzelarbeit hinaustragen kann, um sie in Gruppenprozessen nutzbar zu machen. Oder um sie in ganz anderen Kontexten wie der Schule oder der Organisationsentwicklung einzusetzen – was seit einigen Jahren ja immer häufiger passiert.

C.E.: Auch wenn sich das, was Sie sagen, überzeugend anhört: War die Psychoanalyse nicht auch immer das Feld radikaler theoretischer Entwürfe, die sich in Wirklichkeit weit von der Phänomenologie entfernt hatten? Das Konzept der Ödipalität, jenes von Spaltungsprozessen: Sind das nicht auch »Philosophien«, die die Fallarbeit hinter sich lassen?

P.P.: Ich sage lieber: Es sind Philosophien, getragen von der Erfahrung …

C.E.: … was aber nichts anderes als Phänomenologie ist: Also bleibt Psychoanalyse immer eine Art phänomenologische Forschung?

P.P.: Paul Ricoeur, der für mich gleichsam mein »philosophischer Gewährsmann« ist, spricht davon, dass Freud verstehen zugleich sich zu verstehen bedeutet. Der mir nicht so bekannte Jacques Lacan gebärdet sich stellenweise leidenschaftlich als ein Praktiker der Psychoanalyse und bezieht sich auf Erfahrung – wie auch auf Fallgeschichten. Und doch ist da ein Moment des »Zuviel«. In diesem Zusammenhang kommt mir ein Gespräch mit dem Nachfolger von Michael Balint und früheren Leiter der Maudsley-Klinik, Mr. Schulz, in den Sinn: Als gerade ausgebackener Analytiker fragte ich ihn auf einem Kongress, warum denn die Psychoanalyse in der englischen Psychiatriereform in Misskredit geraten sei? Er antwortet kurz und bündig: »They did overplay!« Ich denke, das sagt alles. Was Philosophen mit der Psychoanalyse machen, ist die eine Sache; was wir als Psychoanalytiker mit der Philosophie machen, die andere. Ich halte den Bezug zur Erfahrung für unabdingbar.

C.E.: Ich möchte zu Ihrer Antwort zurückkommen, in der Sie vom »Hinaustragen« psychoanalytischer Prinzipien aus dem Bereich der Einzelarbeit sprechen: Das ist wohl eines Ihrer Kernanliegen – eine Psychoanalyse, die Grenzen überschreitet; die sich in Grenzüberschreitung übt?

P.P.: In der Tat ist mir das wichtig. Ich denke, in dieser Grenzüberschreitung liegt ein Potenzial für die Zukunft der Psychoanalyse wie auch für ihre Kreativität. Allerdings geht es mir bei dieser Nutzung analytischer Wege in »fremden Feldern« stets um besagtes »Entfalten im Tun«, von dem vorhin schon die Rede war, sowie um die Vermittlung desselben. Weshalb mich auch seit über einem Jahrzehnt der Bildungs- und Ausbildungskontext ungemein interessiert: Nicht nur sind Schulen oder Universitäten als Institutionen nach wie vor Felder, deren Grenzen von der Psychoanalyse erst überschritten werden müssen: Gerade in der Bildungsarbeit mit Menschen ist es auch immens wichtig, heuristisch vorzugehen und den eingeschlagenen Weg im Gehen zu verändern. Zudem haben wir es hier mit einem Sektor zu tun, in dem sich dieses spezifisch analytische Tun gleich vermitteln lässt.

C.E.: Das hört sich nach einer idealen Ausbildungslandschaft an, die wenig mit der Realität zu tun hat. Denn Schulen beispielsweise kennzeichnet in der Regel oft das Gegenteil: Sie sind Stätten eines Hochleistungslernens, das stark kognitiv orientiert ist und das Auswendiglernen vor dem »entdeckenden Tun« betont.

P.P.: Natürlich muss man eine solche Form der Ausbildung erst erarbeiten, sprich: eine Didaktik, in der Psychoanalyse eine tragende Rolle spielt. Doch genau das passiert seit einem Jahrzehnt unter anderem in zwei Lehrgängen universitären Charakters, an denen ich beteiligt bin und die das Interuniversitäre Kolleg für Gesundheit und Entwicklung Graz/Schloss Seggau realisiert. Beide sind Folgen des Bologna-Prozesses und bieten sich für eine Grenzüberschreitung in obigem Sinne geradezu an: Der eine Lehrgang ist dem Thema »Child Development« gewidmet, der andere trägt den Titel »Complementary, Psychosocial and Integrated Health Sciences«, was man einfach mit »Komplementäre Gesundheitswissenschaften« übersetzen kann. Das Klientel reicht von ÄrztInnen bis hin zu Jugend- und SozialarbeiterInnen, die sich in dem sechssemestrigen Curriculum einen »Master of Science« erwerben können …

C.E.: … und dabei auch gleich einen »Crashkurs« in Psychoanalyse durchmachen?

P.P.: Nein, das wäre zu schlicht gedacht. Eine gelingende Grenzüberschreitung der Psychoanalyse zeichnet sich nicht dadurch aus, dass man plötzlich aus irgendeinem Tätigkeitsfeld zum Psychoanalytiker wird. Stattdessen werden für dieses Tätigkeitsfeld die psychoanalytischen Wirkfaktoren nutzbar gemacht, beispielsweise die bereits angesprochene »Übertragung/Gegenübertragung« oder das »Holding« und »Containing« …

C.E.: … was zu dem Vorwurf führen könnte, dass die Psychoanalyse als Steinbruch benutzt wird, dessen man sich bedient …

P.P.: … was aber Unfug ist, weil die Wirkfaktoren der Psychoanalyse ja keine Techniken im Sinne einer technologischen Erfindung sind, sondern zum Menschen gehören, ohne von diesem aber immer eine Nutzung zu erfahren: Wir alle produzieren Übertragungen und nehmen Gegenübertragungen wahr, ohne dessen aber automatisch gewahr zu sein! Eine gelingende Grenzüberschreitung der Psychoanalyse kann genau das vermitteln bzw. das bisher vielleicht nicht Genutzte zu aktivieren helfen.

C.E.: Wie erfolgt das in den Lehrgängen, auf die Sie bereits hingewiesen haben?

P.P.: Ich möchte als Beispiel die »Komplementären Gesundheitswissenschaften« nutzen: Dieser Lehrgang besteht aus acht Fächern, die verschiedenste Themenfelder wie »Salutogenetische Grundlagen«, »Regulationsbiologische Grundlagen« oder eben »Tiefenpsychologische Grundlagen« zum Thema haben. Natürlich ist es im Fach »Tiefenpsychologische Grundlagen« auch wichtig, in den elf Lernfeldern, aus denen sich dieses Fach wieder zusammensetzt, einfach Wissen zu vermitteln, sprich, »Stoff« zu machen: Wie schaut Freuds Grundmodell der Psychotherapie aus?, Was ist mit »Heilen durch Beziehung« gemeint? usw. usf. – das kommt freilich vor. Aber: Wichtiger ist, dass auch das realisiert wird, was im Umfeld der britischen Tavistock Clinic so zutreffend als »experiential learning« bezeichnet wird. Was aber wieder nichts anderes als das ist, was in der Freud'schen Didaktik Erfahrung »am eigenen Leib« bedeutet.

C.E.: Zentral ist mithin ein »experientelles« oder besser erfahrungsbezogenes Lernen, in dem es nicht darum geht, lehrbuchartig definieren zu können, was zum Beispiel »gleichschwebende Aufmerksamkeit« heißt, sondern in dem man deshalb über dieses Phänomen etwas sagen kann, weil man es *erlebt* hat?

P.P.: Das trifft es ganz gut. Wir schaffen Lern- und Arbeitszusammenhänge, die es den Lehrgangsteilnehmern ermöglichen, sich in ganz bestimmten Situationen und Szenen zu erfahren; etwa in einer, in der es um das Containen einer anderen Person geht. Oder ganz allgemein um die Beziehungsgestaltung, die für diesen Lehrgangsteilnehmer in ihrer beruflichen Situation gefragt ist. Genau das wird an unserem Kolleg in der sogenannten Balint-Gruppe geübt und reflektiert. Ein Beispiel hierfür bietet ein Zahnarzt, der intensiv mit

Patienten arbeitet, dabei immer wieder unangenehme Emotionen verspürt, aber keine Erklärung für sein Erleben hat: In einem solchen Fall kann es Sinn machen, das Beziehungsleben dieses Zahnarztes szenisch in einer Gruppe durchzuspielen, was dann vielleicht dazu führt, dass er für ein adäquates Nähe-Distanz-Verhalten zu seinen PatientInnen sensibilisiert wird. Weil genau dessen Fehlen die Quelle der unangenehmen Emotionen ist.

C.E.: Das ist nicht wirklich etwas Neues, kann man dazu nur sagen: Das hört sich nach einer erweiterten Balint-Arbeit an, wie sie in vielen Kontexten angewendet wird, in denen Spannungen in Teams oder zwischen Teammitgliedern das Thema sind.

P.P.: Ich habe ja auch nicht behauptet, dass wir etwas Neues machen – wenngleich: die szenische Anreicherung der Balint-Arbeit – diesbezüglich haben wir schon sehr viel Eigenständiges entwickelt! Noch einmal, es geht im Sinne eines heuristischen Vorgehens um die Übertragung bekannter psychoanalytischer Wirkfaktoren in ähnliche Felder! Und für unser Klientel ist das alles meist neu: Ein experientelles Lernen, wie Sie es genannt haben, gehört nicht zu dem, womit jeder Jugendarbeiter oder Distriktarzt in der Aus- und Weiterbildung konfrontiert ist.

C.E.: Wie reagieren die Teilnehmerinnen und Teilnehmer denn auf das, was Sie ihnen anbieten?

P.P.: Darüber gibt es an unserem Kolleg eine begleitende Evaluation, die für uns äußerst positive Ergebnisse liefert: Entgegen dem Klischee von der Psychoanalyse als »überholt« und »verkopft« machen die Teilnehmer fast durchgehend die Entdeckung, dass dem nicht so ist. Die Psychoanalyse hat aus ihrer Geschichte ein Potenzial von Konzepten und Erfahrungen zur Beziehungsgestaltung anzubieten, die in den diversen Berufen in der therapeutischen wie psychosozialen Arbeit mit Menschen höchst aktuell sind. Beispielsweise konnte ein Physiotherapeut im Rahmen einer Erhebung, die er im Zuge der Kollegausbildung unter BerufskollegInnen durchführte, entdecken, dass das Thema der emotionalen Dimension in der Körperarbeit weitgehend tabuisiert ist, während sich die Kollegenschaft aber gleichzeitig in Probleme von Übertragung und Gegenübertragung verstrickt.

C.E.: Das Angebot psychoanalytischer Konzepte und Praxiserfahrungen wird also von den Studierenden mehr als nur akzeptiert?

P.P.: Das Ausmaß der Akzeptanz ist erstaunlich! Einerseits wird Neugier geweckt und die Menschen wollen wissen, wie sie selbst zum Beispiel Übertragung/Gegenübertragung einsetzen können. Andererseits werden oft tief greifende Wandlungsprozesse eingeleitet – etwa weil jemand buchstäblich im Tun verstanden hat, dass seine bisherige Tätigkeit nicht mit seinen – emotionalen – Kompetenzen übereinstimmt. Oder aber die Menschen begreifen, dass sie überhaupt anders an die Dinge herangehen müssen; nämlich nicht so, indem sie alles vorplanen, sondern indem sie dem Entwickeln im Tun Platz lassen. Verstehen und Verstanden-Werden, nach Michael und Enid Balint die zentralen Wirkfaktoren in der therapeutischen Arbeit, sind dann auch in der Balint-Arbeit mit unseren Studierenden zentrale Lehr- und Lernerfahrungen.

C.E.: Wer das aber macht, ist selbst schon wieder dabei, das in der Ausbildung erfahrene psychoanalytische Lernen weiterzutragen!

P.P.: Genau, das Spiel aus Lernen und Lehren, das eine praktisch-heuristische Psychoanalyse auszeichnet, geht dann bereits in die nächste Runde. Was in diesem Fall im Übrigen auch ein Zeichen dafür ist, dass jemand die Kunst des emotionalen Austausches für sich entdeckt hat: Nur wer sich vom anderen emotional berühren lässt und diesen wieder berührt, wird in eine so lebendige Beziehung einsteigen, dass ein tastendes Lernen erfolgen kann, in dem ein reicher Austausch passiert und Lehren und Lernen miteinander verschmelzen. Denn Erfahrungslernen ist letztlich ja nichts, das man alleine realisieren kann – es gehört immer der andere dazu. Was Wilfred Bion schön in »Lernen durch Erfahrung« beschrieben hat, wenn er darlegt, wie sich Mutter und Kind wechselseitig im emotionalen Einlassen aufeinander gleichsam »nach oben« schrauben.

Über Psychoanalyse und Lernen – Ein Überblick:

- Psychoanalyse bietet eine Didaktik der Erfahrung »am eigenen Leib«.
- Es geht um die wechselseitige Interaktion von Lernen und Leh-

ren, von wechselseitigen Entdeckungen, Überraschungen – und auch Fallen.

- Im Umgang mit dem Unbewussten gewinnen wir das kognitive Lernen, eingebettet in einen emotionalen und sozialen Zusammenhang.
- Im Lernen und Üben der Wahrnehmung von »zugleich fremd und Freund« bleibt die Entdeckerfreude wach – es etabliert sich, analog zur »unendlichen Analyse«, ein »unendliches Lernen« als ein – mit Paul Ricoeur gesprochen – lebenslanges forscherisches »Abenteuer«.

Die Psychoanalyse ist für Überraschungen gut und immer wieder erstaunlich lebendig – in der psychoanalytischen Arbeit wie auch in psychoanalytisch orientierten Lern- und Lehrerfahrungen.

C.E.: Alles in allem hört sich das sehr »leichtgängig« und stimmig an. Aber, dass es in der Psychoanalyse um Lernen geht, ist für Wilfred Bion klar; für viele andere PsychoanalytikerInnen ist es das nicht. Sehen Sie auch Schwierigkeiten in der Grenzüberschreitung, die Sie betreiben? Haben Sie auch manchmal den Eindruck, hier geht etwas nicht zusammen, hier bleibt beispielsweise etwas von der Psychoanalyse auf der Strecke?

P.P.: Von der Psychoanalyse, respektive von der Therapie zum Lernen zu kommen, sehe ich programmatisch schon in Freuds Formel vom »Junktim von Forschen und Heilen« angelegt: Die Informationstheorie, auf die Freud noch nicht zurückgreifen konnte, stellt meines Erachtens die Brücke zwischen Veränderung, wie sie etwa im therapeutischen Prozess erfolgt, und dem Faktor Information her. Als Nicht-Spezialist finde ich in diesem Zusammenhang die Ergebnisse der Neurobiologie erhellend, die veranschaulicht hat, dass jede relevante Information immer auf schon 90 Prozent gespeicherte Information trifft. Das heißt, sie wird erst zu brauchbarer Information, wenn eine Art »Anschlussbasis« besteht. Was dann aber auch Veränderung inkludiert. Das ergibt nicht nur eine interessante Korrespondenz zum Konzept von Übertragung/Gegenübertragung; es bedeutet auch, dass dort, wo ein therapeutischer Prozess im Sinne eines Bearbeitens und Zur-Sprache-Bringens des Erfahrungslebens eines Gegenübers passiert, wohl auch Veränderung passieren wird. Und das heißt für mich wiederum, dass sich der therapeutische Prozess durchaus adäquat als Lernen begreifen lässt. Oder als Verstehen und Verstanden-Werden, und zwar in einem vollen kognitiven, emotionalen und sozialen Sinn.

C.E.: Die Psychoanalyse, die Ihnen ein Anliegen ist, ist somit eine sehr »hermeneutische«, wie ich sagen möchte: Sie setzt, wie es sich mit Hans-Georg Gadamer formulieren ließe, auf ein »Verstehen im Geschehen« – und breitet sich gerne auf alle möglichen Lebens- und Lernbereiche aus. Worin sie der universellen Hermeneutik Gadamers und vor allem Heideggers nicht unähnlich ist…

P.P.: …Verstehen und Verstanden-Werden sind Wirkfaktoren der Balint-Arbeit; in diesem Sinne ist es tatsächlich zu einer Übersetzung aus der Philosophie in das klinisch-praktische Arbeiten gekommen!

C.E.: Wenn Sie vor die Aufgabe gestellt wären, das Besondere und Spezifische einer solchen »hermeneutischen Psychoanalyse«, wie sie Ihnen ein Anliegen ist, herauszuarbeiten und in verdichteter Form darzustellen: Wie würde Ihre Antwort aussehen?

P.P.: Es ist ein Verstehensprozess in einem umfassenden Sinn, sprich, eine Kommunikation, in der es zwischen Partnern »funkt«, wie es Michael und Enid Balint formuliert haben, mithin ein intersubjektives Geschehen. Verstehen und Verstanden-Werden vollzieht sich nach Ricoeur zugleich kognitiv und affektiv, hermeneutisch und energetisch – und, mit Freud gesprochen, als eine Erfahrung »am eigenen Leib«. Diese Verstehenserfahrung ist das zentrale Moment der therapeutischen Beziehung; es geht eben um einen intersubjektiven Prozess, in den auch die ganze Deutungs- und Interpretationsarbeit eingebettet ist. In unserem Kolleg ist das Setting der Balint-Gruppe dabei der zentrale Fokus, um den Zugang zu dieser psychoanalytischen Wahrnehmung und Erfahrung zu finden.

C.E.: Wie sieht es denn mit anderen »Übersetzungen« oder »Grenzüberschreitungen« der Psychoanalyse aus: Welche sind Ihnen noch ein Anliegen?

P.P.: Ich habe vorhin schon kurz von der Kunst des Austausches gesprochen, mit dem das Zusammenspiel aus Lehren und Lernen verwoben ist: Die Fähigkeit zu einem lebendigen Austausch, in dem emotionales Erleben im Spiel ist, ist hoffentlich die Folge eines analytischen Prozesses, dem man sich unterzieht. Wo aber Psychoanalyse einen solchen Austausch hervorbringt, der ein gemeinsames Lernen und Weltverstehen möglich macht, erhält Psychoanalyse eine salutogenetische Dimension. Hier tut sich damit ein Korridor zur ganzen Salutogenese auf, der meines Erachtens noch viel zu wenig beachtet wird. Dass ich zumindest an der Öffnung dieses Korridors mit meinem Verständnis von Psychoanalyse mitarbeite, das ist mir ein Anliegen – und etwas, das ich auch als eigenständigen Beitrag zur psychoanalytischen Tradition betrachte.

C.E.: Das erscheint mir schwer nachvollziehbar zu sein: Was meinen Sie mit der »salutogenetischen Dimension der Psychoanalyse«?

P.P.: Salutogenese befasst sich mit dem »Geheimnis der Gesundheit« bzw. des Gesundbleibens und -werdens. Im Gegensatz dazu rückt der pathogenetische Ansatz von Krankheit und Krankheitsbekämpfung ins Zentrum. Auch die Psychoanalyse ist letzterem Konzept verpflichtet – was ja auch Sinn macht, denn beim Patienten ist es in der Regel das Leiden, das ihn oder sie dazu veranlasst, eine Behandlung zu beginnen. Weshalb Analytiker in weiterer Folge vom Symptom ausgehen und über dieses Zugang zur krankmachenden Psychodynamik suchen. Allerdings, und das ist eben der Korridor zwischen Psychoanalyse und Salutogenese, von dem ich oben gesprochen habe, hat der kundige psychoanalytische Therapeut neben seinem Blick auf die Erkrankung, ihren Schweregrad und die möglichen traumatischen Ursprünge immer zugleich ein Auge auf die »noch« gesunden Anteile des Patienten zu richten. Was sich unter anderem darin ausdrücken kann, dass er oder sie die Frage stellt, wie kommt es, dass sein oder ihr Gegenüber nicht noch »viel schwerer« erkrankt ist. Nach Fritz Morgenthaler ist ein Patient in der Psychoanalyse »so gesund wie möglich« wahrzunehmen; es sind mit den Störungen zugleich seine »salutogenetischen Inseln« zu entdecken. Das können zum Beispiel die vor Hintergrund einer desolaten Kindheitssituation zunächst förmlich unsichtbare, aber doch vertrauensvolle Beziehungen sein, die im Leben eines Menschen existierten: »Ersatz-Eltern-Figuren« beispielsweise oder auch »Übergangsobjekte wie Fantasiegestalten und -spiele. Eine anfänglich positive Übertragung, wie sie Freud ja gefordert hat, ist ebenfalls eine »salutogenetische Insel«: Sie stellt eine erste Vertrauensplattform dar, die im Lauf der Arbeit in einem wechselvollen Prozess von Übertragung und Gegenübertragung wächst und allmählich zu einer salutogenetischen Wende führt. Im Durchgang durch die persönliche und einmalige Pathogenese tauchen die ganz persönlichen Ressourcen auf und transformieren das Selbstkonzept. Übrigens: Aaron Antonovsky, der Begründer der Salutogenese, knüpfte an E.H. Eriksons epigenetisches Entwicklungsschema an – konkret an die erste Entwicklungsstufe »Urvertrauen versus Misstrauen«, die psychoanalytischen Ursprungs ist, ohne dass dieser Ursprung aber explizit gemacht wurde.

C.E.: Und worin genau besteht Ihr Beitrag, von dem Sie sprechen?

P.P.: Ich möchte Ihre Frage mit dem Verweis auf eine Fallvignette beantworten: Ein männlicher Patient kommt deshalb in Therapie, weil er in zwei Beziehungen verstrickt ist. Zudem sieht sich der Mann als Versager. Die Quelle dafür ist ein Kindheitsschicksal, in dem zwei Elternfiguren dominieren: nämlich eine mächtig bestimmende Tante und eine eher schwächlich erscheinende Mutter. Im Lauf der Therapie lösen sich nun die aktuellen Verstrickungen auf. Das alte Selbstbild hängt allerdings noch nach und äußert sich sich in Klagen. Da eröffnet der Patient eine Sitzung wie nebenher mit der Feststellung: »Eigentlich geht es mir saugut.« Bevor er jedoch wieder mit »aber« und Klagen fortsetzen kann, um dem alten Selbstbild zu entsprechen, wird er zu einem Innehalten aufgefordert: Statt zu klagen, beginnt er sich nun seiner vielfachen Ressourcen zu besinnen und an positive Kindheitserfahrungen anzuknüpfen, beispielsweise an das Burgenbauen mit Freunden im Wald, oder an die Lehrerin aus der Volksschulzeit, die ihn liebte und förderte. Um sich von dort bis in die Gegenwart vorzutasten, etwa hin zu dem Privileg, eine wunderbare Arbeit zu haben, über KollegInnen zu verfügen, die ständig von und miteinander lernen, oder mit Kindern zu leben, die erwachsen sind, die er aber an den Feiertagen noch alle sieht. Das mündet darin, dass der Patient schließlich feststellt: »Da haben Sie gar nicht genug Papier, um all das Positive aufzuschreiben.« Es erfolgt also ein Wandel des Selbstbilds – er ist sozusagen durch die Pathogenese hin zur Salutogenese gelangt! Das erscheint mir der spezifische Weg der Psychoanalyse zu sein. Diese Sicht erlaubt uns auch den Austausch mit ressourcenorientierten Therapieansätzen, die ich allerdings von lösungsorientierten Therapieformen unterscheiden möchte.

C.E.: Wie sieht es mit der Bindungsforschung aus? Ist diese auch ein Feld, das Sie interessiert?

P.P.: Selbstverständlich! Die Bindungsforschung, entstanden aus psychoanalytischen Wurzeln, kann uns derzeit zeigen, wie die intrapsychische und die intersubjektive Welt vernetzt sind, und wie die Psychoanalyse zu interdisziplinärer Grenzüberschreitung und Forschung eingeladen ist. Da ich viel mit Kindern arbeitete, war und ist es für mich interessant, was die systemische Familientherapie zu diesem Thema zu sagen hat. Oder die Ergebnisse der nonverbalen Spieltheorie – die sind für mich, auch wenn sie schon älter sind, noch immer ungemein attraktiv, weil sie mich darin bestätigen, dass es in der Arbeit mit Kindern oft darum geht, einfach in einen »Spiel-Dialog« nach Hans Zulliger, oder besser in ein gemeinsames Tun zu kommen und sich auf dieses einzulassen – und zwar ohne groß zu deuten.

C.E.: Können Sie diesen Prozess, den Spiel-Dialog, noch ein wenig ausführlicher beschreiben?

P.P.: Ich beginne mit einem Beispiel. Die Sprache des Kindes im »Spielalter« ist das Spiel. So empfängt mich meine kleine Tochter nicht mit »Wie geht es dir?«, sondern mit »Spielen wir etwas!«. Nach Zulliger geht es in der deutungsfreien Spieltherapie um einen Austausch über die Szenen und Symbole des Spiels. Analog zur psychoanalytischen Grundregel gibt das Kind vor, was sein Thema ist, und wie es damit seinen Therapeuten anspricht. Das szenische Verstehen entdeckt ja auch im therapeutischen Dialog mit Erwachsenen immer wieder einen Spielcharakter: Etwa wenn jemand klagt und das Bild entsteht, dass hier jemand »Armer Kater« spielt. Oder wenn sich jemand interessant macht: Hier wird dann ein Versteckspiel aufgeführt. Und natürlich führt das Verführungsspiel von PatientInnen immer wieder in die ödipale Phase.

C.E.: Mit zunehmender Dauer des Gesprächs scheint mir die Psychoanalyse, der Sie das Wort reden, an Leichtigkeit zu gewinnen. Jetzt sind wir schon beim Spielen angekommen …

P.P.: … und was nun noch fehlt, ist der Humor: Zentrale Wirkfaktoren, die ich in der therapeutischen Beziehung »am Werk« sehe, sind – der Begriff fiel schon – Leichtigkeit und Humor. Das wünsche ich mir auch im kollegialen Austausch: etwas von einem spielerischen Diskurs – und dabei etwas vom »Mut zur eigenen Dummheit«, von dem Michael Balint spricht; konkret mit Blick auf wissenschaftliche Perfektion. Es ist ja an unserem Kolleg eines der didaktischen Ideale, das wir D.W. Winnicott verdanken, »good enough« zu sein. Das genügt mir als einem Praktiker der Psychoanalyse, um andere zum Austausch ihrer Entdeckungen und Intuitionen anzustiften.

C.E.: Dr. Paß, herzlichen Dank für Ihre Ausführungen!

Literatur, die mich neben Sigmund Freud inspiriert(e)

Balint, E. & Norell, J.S. (Hg.) (1973): Fünf Minuten pro Patient. Frankfurt/M. (Suhrkamp), 1975.

Balint, M. (1964): Der Arzt, sein Patient und die Krankheit. Stuttgart (Klett-Cotta), 2001.

Brisch, K. H. & Dellbrügge, T. (Hg.) (2010): Bindung, Angst und Aggression. Stuttgart (Klett-Cotta).

Caspary, R. (2009): Lernen und Gehirn. Der Weg zu einer neuen Pädagogik. Freiburg (Herder).

Elschenbroich, D. (2005): Weltwunder. Kinder als Naturforscher. München (Verlag Antje Kunstmann).

Lacan, J. (2008): Der individuelle Mythos des Neurotikers. Wien (Turia + Kant).

Morgenthaler, F. (1978): Technik. Zur Dialektik der psychoanalytischen Praxis. Frankfurt/M. (Syndikat).

Parin, P. (2001): Der Traum von Segou. Frankfurt (Europäische Verlagsanstalt).

Ricoeur, P. (1965): Interpretation. Ein Versuch über Freud. Frankfurt/M. (Suhrkamp), 1969.

Winnicott, D. W. (1995): Kinder. Gespräche mit Eltern. Stuttgart (Klett-Cotta).

Zulliger, H.(1952): Heilende Kräfte im kindlichen Spiel. Stuttgart (Ernst Klett), 1959.

III (Un-)Organisierte Bewegungen des Erinnerns

Memories of the Future

Bion und die Kultur des ewigen Übergangs[1]

Christian Eigner

Zur Einstimmung: Ein erläuternder Ausblick

Welche Rolle spielt das Erinnern in der Psychoanalyse? Und wie ist letztere institutionell zu organisieren, damit sie nicht zur »Technologie« verkommt, deren Beherrschung in – an industrielle Fertigung gemahnenden – Lehrgängen rasch erlernt werden kann? Auf den ersten Blick scheinen diese beiden Fragen wenig miteinander zu tun zu haben. Doch aufgrund der spezifischen, nicht-schematisierten Erinnerungsarbeit, als die Psychoanalyse verstanden werden kann, sind sie eng miteinander verflochten. Sogar dort, wo es ein Abrücken von der Erinnerungsarbeit als Kern psychoanalytischen Tuns gibt, wie etwa bei Wilfred R. Bion.

Aber auch wenn bei ihm die Bearbeitung des abstrakten Denkens an die Stelle der Auseinandersetzung mit (unbewussten) Gedanken oder Gedächtnisinhalten tritt – das Problem der adäquaten Vermittlung dieses Bearbeitungsprozesses stellt sich weiterhin. Wobei Bion, und das ist die These, die in diesem Essay vertreten wird, diesbezüglich mit seinem Spätwerk einen radikalen Versuch startet: Weil die Bearbeitung des abstrakten Denkens in vielerlei Hinsicht mit dem Initiieren oder Reaktivieren der sogenannten »Alpha-Funktion« zusammenfällt, schreibt Bion gegen Ende

1 Mein Dank gilt Ulrike Körbitz, Gert Lyon und Klaus Posch: Ihre Anregungen, Kommentare und Kritiken waren herausfordernd, antreibend, inspirierend und eröffneten eine gelingende Gesprächskultur.

seines Lebens einen analytischen Roman, der gleichsam an der Alpha-Funktion der LeserIn »schraubt«, indem sich Bion gewissermaßen in dem/der RezipientIn »fort-schreibt«.

Wie das gelingt, wird im Folgenden – ausgehend von einem kurzen »Eintauchen« in das Spätwerk und unter Klärung einiger wichtiger Kernbegriffe Bions (Stichwort »Alpha-Funktion«) – gezeigt. Zugleich wird damit allerdings auch dargestellt, dass sich Bion zwar von der Tätigkeit des Erinnerns als analytische Kernarbeit verabschiedet, aber trotzdem (oder vielleicht sogar: nun erst recht) einer »unorganisierten Organisation« der Psychoanalyse das Wort redet.

1. Eine Fährte in die Dunkelheit

Es ist Krieg. Vielmehr – es *war* Krieg. Denn offenbar ist bereits alles vorüber.

Ein kurzer Blitzkrieg muss über England hinweggefegt sein, mit der Kraft eines Hurrikans, der nichts, keinen Stein auf dem anderen, stehen lässt. Wer dabei die Invasoren waren und sind, ist seltsam unklar. Intelligent und perfekt sollen sie sein, weitaus intelligenter als die Nazis etwa, die weit von solcher Präzision und Raffinesse entfernt waren, die dieser Feind an den Tag legt. Doch das ist auch schon alles, was gesagt werden kann.

Bizzare Welten ...

Ansonsten werden die neuen Herren vor allem über den Effekt greifbar, den ihre Präsenz auslöst. Soll heißen: Über den Zerfall all dessen, was das Leben bisher gekennzeichnet hat.

Was war doch etwa Rosemary bisher für eine gute Bedienstete! Zwar offensichtlich mit Roland, Alices Mann, liiert, ansonsten aber vor Alice kuschend; eine *maid*, wie sie im Buche steht. Und nun? Fast schon mit spielerischer Leichtigkeit wird sie zu derjenigen, die das Geschehen bestimmt, Alice kommandiert, sie in diesem Kommandieren verführt und so die ehemalige Herrin in eine abhängige Liebessklavin verwandelt.

Wobei diese Wandlung vor einer Kulisse erfolgt, die letztlich ungreifbar rätselhaft bleibt.

Überhaupt ist alles finster in diesem neuen England, das sich traumatisch anfühlt, mehr einer losen Ansammlung von hereinbrechenden Ereignissen als einem Land, einer Kultur gleicht. Immer wieder regiert *Plötzlichkeit*: In Form von Lust, die zwischen Alice und Rosemary spontan aufbricht, oder in Form von Gewalt, die Roland, einen der Invasoren (oder vielleicht doch jemand ganz anderen; auch das bleibt rätselhaft), blitzartig einen anderen erschlagen lässt.

Plötzlichkeit dominiert auch weiter, das heißt auf der Flucht, die Roland mit einem Freund im Anschluss an das Erschlagen des Fremden versucht. Nämlich konkret dann, als die Verfolger die beiden übersehen und Roland und sein Freund darüber spekulieren, ob das Übersehen nicht eine Falle ist – und in dem Moment, in dem sie das aussprechen, auch schon feststellen müssen, dass sie tatsächlich übertölpelt wurden. Sie sind urplötzlich von Feinden umstellt.

… und Comic-hafte Sprachen

In diesem Stakkato, oder besser Bombardement geht es auch weiter. Ein Ereignis schiebt das andere förmlich weg, eine Szenerie wechselt mit der anderen ab – oft assoziativ und geschmeidig, dann wieder mit einer Abruptheit, die aus allen Bahnen wirft.

Letztere begegnet einem beispielsweise dann, wenn die »Domina« Rosemary eben noch der ehemals noblen snobistischen Alice erklärt, was ein »real fucker« ist, um im nächsten Augenblick einem erwachenden Roland Platz machen zu müssen, dem irgendwie Platos Höhlengleichnis in den Sinn kommt, von wo es zu Euklid und Riemann weitergeht, und wo schließlich – längst abgelöst von Roland und mit Robin als neuem Protagonisten – nur noch eine Art Comic- und Babysprache übrig bleibt: »And Riemann – sh, SH! What's so hellish funny about that! ARF ARF? – I'll give you ARF! ARF! ARF! In Heaven indeed! Who are you?« (Bion 1991, S. 50).

2. Übergänge

»What is this?«, ist man geneigt dem »Who are you?« am Ende des letzten Absatzes entgegenzuhalten: Wer um alles in der Welt spannt diese *Textur* – wie man es vielleicht am besten formuliert – auf, die die Atmosphäre einer düsteren Nachtfahrt vermittelt und sich immer wieder in Wortspiele oder Sprachandeutungen auflöst? Und schließlich: wozu das ganze?

Eine erste Geschichte: Auf der Suche nach der »Psychosen-Syntax«

Die Antworten auf diese Fragen sind tendenziell wahrscheinlich geläufig: Wilfred R. Bion ist dieses *Tableau* eigenwilliger Verwebungen zu verdanken, das etwas von einem Traumgeschehen hat und wohl nicht zufällig in einem Buch zu finden ist, das den Titel *The Dream* trägt (vgl. Bion 1991, S. 1ff.). Und dieses ist der erste Teil seines dreibändigen Spätwerks, das mittlerweile unter dem Titel *A Memoir of the Future* erhältlich ist (Bion 1991), was man mit *Erinnerungen an die Zukunft* oder auch mit *Memoiren der Zukunft*, das heißt mit *Memoiren aus einer zukünftigen Welt* übersetzen könnte.

Das weckt Interesse, denn Psychoanalyse ist in der Regel eine Wissenschaft oder Kunst der *Vergangenheitsbearbeitung*; eine Auseinandersetzung mit den »Einschreibungen«, die das Leben und Beziehungen in einem Menschen oder in einer Gruppe hinterlassen haben und dort buchstäblich als *Geschichte* auf die gelebte Gegenwart einwirken. Wie passt hierzu folglich die *Zukunft*, dieses »Gegenüber« der Vergangenheit, bei dem es darüber hinaus nicht bleibt, weil wir es möglicherweise sogar mit der Paradoxie einer *Erinnerung* an die *Zukunft* zu tun haben; konkret mit einem *Memoiren-Band*, der – und das ist ein gängiger literarischer Kunstgriff – *aus* der *Zukunft* gewissermaßen über uns gekommen ist?

Bion selbst deutet denkbare Interpretationsszenarien in seinem Vorwort zu *The Dream* an (Bion 1991, S. ix), indem er zuerst nüchtern feststellt, dass in dem Buch auf der *Ebene der Bedeutung* immer wieder Wechselmomente zu beobachten sein werden, also ein *Bedeutungswandel* von Worten festgestellt werden kann, der auf Basis der Regeln von gelebter Sprache und Grammatik kommunizierbar und interpretierbar ist. Um dann aber umgehend ergänzend zu betonen, dass auch auf der *Ebene des Rhythmus* in *The Dream* etwas passiert: Ein *Rhythmuswechsel*, das heißt *Verschiebungen in der Denkbewegung als solche*, in die die Produktion von Worten und Bedeutungen eingebettet ist.

Auch diese Verschiebungen, die seiner Ansicht nach in den psychischen Störungen sichtbar werden (und die gerade eben, im Einleitungsblock zu diesem Essay, ein wenig greifbar gemacht werden sollten), folgen vielleicht einer Art Syntax und Logik, die bloß noch nicht entdeckt ist. Weil sie, wie Bion es mit einem sanften Seitenhieb auf die klassische Psychoanalyse ausdrückt, »von Konzepten einer ›Erinnerung‹, eines ›Begehrens‹ oder eines ›Verstehens‹ verdunkelt werden, mit denen man sie – irrtümlicher Weise – in Verbindung bringt« (Bion 1991, S. ix; Übersetzung hier und im Folgenden durch C. E.). Womit letztlich wohl gesagt sein soll, dass dieses Buch den Versuch darstellt, einen ganz anderen Weg zum Verständnis dieser Syntax zu bahnen, um damit, so verstehe ich es wenigstens, zur Basis einer anderen, *zukünftigen* Psychoanalyse zu werden, deren *»Memoir«* das Buch damit aber auch – präkonzeptuell, um es gleich ein wenig »bionisch« auszudrücken – darstellt.

Eine zweite Geschichte: Vom praktischen Umgang mit psychischen Störungen

Allerdings: Kein Text gibt allein das wieder, was vom Autor oder der Autorin intendiert wurde. Es mag sein, dass es Bion in der *Memoir of the Future* grundsätzlich um den skizzierten Rhythmuswechsel und seine Grammatik geht – das Werk erschöpft sich darin aber noch lange nicht. Einfach, weil wir – wie es Jacques Derrida so pointiert ausgedrückt hat – nicht nur die Sprache sprechen, *sondern umgekehrt die Sprache auch immer uns spricht.*[2] Das heißt, sie zwingt uns im Reden

2 Vergleichbares findet sich bei Ludwig Wittgenstein, wenn er etwa betont, dass die »Grenzen meiner Sprache« die »Grenzen meiner Welt bedeuten«, wie das im *Tractatus logico-philosophicus* (Werkausgabe, Bd. 1, S. 67) der Fall ist, oder bei Richard Rorty, der das besonders ausführlich in den beiden ersten Kapiteln seines Buches *Kontingenz, Ironie und Solidarität*« (vgl. »Die Kontingenz der Sprache« sowie »Die Kontingenz des Selbst«, S. 21–83) ausgearbeitet hat. In diesem Sinne ist der Verweis auf Jacques Derrida »exemplarisch« zu verstehen.

und Formulieren Muster auf, die zur *Sprache als (von Menschen geteiltem) System* gehören, und etwa dafür sorgen, dass es keinen Text gibt, der nicht auch ein Stück Rhethorik ist, also Allgemeines, »Stehsätze« einer Kultur wiedergibt (Derrida 1988, S. 50ff.).

Und nicht nur das: Weil Sprache eben immer auch uns spricht, sprechen wir neben der Geschichte unserer Kultur auch stets die *eigene (Sprach-) Geschichte* mit; ergo unsere sprachliche und »konzeptuelle« Werdung, zu der all jene Ideen und Konzepte gehören, die wir je formuliert haben und die dementsprechend in bestimmten (Sprach-)Bildern nach- und mitschwingen, die nur auf Basis älterer (Sprach-)Bilder geschaffen werden konnten. So ist es de facto unvermeidlich, dass wir neben unseren intendierten Geschichten auch unzählige andere erzählen, Geschichten, die mitunter spannender sind als das, was absichtlich und gezielt ins Zentrum gerückt wird.

Ich will zwar nicht behaupten, dass das auch für Wilfred Bions *A Memoir of the Future* gilt; doch zumindest hat dieses Buch einen zweiten Erzählstrang aufzuweisen, der nicht auf den Rhythmuswechsel, das oben beschriebene Assoziationsstakkato oder die Atmosphären, die damit einhergehen, fokussiert. Das heißt, dass er sie präsentieren, entdecken und vielleicht sogar – im Eintauchen in sie – »entschlüsseln« will. Dieser zweite Erzählstrang ist zwar durchaus mit der Textbewegung der *Memoir* verwoben, erzählt aber weniger von einer *Grammatik* oder *Logik* psychischer Störungen, als vielmehr von einer *Praxis* des Umgangs mit selbigen; konkret von einer Praxis, die man als *»Kultur des ewigen Übergangs«* bezeichnen könnte, und die meines Erachtens Bions »eigentliches« Thema ist – nicht nur in *A Memoir of the Future*. Deshalb soll im folgenden ein schrittweises Herantasten an diese »Kultur des ewigen Übergangs« erfolgen, auch mit dem Ziel, neue Wege zu Bion (*auch* zu seinem Spätwerk) zu erschließen.

3. Abstrakte Funktionen

Diese »Tastbewegung« führt allerdings vorerst von der *Memoir* weg und zurück zu einem der ersten Bücher Bions, nämlich zu *Lernen durch Erfahrung* (Bion 1992b). Ein guter Teil des Werkes ist der Konzeption der sogenannten *Alpha-Funktion* gewidmet, die der Autor als eine Art »Unbekannte« einführt: Die Alpha-Funktion ist demnach im Menschen vorhanden und sorgt beispielsweise dafür, dass so etwas wie *Aufmerksamkeit*, ein genaues Hinsehen und -hören, möglich wird. Weitere Aspekte dieser »Größe« oder auch dieses »Apparats« gilt es laut Bion erst zu klären und herauszuarbeiten – womit er umgehend beginnt (ebd., S. 51ff.):

»Welt-Erzeuger« Alpha-Funktion

So ist es auch der Alpha-Funktion zu verdanken, dass es für den Menschen eine ihn umgebende »Welt« gibt, soll heißen, dass *Strukturen* existieren. Denn das, was um uns herum vorkommt, kann nicht direkt rezipiert werden; das Ding-an-sich – hier folgt Bion Kant – entzieht sich uns, respektive, bildet sich nicht wie in einem Spiegel in uns ab. Wir brauchen folglich etwas – ein »Organ« oder dergleichen –, damit wir überhaupt etwas erleben und erfahren und dann das Erfahrene lernend verarbeiten können. Eben die Alpha-Funktion, die Bion aber nicht auf Wahrnehmung, gewisse Gehirnleistungen oder sonstiges reduziert:[3] Der Witz dieses Begriffs liegt gerade darin, dass solche Einschränkungen vermieden werden und stattdessen ein *Prozess* postuliert wird, in dem offensichtlich eine »Welt-Verarbeitung« erfolgt, in der Sehen, Hören, Spüren, emotionales Erleben, Sprache und noch einiges mehr aktiv sind, möglicherweise aber auch erst entstehen. Mit anderen Worten: Es ist der *Prozess der lebendigen Erfahrung* der Welt, der so begrifflich markiert wird und gerade nicht weiter zerlegt werden soll. Auch deshalb nicht, weil es Bion primär nicht um die Frage geht, *wie* sich dieser Prozess zusammensetzt, sondern weil ihn vielmehr interessiert, *was* dieser für den Menschen und vor allem für

3 Freilich ist Bion nicht der Erste, der ein psychoanalytisches Modell der »Welt-Wahrnehmung« zu entwickeln versucht. Versuche in diese Richtung finden sich auch bei Sandor Ferenczi (mit seinem Konzept des *Wirklichkeitssinns*; vgl. dazu die »Entwicklungsstufen des Wirklichkeitssinnes« von 1913, die in Ferenczis *Schriften zur Psychoanalyse* auf den Seiten 148ff. wiedergegeben sind) oder bei Freud selbst, auf den sich Bion regelmäßig bezieht: »Formulierungen über zwei Prinzipien des psychischen Geschehens« von 1911 ist ein Schlüsseltext für Bion, der in *Lernen durch Erfahrung* sowie für das Konzept der Alpha-Funktion eine zentrale Rolle spielt.

seine *Psyche leistet*. Seiner Ansicht nach ist das Folgendes: Wo die Alpha-Funktion existiert und funktioniert entstehen *Muster* und ganze *Musterverbände*; akustische Muster etwa, oder auch visuelle. Aus der »rohen, unverarbeiteten Welt«, für deren Bestandteile Bion die Bezeichnung *Beta-Elemente* einführt, ist eine Welt der *Alpha-Elemente* geworden, das heißt eine Welt der *lebendig erfahrenen Zusammenhänge* und »Logiken«, wie wir sie in der Regel aus dem Alltag kennen. Was auch inkludiert, dass erst eine funktionierende Alpha-Funktion für *lebendige Beziehungserfahrungen* sorgt, an denen man zum Beispiel wachsen und reifen kann.

Wo die Alpha-Funktion hingegen aussetzt oder gar nicht zur Entwicklung kam, dominieren die Beta-Elemente (die freilich keine völlig unbearbeitete Welt sind; beispielsweise existiert in der »Beta-Welt« zumindest »Dinghaftes«): Der oder die Betroffene wird von zusammenhanglosen »Welt-Fetzen« umgeben, die ohne Ordnung bleiben und so etwas wie Erfahrungen nicht ermöglichen, wenigstens nicht in dem Sinn wie die Alpha-Elemente. Wer aufgrund einer fehlenden Alpha-Funktion von Beta-Elementen buchstäblich »geflutet« wird, hat keine andere Möglichkeit, als diese *»auszustoßen«*, wie es Bion formuliert (Bion 1992b, S. 53). Weil sie keine echten Erfahrungen bilden oder, wie man auch sagen könnte, auf ihr *keine echten lebendigen Erfahrungen* von Welt, wie wir sie aus unserem Alltag kennen, *»aufsetzen«* können, bleibt nur, sie wieder loszuwerden, was dann etwa zu jenen *eruptiven »Sprachauswürfen«* führt, die einen Psychotiker[4] kennzeichnen können. Nach Bion will sich dieser lediglich von einzelnen »Welt-Fetzen« – also Beta-Elementen – befreien, die als singuläre, freischwebende Größen auftreten und so vielleicht dafür sorgen, dass der Baum

4 Wilfred R. Bion versucht nicht nur ein Modell der Abstraktion oder des abstrakten Denkens zu erstellen, sondern er nutzt es auch intensiv. Dementsprechend arbeitet er gerne mit allgemeinen Begriffen wie »Psychotiker« u. ä., die allerdings keinen Typus von Person angeben, sondern meines Erachtens sprachpragmatisch zu verstehen sind. Das heißt »Psychotiker« verweist hier (wie auch auf den folgenden Seiten) lediglich darauf, dass jemand – aktuell oder in Episoden – »psychotisch denkt«; er oder sie ist aber kein/keine PsychotikerIn »an sich«. Dass Bion einer solchen sprachpragmatischen Position verpflichtet ist, ergibt sich meines Erachtens deutlich aus seinen Ausführungen zur Alpha-Funktion gleich in Kapitel 1 von *Lernen durch Erfahrung*, in dem er ein *prozessuales Konzept* der Verwendung von Begriffen präsentiert, das heißt dafür plädiert, dass sich Begriffe im Nutzen entfalten sollen (vgl. Bion 1992b, S. 48ff.).

kein Baum, sondern ein *monströses Etwas* ist, vor dem man nur fliehen kann.[5]

Ohne Alpha-Funktion kein Träumen!

Dass die Alpha-Funktion fehlt oder lahmgelegt ist, kommt nicht selten vor. *Aggression*, *Angst*, *Neid* und vergleichbare destruktive Momente sorgen dafür, dass die emotionale Welterfahrung und -verarbeitung, die die Alpha-Funktion ermöglicht, ausbleibt (Bion 1992b, S. 55).[6]

Ob die Aggression von innen, das heißt aus dem Menschen selbst, oder von außen – vielleicht von gestressten Eltern – kommt, ist hierbei sekundär; in beiden Fällen kann es dazu kommen, dass die Alpha-Funktion gleichsam »abgeschaltet« wird, weil die emotionalen Erfahrungen, die mit den entwickelten oder herangetragenen destruktiven Momenten verbunden sind, sich derart unerträglich anfühlen, dass der Betroffene sicherheitshalber die Basis für diese Erfahrungen »entsorgt«. Dies kann in Extremfällen zur *Psychose* führen, vielleicht aber auch nur zur Folge haben, dass jemand zum *»gierigen Verschlinger«* von Beta-Elementen wird, weil er oder sie sich davon jene emotionale Befriedigung erhofft, die eigentlich nur eine funktionierende Alpha-Funktion mit ihrer Produktion lebendiger Beziehungserfahrungen geben kann, die dann aber gerade

---

5 Es stellt sich die Frage, ob es tatsächlich der Fall sein kann, dass sich keine Alpha-Funktion ausbildet. Meines Erachtens sind die Aussagen Bions zu diesem Thema nicht völlig konsistent; plausibel erscheint es, ihn dahingehend zu verstehen, dass die Alpha-Funktion oft nur »rudimentär« vorhanden ist oder aber immer wieder »zusammenbricht«.

6 In der Tat kommen negative Kräfte wie Aggression oder Neid bei Bion »schlecht weg«. Sie gefährden die Entwicklung der Alpha-Funktion und finden meines Erachtens in dieser keinen wirklichen Platz, das heißt, sie können in ihr, wie mir scheint, keine wirklich produktive Rolle spielen. Allerdings changiert laut Melanie Klein jeder Mensch zeitlebens zwischen paranoid-schizoider und depressiver Position hin und her. Gesetzt den Fall, dass die Alpha-Funktion eine Art »dynamisierte depressive Position« ist (wobei hier nicht der Ort ist, diese Interpretation der Alpha-Funktion ausführlicher zu begründen), so inkludiert das auch, dass sich jeder Mensch ohnedies immer wieder auch in Nicht-Alpha-Funktionszuständen befinden wird, in denen dann die Aggression sehr wohl Platz findet – auch als Kraft, die auf andere einwirkt. Aggression, Neid und andere gehen damit zumindest auch bei Bion nicht verloren – ob sie damit eine positive Dimension erhalten, will ich dahingestellt sein lassen.

nicht existiert. Das Ausbleiben der Produktion von Alpha-Elementen initiiert dann ein *materialistisches Leben*, in dem ein (rohes, nie wirklich Bedeutung erlangendes) Objekt auf das andere folgen muss – und in dem der Betroffene wie ein Automat agiert, der zu nichts und zu niemandem eine lebendige emotionale Beziehung hat (Bion 1992b, S. 57ff.).

Am kennzeichnendsten ist für Bion jedoch, dass »Menschen ohne Alpha-Funktion« – und dies betont er explizit, weshalb es hier nicht weiter kommentiert werden soll – *nicht träumen* können (ebd., z. B. S. 53). Und zwar deshalb nicht, weil dann keine Grenze zwischen Traum und Wachzustand, zwischen *Unbewusstem* und *Bewusstem* besteht. Wie Bion betont, hat er das unzählige Male an psychotischen Patienten beobachten können; auch in Therapiestunden, in denen diesem Klientel oft die Fähigkeit zu einem träumerischen Agieren und Fantasieren und mithin zu einem reichen, gewissermaßen gesunden psychischen Leben fehlte.

Anders formuliert soll damit nichts anderes gesagt sein, als dass es erst die *Alpha-Funktion* ist, die *Bewusstsein* wie auch *Unbewusstes* hervorbringt, nämlich – und das ist vielleicht doch die *radikalste Botschaft Bions* – *gleichzeitig* (ebd., S. 61ff.). Das heißt: In dem Moment, in dem die Alpha-Funktion Beta-Elemente in Alpha-Elemente transformiert, wird sie auch dafür sorgen, dass ein Teil der so produzierten Welt *bewusst* bleibt, während ein anderer *unbewusst gemacht wird*. Dies ermöglicht in weiterer Folge, so Bions Beispiel, einem kleinen Kind, Laufbewegungen durchzuführen: Wäre an diesen alles bewusst, würde dies deren Ablauf mehr stören als ermöglichen; nur ein Teil des Erfahrenen darf deshalb gleichsam »im Vordergrund« bleiben, während der Rest »aus dem Hintergrund« wirken muss. Mit dieser »Spaltung« wird jedoch die *Möglichkeit eines Traumgeschehens* überhaupt erst eröffnet, weil dieses nur dort vorkommen kann, wo es auf der einen Seite ein Bewusstsein, auf der anderen etwas Unbewusstes gibt, ist der Traum doch eng mit Unbewusstem verknüpft.

Psychoanalyse als Arbeit an der Alpha-Funktion

Inwieweit das nun bedeutet, dass das Unbewusste *fortlaufend neu* produziert wird, oder ob es doch so etwas wie einen »Pool« an Unbewusstem gibt, der, so lange es eine Alpha-Funktion gibt, konsequent anwächst: All das bleibt bei Bion (meines Erachtens nicht nur in *Lernen durch Erfahrung*) offen, wie auch keineswegs klar wird, was denn nun bei einem – prinzipiell denkbaren – *temporären Ausfall* der Alpha-Funktion geschieht: Gibt es dann *gar kein Unbewusstes* mehr? Oder entsteht dann bloß kein *neues* Unbewusstes? Und ist dann auch kein Träumen möglich?

Bion schien wohl zu ahnen, dass diese Konzeption des Unbewussten voll der Fallstricke ist, weshalb er sie kurzerhand für fundamental erklärte – ohne Unbewusstes, kein Träumen, ohne Träumen kein lebendiges psychisches Leben! –, sich ansonsten aber nur sehr bedingt darum kümmerte: Kernbegriffe der Psychoanalyse wie die *Verdrängung* beginnen de facto bei ihm zu verschwinden; die Bestimmung eines *Primärprozesses*, der von einem *Sekundärprozess* zu unterscheiden ist, auf den er zugleich einwirkt, wird schon in *Lernen durch Erfahrung* als eher unbrauchbar und wenig überzeugend zurückgewiesen (Bion 1992b, S. 104ff.).

Und letztlich macht das vor dem Hintergrund der Theorie der Alpha-Funktion auch Sinn. Denn laut dieser sind die Quelle psychischer Störungen *nicht Gedanken*, oder genauer gesagt, *Konflikte* zwischen *bewussten Gedanken*, *unbewussten Wünschen* und/oder vom *Über-Ich* vorgegebenen *Pflichten* (die, wie die Wünsche, letztlich vom Grundtypus her auch »Gedanken«, also »Bedeutungs«-Produkte sind), sondern haben eine ganz andere Ursache: Es ist – wie das Beispiel des Psychotikers, aber auch des »mechanistischen Materialisten« zeigt – das *Denken* selbst, das grundsätzlich gestört ist und nicht funktioniert. »Critical« ist die *»tiefenstrukturelle Produktions- und Trägerform«* des Psychischen, wie man es bezeichnen könnte, die *vor* jeder Semantik, *vor* jeder Syntax, ja sogar *vor* jeder formalen Logik kommt, und unter anderem in der Alpha-Funktion besteht; das heißt in deren Bewegung, die dafür sorgt, dass überhaupt einmal Elemente entstehen, die sich syntaktisch wie semantisch und auch logisch verknüpfen können. Hier liegt der Beginn psychischer Probleme, *weit vor* jedem Gedanken und dem, was mit ihm passieren kann.[7]

7 Genau genommen ist beim Psychotiker die Entwicklung der Alpha-Funktion einen eigenartigen Weg gegangen: Sie hat »Musterverbände« und Abstraktionen hervorgebracht, die einer *bizzaren, nicht gängigen Logik* folgen. Bei den Persönlichkeitsstörungen hingegen, so legen Bions Ausführungen zum »Materialisten« (siehe oben) nahe, ist hingegen die Alpha-Funktion nur mäßig entwickelt, respektive äußerst instabil. Aufgrund des Umfangs dieser Thematik soll es an dieser Stelle allein bei diesen beiden kurzen Andeutungen bleiben.

Bion will also zu den *»Grundbausteinen« der Psyche* zurück, die für ihn vor allem Melanie Klein freizulegen begonnen hat und deren vielleicht »erstes« Element die *projektive Identifikation* ist. Ergo jener Mechanismus, der zwecks Spannungsabbau die Angst des Säuglings nach außen, etwa auf die Mutter, überträgt (Bion 1992b, z.B. S. 76, 137), sie in einem noch nicht einmal phantasmatisch zu nennenden Akt zur Angst der Mutter macht, um das eigene Innenleben erträglicher zu gestalten. Auf dieser Basis entfaltet sich alles weitere, und *irgendwie wohl auch* – und mehr lässt sich dazu zumindest vor dem Hintergrund von *Lernen durch Erfahrung* wirklich nicht sagen – die Alpha-Funktion und damit die Welt aus bewusst/unbewusst, die das Leben des Menschen bestimmt.

So weit, so gut. Doch was hat das alles nun mit einer »Kultur des ewigen Übergangs« zu tun, zu der der Blick auf *Lernen durch Erfahrung* ja hinführen sollte?

Um diese Frage beantworten zu können, gilt es, einen weiteren Perspektivenwechsel durchzuführen und Bions abstrakte Außenperspektive auf die Alpha-Funktion durch eine *Innenperspektive* derselben zu ergänzen.

4. Leben auf der »Schwelle«

Sofern sie nicht, wie oben skizziert, durch Neid oder Aggression beschädigt oder richtiggehend weggeschalten wurde, *»passiert«* Alpha-Funktion einfach. Doch dabei wird sie auch greifbar, oder wie es Bion selbst einmal sagt, *manifest* (Bion 1992b, S. 73).[8]

Eine solche *Manifestation der Alpha-Funktion* scheint mir das Reisen zu eröffnen; das Betreten von Orten und Landstrichen, die man noch nie zuvor gesehen hat.

8 Bion spricht an dieser Stelle eigentlich vom Manifest-Werden der Kontaktschranke. Doch aufgrund der Verwobenheit von Kontaktschranke und Alpha-Funktion lässt sich das von der Kontaktschranke Gesagte wohl auch auf die Alpha-Funktion selbst übertragen.

Glimmernde Landschaften – oder: Die er-/gelebte Alpha-Funktion

In Situationen dieser Art stellt sich eine eigenartige *Wachheit* ein, ein glasklares Bewusstsein, das ein Bild nach dem anderen – die ersten gelbweißen Sandspitzen der Wüste, die sich über das Steingeröll legen, das zuvor Kilometer um Kilometer die Gegend bestimmte; der plötzliche erdige Geruch, der nach einer weiteren halben Stunde Fahrt in die Nase dringt – aufnimmt, in den bestehenden Erfahrungsschatz integriert, aber doch auch »offen« lässt: Die Orte, die sich auftun, sind gleichsam noch »in Produktion«. Sie sind buchstäbliche »Fremdkörper«, die man in ihren Grundzügen – in ihrer *Form*, oder in ihrer *Weite* wie *Enge* – schon erfasst hat, deren Details – der *genaue* Verlauf der Sandspitzen etwa, um beim obigen Beispiel zu bleiben – sich aber entziehen, genauer gesagt, deren Details *entgleiten*, nachdem sie kurz aufgeblitzt sind, um dann umgehend verschwunden zu sein.

Doch auch das wieder nicht ganz: In ihrem Verschwinden *glimmern* sie gewissermaßen nach; werden fast nicht mehr als Bild, sondern eher in eben diesem *Glimmern* wahrgenommen, als *Energiespur*, die auf die ganze Situation abfärbt, sie weiter auflädt und dafür sorgt, dass alles noch intensiver wird. Mit jeder Faser des Leibes scheinen wir zu spüren, was uns begegnet; den heißen Wind, der aufkommt, die diesige Spiegelung vorne am Ende der schwarzen Straße und die Salzkruste, die den Sand links und rechts von der Straße überzieht.

Das, so würde ich meinen, ist das Erleben der Alpha-Funktion, wie sie »auf Hochtouren« läuft: Bewusstsein, besser gesagt, »bewusste Bilder«, *Muster*, wie es Bion formulieren würde, entstehen, während sich gleichzeitig ein Teil der Welt entzieht und das doch auch wieder nicht, sondern als seiner Formen nahezu entledigtes Glimmern oder auch als *diffuses Schimmern eines Unbewussten* in dieses gerade entstehende Szenario hereinragt – als Nachhall dieser »anderen Seite«, die eben zugleich mit dem Bewussten entstanden ist.

Bewusstsein und Unbewusstes sind somit noch in Kontakt und doch schon getrennt; ganz so wie es Bion beschreibt, wenn er von der *Kontaktschranke* spricht, die die Alpha-Funktion hervorbringt (Bion 1992b, S. 63): Gerade indem die Alpha-Funktion Alpha-Elemente produziert und Musterzusammenhänge erzeugt, erzeugt sie auch eine *Abschottung* gegen das Unbewusste, damit das, was in den Hintergrund gehört, auch im Hintergrund bleibt. Doch wie der Name »*Kontakt*schranke« *auch* besagt, geht es bei diesem »Bollwerk« eben sehr wohl um Kontakt, um ein *Moment des Offenseins* gegenüber dem Unbewussten, das auf vielfache, vielleicht registrierte energetische, vielleicht unregistrierte »inhaltliche« Weise in das Bewusstsein hereinreichen darf, ja soll, weil genau das die menschliche Psyche auszeichnet.

Auf der Schwelle zwischen Erleben und symbolisch-sprachlicher Repräsentation: Lebendige Bezogenheit …

All das bringt uns einer »Kultur des ewigen Übergangs« schon ein Stück näher. Denn wo die Alpha-Funktion ungestört läuft, stellt sich offensichtlich ein Zustand ein, den man auch als *Schwelle* bezeichnen könnte: Zwar gewinnt das *Geschehen um uns* in unserer Weltverarbeitung bereits an Struktur und wird schon zu einem guten Teil *symbolisch-sprachlich* repräsentiert sein. Nicht zuletzt dank der *energetischen Aufladung*, die es im Zuge seiner *parziellen Unbewusstmachung* erfährt, wird das Geschehen für uns aber auch eine *leibliche Erfahrung* darstellen, eine Art *»sensuelle Sensation«*, die uns buchstäblich mit dem uns Umgebenden *»zu verwickeln«*, in dieses *einzubetten* scheint. Damit ist eine *Gesamtverfasstheit* etabliert, die ein eigenwilliges *»Dazwischen«* kennzeichnet; eine *»Verschmiertheit«* zwischen *archaischen Impuls- und Energiewelten* auf der einen, und *Symboluniversen* auf der anderen Seite. Es wird hier in der Tat eine *Schwelle*, ein *Übergang* zwischen menschlichen Grundmomenten eröffnet – der sich zudem immer auch oder sogar *vorrangig*, *primär* als Ort *lebendiger Bezogenheit* erlebt.

Wer nämlich »auf der Schwelle steht«, wird feststellen, dass es zu einer »Kontaktnahme« mit *den anderen*, ergo den Mitmenschen, kommt, die gewissermaßen nicht mehr ausschließlich »mit dem Kopf« erfolgt. Auf der Schwelle passiert vielmehr ein *»Ansprechen/Angesprochen-Sein«*, das außer mit Worten irgendwie auch mit besagten *glimmernden Energien* geschieht; oder genauer gesagt, mit jenen Details oder Aspekten einer Person, die uns aus welchen Gründen auch immer am anderen etwas bedeuten, aber so rasch unbewusst gemacht werden, dass wir sie lediglich noch als »energetisches Angesprochen-Sein« wahrnehmen können.

… und lebendiger Austausch!

Mit *Leib und Seele* treten wir auf der Schwelle mit anderen in *Austausch*, ja *gehen* geradezu »in sie *über*«. Der andere scheint uns buchstäblich zu *berühren*, mit Worten wie mit seinem Lachen, seiner Mimik, seinen Gesten; und zwar tief in unserer *inneren Mitte*, ganz so, als ob er oder sie unsichtbare Fühler in Richtung Herz- und Magengegend ausgestreckt hätte, um uns dort *liebevoll* zu streicheln. Sie, die Schwelle, oder besser, die ungestörte Alpha-Funktion, ist folglich der »Urgrund« jener *gelingenden Gespräche*, die Hans-Georg Gadamer zeitlebens ein so großes theoretisches Anliegen waren (vgl. etwa Gadamer 1986, S. 207ff.), und in denen wir uns *erfüllt*, *genährt*, *reich*, *geliebt* und buchstäblich in *»zeitloses Geben und Nehmen«* eingebettet fühlen.

Doch diese Gespräche sind keineswegs selbstverständlich, weil wir weitaus seltener auf der Schwelle stehen, als wir vielleicht möchten, da die Alpha-Funktion empfindlich auf Aggression, Zorn, Neid, Eifersucht, Stress und vieles mehr reagiert. Was uns nur allzu rasch, wie man aus Bions Ausführungen schließen kann, zumindest *temporär* als *»Alpha-Funktion-funktionslose« Automaten* zurücklässt, die mit anderen vielleicht *Informationen* tauschen, aber *keine lebendigen Gespräche* führen können (Bion 1992b, S. 59).

Bions *Träumereien* als Schwellenerleben

Dass auch Bion selbst aus einer Perspektive des Erlebens der Alpha-Funktion solche »Schwellen- und Übergangsleistungen« zuschreibt, wird aus seinen Ausführungen zu den sogenannten *Träumereien* (rêverie) ersichtlich (Bion 1992b, S. 83ff.). Denn das, was er auf diese Weise bezeichnet, ist wohl nichts anderes als jene Verfasstheit, die in den vergangenen Absätzen skizziert wurde.

»Träumereien« sind für Bion ein *Zustand* der *Mutter*[9], den man sich als

9 Es wäre meines Erachtens verfehlt, Bion hier wörtlich zu nehmen, sprich, den »Zustand der Mutter« allein als Zustand der Kindes-Mutter zu verstehen. Ich denke, es ist vertretbar, die Mutter als Synonym für den liebenden und sorgenden Erwachsenen zu betrachten; mithin als abstrakte Metapher, die Bion gleichsam wie selbstver-

eine Art »Gelöstheit« vorzustellen hat. Eine sich Träumereien hingebende Mutter befindet sich in einer Haltung der *Offenheit* und *lebendigen Bezogenheit* ihrem Säugling gegenüber: Egal, was ihr von diesem entgegengebracht wird – Hass oder Liebe –, sie kann es aufnehmen. Dies wird für das Kind wiederum zu einer essenziellen Erfahrung, weil es so entdecken kann, dass seine Emotionen offensichtlich erträglich und verarbeitbar sind, wodurch es gleichsam *»psychisch genährt«* wird und eine *Welt der Gabe* erfährt.

Für Bion ist die Träumerei dabei ganz klar mit der Alpha-Funktion gekoppelt (was ja auch in dem Sinn stimmig ist, dass *erst* – wie oben gezeigt – *die Alpha-Funktion das Träumen möglich macht*): Sie ist, wie er knapp feststellt, »ein Faktor der Alpha-Funktion der Mutter« (Bion 1992b, S. 84). Und weil sich dieser »Faktor« offensichtlich als *lebendige, entspannte Erfahrung*, als *liebevolle Zuwendung*, als *Berühren und Berührt-Werden*, eben *als Schwelle* erlebt – in der Tat ist ja auch das schreiende Baby, das man im Arm wiegt, »körperliche Sensation« *und* »symbolische Repräsentation« (weshalb man es ganz automatisch schaukelt *und* zugleich mit Worten zu trösten versucht) –, lässt sich ableiten, dass die Alpha-Funktion auch bei Bion selbst ein *Übergang* in obigem Sinne ist, ein fundamental wichtiger Übergang.

Die Alpha-Funktion als Basis »echten« Erfahrens

Wie aus den Passagen zur Träumerei deutlich wird, ist die Alpha-Funktion letztlich etwas, das durchaus *gepflegt* werden muss. Nicht nur, weil es für die Entwicklung von Kindern essenziell ist, dass ihnen Eltern mit funktionierender Alpha-Funktion begegnen; die *»Pflege« der Alpha-Funktion* (von der Bion freilich nicht explizit spricht) ist weit über den Umgang mit Babies hinaus relevant.

Daraus ist zu schlussfolgern, dass in der ersten Hälfte von *Lernen durch Erfahrung*, in der Bion auf die Träumereien verweist, auch ein Stück

ständlich nutzt. In jedem Fall möchte ich den Begriff der »Mutter« im vorliegenden Text als eine solche Metapher verstanden wissen – die Träumerei kann auch Sache des nährenden Vaters sein. Was im Übrigen auch einschließt, dass es umgekehrt kein spezifisches »Gesetz des Vaters« oder dergleichen gibt bzw. hier als Denkmotiv nicht genutzt wird.

Wissenschaftskritik verpackt ist (Bion 1992b, S. 60). Mehrfach erinnert er daran, dass es uns an Kategorien fehlt, die ein *»Denken des Lebendigen«* erlauben. Auch, weil wir tendenziell ohnehin dazu neigen, einen psychischen Apparat auszubilden, der sich besser auf das »Unlebendige« versteht, also alles dinghaft und materialistisch behandelt. Speziell die Wissenschaften haben dabei diesen psychischen Apparat veredelt und zum »Credo« erhoben – und zwar indem sie »Emotionslosigkeit« fordern und mithin einer Ausschaltung der Alpha-Funktion das Wort reden. Deshalb, so Bion, haben Wissenschaft und Psychose möglicherweise mehr miteinander, als man meint.

Vor diesem Hintergrund wirken die Ausführungen zur Träumerei teilweise wie ein *Gegenmodell*; sie sind die Präsentation eines ganz anderen Weltbezugs, in dem *lebendiger Austausch* zwischen Personen erfolgt und beide Seiten *emotionsreiche Erfahrungen* machen, die ein *Lernen* und *Wachsen* zulassen – auch und speziell auf der psychischen Ebene.

Für eine Kunst der Schwelle, für eine Kultur des ewigen Übergangs! Und damit …

Die in vielerlei Hinsicht fragmentarisch bleibenden Ausführungen zu den Träumereien sind deshalb als indirekter Verweis auf eine *zu pflegende »Kunst der Schwelle«*, als *Spur* zu einer *Kultur des ewigen Übergangs* zu betrachten, in der daran gearbeitet wird, dass sich Denken zwischen impulshaftem Erleben und abstrakter Begrifflichkeit bewegt. So behält es jene Lebendigkeit, die wiederum lebendigen, weit über »Informationsbeschaffung« hinausgehenden Kontakt ermöglicht – *»Wachstumskontakt«*, sozusagen.

Was, weitergedacht, im Übrigen auch beinhaltet, dass die wirkliche »Frucht« einer gepflegten Alpha-Funktion, respektive einer »Kultur der Pflege der Alpha-Funktion« weniger die zunehmende Erkenntnis von Welt im Sinne eines rein kognitiven Wissenswachstums (oder besser: der Fähigkeit zu einem solchen), als vielmehr die *psychische Reifung* ist. Deren Ziel ist aber weniger ein Weltverstehen, wie es den Konzepten der Bewusstseinsphilosophie vorschwebt, als ein *»Welt-Aushalten«*, zu dem dann *auch* ein Begreifen-, Orientieren-Können und noch mehr gehört.

… für ein Primat des psychischen Wachstums

Das passt nur zu gut zu Bions – in konträrem Widerspruch zur evolutionären Erkenntnistheorie stehenden – Überzeugung, dass unser psychischer Apparat ohnehin nicht das Ergebnis notwendiger »Reality-Checks« ist und folglich eine »Erkenntnis-Produktionseinheit« darstellt. Vielmehr, so Bion, ist er ein System, das – und hier folgt er Freud und dessen Gedanken aus den oben schon angeführten »Formulierungen über zwei Prinzipien des psychischen Geschehens« – dem *Spannungsabbau* dient. Weshalb er auch so schlecht funktioniert, wenn es um das Verstehen und Erfassen von Welt oder auch von einem selbst geht (Bion 1992b, u.a. S. 58ff. und S. 139ff.). Für Bion zeigt sich das unter anderem daran, dass eine der rudimentärsten Formen von Denken (oder besser: von dem, was später einmal zu Denken wird) die oben schon dargestellte projektive Identifikation ist, ergo die Auslagerung der eigenen Emotionen des Säuglings auf die Mutter zwecks Reduktion von innerer Angst. Hier wird zwar schon Welt erfasst und repräsentiert (sonst wäre keine Identifizierung und folglich keine Auslagerung von Emotionen möglich), doch das ist letztlich nur ein Nebeneffekt – wirklich wichtig ist das emotionale Erträglichmachen von Situationen, das so erfolgt.

Gleiches gilt für all die weiteren »Mechanismen« – Spaltungsprozesse, Verdrängungen usw. –, die dann hinzukommen und systematisch unsere Psyche konstituieren: Immer geht es um *Spannungsreduktion* bzw. um das *Aufschieben von Muskelentladungen* durch *psychische Verarbeitung* – was deshalb auch die Grundausrichtung, oder genauer gesagt: die *Grundbestimmung* der Gesamtpsyche bleibt.

So gesehen ist wahrscheinlich sogar die Alpha-Funktion letztlich nichts anderes als ein innerweltliches Gefüge, das für den Spannungsabbau zur Verfügung steht; ja, vielleicht ist es sogar das mächtigste, das wir besitzen: Nicht nur transformiert sie rohe (und insofern unverdauliche, bedrohliche) Beta-Elemente in psychisch erlebbare Welt; mit ihrer Hervorbringung einer Schwelle bzw. eines Schwellenerlebens fasst sie das Problem der Spannung gleichsam bei der Wurzel, indem sie ein *positives Erfahren* im obigen Sinne etabliert: von einem selbst wie von anderen. Und so versucht sie Bedrohungspotenzialen mit all dem, was an physiologischen Effekten dazu gehört, den Boden zu nehmen.

5. Be-schreibende Memoiren

Wo bleibt denn ob all dem die *Memoir of the Future*, möchte man jetzt fast schon ein wenig irritiert fragen. Ist diese Bion'sche Spätschrift nicht irgendwie auf dem langen Weg, den wir bisher zurückgelegt haben, verloren gegangen?

Eine – externe – Alpha-Funktion in Buchform

Wohl eher das Gegenteil ist der Fall. Einfach, weil es in der *Memoir* genau um das geht, was gerade gezeigt wurde, *um die Pflege der Alpha-Funktion*. Und zwar findet diese, so meine These, auf der *»Produktionsebene« statt*, die ebenfalls zu diesem Buch gehört; das heißt in dem, was es mit dem Leser macht, *indem er es liest*.

Die *Memoir of the Future* »schraubt«, metaphorisch gesprochen, nicht nur an Gedanken (was Bücher in der Regel ja immer tun). Sie ist auch Bions Versuch, das *Denken* zu bearbeiten (was, wie oben schon kurz skizziert wurde, eine logische Konsequenz der Wende hin zur Theorie der Alpha-Funktion ist), und zwar dahingehend, dass Denken zu einem Denken wird, in dem sich das Bewusste vom Unbewussten scheidet, lebendige Erfahrung entsteht und sich all das einstellt, was oben unter dem Begriff des Schwellenerlebens beschrieben worden ist.

Kurz: Die *Memoir* ist eine Art *»Pflege-Buch«*, das zwar immer wieder auch *über* die Alpha-Funktion schreibt, einen aber vor allem förmlich in die Welt der Alpha-Funktion *hineinreißen*, selbige *aktivieren*, *antreiben*, *funktionieren* lassen will: Auf dass Denken – als Gesamtprozess verstanden – gelingt, weil *psychische* und eigentlich auch *kulturelle* Störungen (wie man Bions Seitenhieben auf die Wissenschaft entnehmen kann) Ausdruck *nicht gelingenden Denkens* – und im Detail: Ausdruck einer (zumindest temporär) *ausgefallenen Alpha-Funktion* – sind.[10]

---

10 Tatsächlich lassen sich *Denken* und *Gedanken* voneinander unterscheiden – was Bion auch immer wieder tut. Diese Differenzierung findet sich allerdings nicht nur bei ihm, sondern auch bei einem guten Teil der Wissenschaftstheoretiker des 20. Jahrhunderts: Von Paul Feyerabend etwa stammt das Bild, im Sinne der Kunst auch in der Wissenschaft *Denkstile* zu unterscheiden – was eben mehr ist, als bloß unter-

Diese *direkte »Ansprache«* und *»Bearbeitung«* der Alpha-Funktion erfolgt in der *Memoir* dabei auf unterschiedliche Weisen, die im Folgenden kurz skizziert werden sollen.

Schwellenproduktionen 1: Traum-Wirklichkeits-Grenzen

Erstens einmal geschehen Ansprache und Bearbeitung durch die *Rhythmik* des Textes, auf die Bion selbst schon in seinem Mini-Vorwort zu *The Dream* hinweist (Bion 1991, S. ix). Gleich zu Beginn des Traumbuchs wird diese Rhythmik greifbar, wenn das Geschehen – England ist offensichtlich von einer Invasionsmacht überrollt worden; die gesellschaftlichen Verhältnisse haben sich gewandelt; aus Herrenleuten wie Alice sind Untergebene geworden und aus Untergebenen wie Rosemary Herrinnen – zuerst noch etwas von einer Kriegs*geschichte* hat, aber zunehmend zu einer *Reihung von Sätzen* zerfällt, die ein Dialog sein sollen, aber vielleicht auch bloß *»Ausstoßungen«*, Beta-Elemente zweier Personen sind, die einander als lebendige Pinnwände für ihre sprachlichen Ergüsse benutzen. »Who are you?«, heißt es etwa auf Seite 35, worauf geantwortet wird mit »I am compassion« und worauf das nächste »Who are you?« folgt, das nun mit einem »I am your maid – but even then you did not see« beantwortet wird, auf dass es gleich weitergeht mit: »Open my eyes.« – »No. I sent you prophets but you would not listen.« – »Open my ears.« – »I sent you Bach.« – »He had perfect pitch.« – »He tempered the clavier well.« usw. (Bion 1991, S. 35).

Nicht nur legt der Text auf diese Weise an Geschwindigkeit zu und streift sein »Story-Telling« ab; indem er das tut, verändert er auch seine Qualität. Was vorher bei aller Apokalyptik noch irgendwie real wirkte, wird jetzt traumartig; erste Zweifel kommen auf, ob nicht all die vorherigen Ausführungen über den Feind und Angreifer bereits einer Traumwelt angehörten. Dadurch wird man als Leser in einen eigenartigen Zustand versetzt: Man fühlt sich zwischen Traum und Wirklichkeit »verschmiert«,

schiedliche Gedanken zu haben. Im Rahmen divergierender Denkstile *bewegt* sich der »Geist« anders, weil es einmal vielleicht zum Stil gehört, atmosphärische Stimmungen aufzunehmen (und zuvor überhaupt zu registrieren), während ein anderer Stil buchstäblich keinen Zugang zu solchen Zuständen hat.

gerade dadurch aber auch sehr wach und gewissermaßen »aufmerksam«. Schwellenerleben stellt sich mithin ein.

Schwellenproduktionen 2: Infiziert (und be-schrieben) von Captain Bion

Den zweiten wichtigen Weg zur Pflege einer »Kultur des ewigen Übergangs« stellt die *Struktur* der *Memoir* dar, genauer gesagt ihr Wesen als *»Ansprache«*, mit der man sich als Leser regelmäßig konfrontiert sieht.

Denn immer wieder spricht plötzlich Wilfred Bion selbst zu einem, wie beispielsweise in den Abschnitten 11, 12 und 13 von *The Dream*, wo *kurzerhand* Roland, Alice und all die anderen ProtagonistInnen zur Seite gedrängt werden (Bion 1991, S. 49ff.). Stattdessen heißt es nun in Großbuchstaben »CAPTAIN BION« (Bion 1991, S. 53), worauf nach einem nur zu vermutenden Doppelpunkt ein verdächtig nach Erinnerungsfetzen klingendes »I stared at the speck of mud trembling on the straw« folgt, an das in zunehmender Dichte theoretische Ausführungen anschließen: unter anderem zur menschlichen Erfahrungssprache und zu deren Leistungsfähigkeit.

Mit einem Mal erscheint dann all das zuvor Gelesene als Spiel, als das lustvolle, kreative Agieren dieses Mannes, der offensichtlich mit Leichtigkeit Atmosphären erzeugt, die an Albträume gemahnen, dann wieder in den Modus des kraftvollen Geschichtenerzählers fällt, um schließlich behände auf eine Metaebene zu springen, von der aus er souverän auf alles blickt: Hier steht jemand auf der Schwelle, hier rotiert eine Alpha-Funktion geradezu, hier darf das Unbewusste in das Bewusste ragen, seine Energiespuren hinterlassen und lebendiges Leben produzieren. Was irgendwie infizierend wirkt, ansteckt und den Leser zu einem *»Erleben von Übergang«* verführt, um nicht zu sagen, damit überrollt.

So besehen will die*»Memoir of the Future* nicht gelesen werden – sie will einen vielmehr *»be-schreiben«*, sich *einschreiben*, vielleicht tatsächlich Bion sich in einem selbst abdrücken lassen, auf dass er sich gleichsam *fortschreibt.*[11]

11 Wie dieses »Be-Schreiben« und »Einschreiben« funktioniert, respektive was damit gemeint ist, wird weiter unten noch ausführlicher erläutert werden, nämlich gleich zu Beginn von Abschnitt 6.

Psychoanalyse: »Anstecken« mit der Alpha-Funktion

Ist es folglich ein »omnipotentes Machwerk«, mit dem man es zu tun hat, eine größenwahnsinnige Fantasie? Die Antwort ist in Wirklichkeit schon im Titel des Buches gegeben: Es geht – nicht nur: welch Paradoxie, sondern auch: welch schöner Zynismus! – um die reflektierte, erzählte *Erinnerung* oder vielleicht auch um die reflektierten, erzählten Erinnerung*en*, um die *Memories*, *aus* einer Zukunft, in der sich die Psychoanalyse wahrscheinlich nicht gänzlich, aber doch zu einem guten Teil vom *Erinnern*, *Begehren* und *Verstehen* gelöst hat und stattdessen das *»Be-«* und *»Einschreiben«* in den Mittelpunkt gerückt hat; konkret das *Einschreiben von funktionierenden Alpha-Funktionen*, mithin von einem *gelingenden Denken*, das *lebendig* und dem *Lebendigen* gewachsen ist; das heißt: einen *lebendigen Austausch* und *psychisches Wachstum* realisiert. Was nicht nur dem psychisch Kranken, sondern auch dem tendenziell Gesunden in einer Kultur hilft, die zur Unlebendigkeit neigt.

Dass die Alpha-Funktion, die Schwelle, oder wie immer man es nennen möchte, dabei in einer Art *»Kette von Einschreibungen«* von einem Menschen zum anderen weitergegeben wird, ja weitergegeben werden muss, machen schon die nur etwas genauer gelesenen Ausführungen Bions zu den Träumereien der Mutter[12] in *Lernen durch Erfahrung* deutlich: Es ist *deren* Alpha-Funktion, mit deren Hilfe sich das Kind psychisch entwickelt (Bion 1992b, z.B. S. 83ff.). Einfach, weil diese Funktion die Mutter in einen Zustand versetzt, der es ihr ermöglicht, die projektiven Identifikationen des Kindes aufzunehmen und in veränderter Form zurückzugeben, nämlich nicht mehr als projizierte ausgestoßene Beta-Elemente, sondern als Erfahrungen, anhand derer das Baby lernt und wächst.

Das bedeutet aber nichts anderes, als dass die Mutter die *ausgelagerte Alpha-Funktion* des Kindes ist (vgl. dazu Bion 1992a, S. 57, wo dies dahingehend formuliert wird). Stellt man sich in weiterer Folge vor, dass das Kind mit jeder »Rückerstattung« von projizierten Emotionen nicht

---

12 Noch einmal sei explizit auf den metaphorischen Charakter des Begriffs »Mutter« verwiesen.

nur Alpha-Elemente, sondern über diese indirekt auch das, was diese Elemente produziert, *den Modus*, mitgegeben bekommt, *so schreibt die Mutter mit ihrer funktionierenden Alpha-Funktion dem Kind seine eigene ein.* Das passt zu dem, was Bion über die Mutter sagt, die nicht zur Übernahme dieser Rolle der »ausgelagerten Alpha-Funktion« fähig ist: Dass es desaströse Folgen für das Kind in Form von psychischen Störungen gröbster Natur haben wird[13], was eben nichts anderes heißt, als dass seine eigene Alpha-Funktion, seine eigene Quelle gelingenden Denkens, *nicht* ausgebildet wird.

Nährende andere

Die *Alpha-Funktion*, die *Schwelle*, eine *Kultur des ewigen Übergangs* benötigt also *den anderen*, der sich in einen *einträgt*, *einpflanzt*. Konkret jedoch einen anderen, der nicht *aggressiv*, *distanziert* oder *gleichgültig* agiert, weil Aggression und vergleichbares die Alpha-Funktion bekanntlich blockiert, sondern – was den obigen Ausführungen zum Erleben der Alpha-Funktion zufolge im Übrigen nichts anderes als Ausdruck seiner intakten Alpha-Funktion ist – gleichsam *»nährend«* auf sein Gegenüber zukommt, dieses, wie beschrieben, *in seiner »inneren Mitte« berührt*, mithin einen lebendigen Austausch pflegt und im Kontakt etwas *Gebendes* hat.

So gesehen erhält die oben in diesem Text getätigte Aussage, dass die Schwelle ein Ort ist, der sich immer auch oder sogar *vorrangig*, *primär*, als Ort *lebendiger Bezogenheit* erlebt, eine Bestätigung. Man kann sogar sagen: Alles andere, die Lebendigkeit, die Verschmiertheit von energiehaftem Erleben und abstrakter Begrifflichkeit und all das, was sonst noch mit der Schwelle verbunden ist, *wird erst dort entstehen*, wo

13 Dieser Verweis auf die negativen Folgen des Ausbleibens der »Einpflanzung« der Alpha-Funktion ist klar vom Konzept oder, wie man vielleicht sogar sagen kann, vom Topos der »psychotischen Mutter« zu unterscheiden, das/der als Erklärungsmodell in der Psychoanalyse für lange Zeit keine unwesentliche Rolle spielte: Auch »normale« Erwachsene können an der Vermittlung der Alpha-Funktion scheitern; beispielsweise deshalb, weil sie aufgrund von Stress mit dem Kind zu wenig in Kontakt gehen und so ein »Fortschreiben« der Alpha-Funktion verhindern. Solche Zusammenhänge hat Bion im Sinn, nicht das »Problem« der psychotischen Mutter.

diese Bezogenheit erfolgt, weil sie der vielleicht deutlichste Ausdruck davon ist, dass sich eine Alpha-Funktion eingeschrieben hat und – gerade eben oder auch vor langer Zeit – den Grundstein dafür gelegt hat, dass nun eine Alpha-Funktion intensives Erleben, Spüren, Berühren und Austauschen realisiert.

6. Der leibhaftige Bion!

Mit Blick auf sein Spätwerk ist *eines* der Vermächtnisse Bions also, wie ich behaupten möchte, eine *»Psychoanalyse der Einschreibungsprozesse«*.

Natürlich ist mit dieser Fokussierung auf die Produktion einer »Kette von Einschreibungen« noch nicht alles im psychoanalytischen Prozess getan. Oder um es ein wenig anders zu sagen: Es bedarf noch mehr als bloß der »Präsentation« des/der AnalytikerIn als jemand, die oder der gewissermaßen auf der Schwelle steht. Doch letzteres ist zumindest in der hier skizzierten Logik von fundamentaler Bedeutung und lässt sich auch dahingehend reformulieren, dass ein wichtiger Part des analytischen Tuns in der *Bearbeitung* oder *Beschreibung* der *Objekt-Struktur-Ebene* (des Patienten) liegt. Denn auf einer solchen spielt sich offensichtlich die Genese der Alpha-Funktion ab.

Im Feld des »atmosphärischen Wissens«

Mit der Begrifflichkeit des »atmosphärischen Wissens« soll folgendes Phänomen beschrieben werden. Wenn sich, wie etwa Melanie Klein herausarbeitet, das Psychische oder Mentale erst mit Beziehungs- oder Objekterfahrungen ausbildet, kann es wenigstens in den frühen Lebensphasen des Menschen auch *keine psychische oder mentale Repräsentation des anderen* geben (Klein 1946, 1957).[14] Nicht in dem Sinn, wie Erwachsene solche Repräsentationen kennen

14 In diesen beiden Texten scheint mir das leibliche Repräsentieren von Welt beim Säugling deutlich greifbar zu werden.

– mithin als Erfahrung des aktiven Kennenlernens eines Gegenübers, das vielleicht oder auch nicht bedeutsam wird, von Anfang aber schon eine innere, *bewusstseinsbezogene* Repräsentation findet. An eine solche, leicht mit einem »Spiegel der Natur« zu verwechselnde Struktur können die ersten Objekterfahrungen nicht anschließen – was jedoch auch die Frage aufwirft, wo deren »Andockung« dann erfolgt.

Wahrscheinlich ist, dass das auf jener Ebene passiert, die seit Ludwig Wittgenstein und Michael Polanyi, »popularisiert« durch Thomas Kuhn (Kuhn 1976, S. 57–64 sowie S. 226ff., Anm. 1 und 2) über die Begriffe *»stilles«* oder *»implizites Wissen«* markiert wird und auf etwas in uns verweist, das *Weltrepräsentation in »leibhafter« Form* vornimmt. Viele Bewegungsabläufe sind so in uns gespeichert, werden so »gewusst«, ohne doch bewusst »gewusst« zu werden – was sich beispielsweise dann zeigt, wenn jemand, der Radfahren kann, ernsthaft versucht, diesen Prozess detailliert zu beschreiben: Die Beschreibung bleibt immer nur fragmentarisch und wird niemand anderem das Radfahren lehren.

In diesem Sinne sind die ersten Objekterfahrungen wohl »Leibeseinschreibungen«, was ihnen auch jene Massivität, Macht und Reflexhaftigkeit gibt, die für ihre Wirkungsweise im späteren Leben so typisch ist. Und dementsprechend wird all das, was im späteren Leben eines Menschen »Objektstatus« haben will, immer auch auf dieser Ebene des »Leibeswissens« verankert sein müssen, weil es sonst – vor dem Hintergrund der frühen Lebenserfahrungen – erst gar nicht als Objekt empfunden und erlebt werden wird.

Insofern existiert in uns aber so etwas wie eine *Objekt-Struktur-Ebene*, die es immer zu erreichen gilt, wenn die Alpha-Funktion eingepflanzt, wieder angekurbelt oder einfach angesprochen werden soll. Dort wird sich beispielsweise die liebevolle Fürsorge der Mutter verankern, die sich besagten Träumereien hingibt; als nahes, nährendes Objekt, das in diesem nahen, nährenden Begegnen auch eine Alpha-Funktion zu etablieren beginnt. Oder, umgekehrt, wird sich dort vielleicht Leere oder Zorn »einbrennen«, wenn die Mutter unsicher oder auf Distanz ist, was die empfindliche Alpha-Funktion bestenfalls keimen, aber nicht zur Entfaltung bringen lassen wird.

Erfolgreiche »Infektionen« benötigen Haltung!

Das alles ist nun auch für die analytische Praxis von Relevanz. Der Verweis auf die *Objekt-Struktur-Ebene* und ihren *leibhaften Charakter* beinhaltet nämlich, dass hier Sprache und Deuten an eine Grenze kommen – konkret: an die Grenze von fundamental unterschiedlichen Wissenswelten, die letztlich nicht zu überschreiten ist.[15]

Wo Objektstrukturen bearbeitet werden sollen, bleibt deshalb in der Tat vor allem die *Aufmerksamkeit* (die Bion nicht zufällig als ersten Aspekt der Alpha-Funktion bestimmt), das *nährende Berühren*, kurz: das *Einnehmen* einer ganz bestimmten (Alpha-Funktion-)*Haltung*, die dann hoffentlich *»ansteckend«* wirkt, wie es Donald Meltzer formuliert hat.[16]

Wenn dem aber so ist, und auch das hat schon Meltzer angesprochen, wird das *»Selbsttraining«* des Analytikers immer wichtiger, sprich: die Pflege der Schwelle und, wie sich nun ergänzend feststellen lässt, der Objekt-Struktur-Ebene, also der Alpha-Funktion und ihrer Grundlage. Wobei diese Pflege nach all dem Gesagten immer nur eine »Pflege einer Kette von Einschreibungen« sein kann. Was auch dahingehend zu verstehen ist, dass Analyse immer nur als mit anderen geteilte Lebensform funktioniert, als *geteilte Praxis von AnalytikerInnen*, in der besagte Einschreibungsprozesse im Mittelpunkt stehen.

Zu dieser *geteilten Praxis*, so wage ich zu behaupten, will auch *Memoir of the Future* ein Betrag sein, womit das Werk aber auch ein Beitrag zu der Frage ist, wie es mit Störungen psychischer Natur praktisch umzugehen gilt – denn diese zu bearbeiten, ist letztlich das Ziel, das diese geteilte Praxis hat.

15 Was nun nicht als »Plädoyer« für Undeutbarkeit zu verstehen ist: Die Deutungsarbeit bewegt sich hier lediglich von der Zeichendeutung weg, hin in Richtung auf eine »umfassenden Hermeneutik«, in der Verstehen ein Einlassen, eine *Teilhabe am Geschehen* notwendig macht. Ja, letztere wird nicht nur notwendig: Die Teilhabe und all das, was in ihr geschieht und sich uns zu einem guten Teil als bewusstes Moment entzieht, ist dann das »eigentlich Zentrale« – was eben mit dem Einnehmen einer ganz bestimmten Haltung identisch ist, mit einer Haltung, die aus einer Bion'schen Perspektive als »Alpha-Funktion-Haltung« bezeichnet werden könnte.

16 Zitiert nach Ross A. Lazars Vortrag über Donald Meltzer, den er am 2. Oktober 2009 anlässlich einer Veranstaltung des ÖVIP, des Österreichischen Vereins für Individualpsychologie in Wien gehalten hat.

Zum Abschluss

Es mag sein, dass die von mir dargelegte Lesart von Bions Spätwerk an der Grenze des Möglichen angesiedelt ist, vor allem auch deshalb, weil Kernkategorien Bions wie die »*Thoughts without a Thinker*« oder die »*Prä-Konzepte*« nicht einmal kurz gestreift worden sind.

Doch ich meine, dass Bion nichts gegen diesen Querfeldeinritt durch seine Arbeit gehabt hätte. Denn wie heißt es doch am Ende des Vorworts zu *The Dream*, des ersten Teils von *A Memoir of the Future*: »Wenn die psychoanalytische Welt keinen Platz für Wildesel bereit hält, wo ist dann ein Zoo, in dem diese Spezies überleben kann?« (Bion 1991, S. 5).

Literatur

Bion, Wilfred R. (1991): A memoir of the future. London (Karnac).
Bion, Wilfred R. (1992a): Elemente der Psychoanalyse. Frankfurt/M. (Suhrkamp).
Bion, Wilfred R. (1992b): Lernen durch Erfahrung. Frankfurt/M. (Suhrkamp).
Derrida, J. (1988): Mémoires, für Paul de Man. Wien (Edition Passagen).
Gadamer, H.-G. (1972): Die Unfähigkeit zum Gespräch. In: Gadamer, H.-G. (1986): Hermeneutik II. Wahrheit und Methode. Ergänzungen, Register. Tübingen (J. C. B. Mohr), S. 207–215.
Klein, M. (1946): Bemerkungen über einige schizoide Mechanismen. In: Klein, M. (2000): Gesammelte Schriften, Band III, 1946–1963. Stuttgart, Bad Cannstatt (frommann-holzboog), S. 1–41.
Klein, M. (1957): Neid und Dankbarkeit. Eine Untersuchung unbewusster Quellen. In: Klein, M. (2000): Gesammelte Schriften, Band III, 1946–1963. Stuttgart, Bad Cannstatt (frommann-holzboog), S. 279–367.
Kuhn, T. S. (1976): Die Struktur wissenschaftlicher Revolutionen. Zweite revidierte und um das Postskriptum von 1969 ergänzte Auflage. Frankfurt/M. (Suhrkamp).

Wie viel Poetik braucht das Erinnern?

Zur Autofiktion von Text und Leben: Binjamin Wilkomirskis *Bruchstücke*

Bettina Rabelhofer

»... we generate fantasies as a kind of shield to protect us from the unbearable trauma.«
Slavoj Žižek, The Art of the Ridiculous Sublime

»Was bleibt. Einsame Texte, die auf Geschichte warten.«
Heiner Müller, Absage

Dass Erinnerung und Fiktion im Feld der Literatur in einem außergewöhnlichen Nahverhältnis zueinander stehen, ohne der narrativen Wahrheit Abbruch zu tun, scheint allgemein akzeptiert.

Und dennoch hat Literatur manchmal auf sehr komplexe Weise mit der Wirklichkeit zu schaffen, dann nämlich, wenn ein literarischer Text, so fiktiv er auch daherkommen mag, getränkt ist mit Lebenswirklichkeit und Erfahrungswissen. Im Falle von Autobiografien setzen wir die authentisch verbürgte Entsprechung von autobiografischem Text und Leben geradezu voraus. Doch gelebtes Leben ist zusammenhangloser, disparater und kontingenter als die narrativ geglättete Oberfläche des autobiografischen Projekts Glauben machen will (vgl. Polkingahorne 1998, S. 24ff.). Autobiografische Erzählungen sind determiniert durch die Unsicherheiten des Gedächtnisses, durch die gegenwärtige Wunsch- und Bedürfnislage des Erzählers und durch die Einlagerung kulturell verfügbarer plots. Die literarischen Formen des Bilanzierens, Archivierens und Memorierens durchqueren nicht ausschließlich die Terrains des vermeintlich individuell ›Wiedergefundenen‹, sondern rekrutieren ihre Wirkmächtigkeit aus sozial wie kollektiv ›vorgefundenen‹ Gedächtnisräumen (vgl. A. Assmann o.J.). Als Bezugshorizonte des Erinnerns modellieren sie Identität. Und wenn die jeweilige Mnemotechnik nachdrücklich all das erinnert, was das eigene Gewordensein mit Bedeutung aufladen kann, so ist das Verhältnis von Erinnerung und Identität zirkulär geworden (vgl. ebd., S. 2). Die Erzählungen des individuellen Gedächtnisses avancieren zu einem Narrativ, das sich aus den zu Ikonen und Mythen geronnenen mentalen Bildern einer Kultur speist, »deren wichtigste Eigenschaft ihre Überzeugungskraft und affektive Wirkmacht ist« (ebd.). Hat die ›wiedergefundene Zeit‹ auch niemals stattgefunden, so wird die autobiografische Erzählung doch zum Garanten dafür, dass das Selbstvergessen nicht in reiner Leere aufgeht. ›Authentizität‹ hat längst ihre erkenntnistheoretische Aura des ›Echten‹ und ›Realen‹ eingebüßt und ist in den Diskussionen postmoderner Theoretiker als Strategie ästhetischer Konstruktion entlarvt worden (vgl. dazu Knaller 2008).

Texte, die autobiografische Erfahrung in ihrem Kampf um die Zeugenschaft der Lesenden transportieren, können jedoch kaum umhin, auf die Referenzialität ihrer selbsthermeneutischen Repräsentation zu pochen, und begeben sich damit auf prekäres Terrain. Besonders dann, wenn es sich um traumatische Erfahrungen handelt, hinterlässt die mimetische Indifferenz dem Ereignis gegenüber »Wunden ohne Gedächtnis« (Laub 2000, S. 868) und markiert die Einbruchstellen der fehlenden Referenz und des Nicht-Darstellbaren in die Historiografie wie in die Erkenntnistheorie: Wenn es stimmt, dass dem bewussten Erinnern keine adäquate Repräsentation des Traumas gelingt –

> »[I]n der ›normalen‹ Erinnerung ist das zu erinnernde Ereignis einem bewußten Rückruf zugänglich, dafür aber entstellt. Die traumatische Rückführung ist dagegen unentstellt, aber weder bewußt herbeizuführen noch dem Bewußtsein zu integrieren. Noch kürzer: im alltäglichen Erinnern ist das zu erinnernde Ereignis verfügbar, aber inadäquat repräsentiert; in der traumatischen Rückführung ist das Ereignis unverfügbar, aber adäquat repräsentiert« (Weinberg 1999, S. 175).

– dann muss die Geschichtsschreibung, um ihre Repräsentationsfähigkeit nicht zu verlieren, die traumatische Rückseite des Erinnerns vergessen machen. Durch die Verabsolutierung dieses

Nicht-eindringen-Könnens in das, ›was wirklich gewesen ist‹, konfiguriert sich ›Geschichte‹ nicht nur durch die Blockaden des Wissens und die Unschärfen abgeschnittener Referenz als gestört, durchlöchert und verzerrt, sondern sie findet erst da überhaupt statt, wo unmittelbares Verstehen ausgeschlossen ist (vgl. Weigel 1999, S. 54).

Wie nun gehen literarische Texte mit dem Problem der fehlenden Referenz des Nicht-Darstellbaren um?

Wenn Literatur ein Kampf um Repräsentation ist, wenn Literatur sich mit dem Auffüllen der Leerstellen im Gedächtnis abmüht, so tut sie das meist auf verschlungenen Wegen, vorzugsweise auf metaphorischen, um dem »aktive[n] Nicht-Wissen« (Laub 2000, S. 868) über das, was das Trauma ausmacht, Gestalt zu geben. Literarische Texte sowie subjektive Lebensgeschichten können sich »auf das Zusammenspiel von Trauma und Erinnerung einlassen und [es] zu ihrem Strukturprinzip machen« (Weinberg 1999, S. 206).

Scherben

Im Folgenden möchte ich über einen Text sprechen, der in der jüngsten Vergangenheit wie kein anderer Skandal und Faszinosum zugleich auszulösen vermochte. Es handelt sich um Binjamin Wilkomirskis fingierte Kindheitsautobiografie *Bruchstücke. Aus einer Kindheit 1939–1948*, erschienen 1995 im Jüdischen Verlag bei Suhrkamp. Als literarische Repräsentationsform des Traumas sind die *Bruchstücke* eingebunden in einen Opfer- und Täterdiskurs, der über den individuellen Akt hinaus Fragen nach historischer Wahrheit, Authentizität, legitimer Aneignung von Erinnerung und Ästhetisierung des Traumatischen aufwirft.

Der Text erzählt in fragmentarischer Form die Kindheitsgeschichte des kleinen, angeblich in Polen geborenen Buben Binjamin, der im Alter von drei Jahren die Vernichtungslager Majdanek und Auschwitz überlebt hat und dessen Identität und Erinnerung dann in der Schweiz durch seine Adoptiveltern gänzlich verschleiert und ausgelöscht werden sollte. Die Chronologie des Schreckens zu rekonstruieren, obliegt dem

Leser, denn dem Ich-Erzähler steht für seine narrativen Selbstvergewisserungen einzig das »Trümmerfeld einzelner Bilder und Abläufe« (Wilkomirski 1995, S. 7)[1] zur Verfügung:

> »Brocken des Erinnerns mit harten, messerscharfen Konturen, die noch heute kaum ohne Verletzung zu berühren sind. Oft chaotisch Verstreutes, chronologisch nur selten zu gliedern; Brocken, die sich immer wieder beharrlich dem Ordnungswillen des erwachsen Gewordenen widersetzen und den Gesetzen der Logik entgleiten« (W, S. 7f.).

Der Text hält sich seinen Leser auf Distanz. Solch »messerscharfe« Erinnerungen sind unantastbar – das Anrühren kann nur um den Preis der Verwundung geschehen. Wilkomirskis Buch führt den und die Lesende durch eine fragmentierte Welt, deren Ontologie einer Überbietungslogik des Grauens gleichkommt. Ereignisse können kontingenter, willkürlicher und entsetzlicher nicht sein: Ein Mann – mutmaßlich Binjamins Vater – wird von einem Milizgefährt an der Hausmauer zerquetscht (W, S. 9f.); der »Große Graue«, ein KZ-Aufseher, lässt den kleinen Binjamin auf seinen Schultern reiten, um dann lächelnd Verrat an der kindlichen Vertrauensseligkeit zu begehen – er schleudert den Buben mit der Stirn gegen die Mauer (W, S. 19f.); Kindern, die den Weg zur Latrine nicht mehr schaffen, wird ein Glasröhrchen ins Glied gesteckt und die Blockowas schlagen darauf ein, bis das Glas zerbricht (W, S. 57f.); der Neue in der Kinderbaracke wird umgebracht, weil er vor lauter Bauchschmerzen seine Notdurft ins Stroh verrichtet (W, S. 58ff.); zwei Babys nagen aus lauter Hunger ihre erfrorenen Finger ab (W, S. 66ff.); der »Stiernackige« schlägt im Spiel mit den Kindern einem kleinen Buben mit einer Holzkugel den Schädel ein (W, S. 73ff.); Ratten kriechen aus den blutverschmierten Bäuchen übereinander getürmter Leichen (W, S. 79ff.); zwei kleine Kinder werden von Soldaten aus dem Fenster geworfen – »zweimal das unverwechselbare Geräusch brechender Schädel« (W, S. 96). Angesichts der mimetischen Distanzlosigkeit des Textes sprach die

1 Im Folgenden wird im Text selbst mit der Sigle W und Seitenzahl zitiert.

Kritik sogar von einer »Pornographie des Grauens« (Lezzi 2002, S. 196; Lau 1998).[2]

Überblendet werden die Ereignisse in den polnischen Vernichtungslagern mit Szenen aus der Schweiz. Binjamin, so legt der Text nahe, wird nach Kriegsende als Kind ›ohne Identität‹ in die Schweiz geschmuggelt, in einem Kinderheim und dann in einer Pflegefamilie untergebracht. Durch metaphorische Gleichsetzungen und metonymische Verschiebungen verschmelzen die beiden Erfahrungshorizonte des Kindes in angstbesetzter Ununterscheidbarkeit: Bei der Ankunft in der Schweiz vergiftet die Erinnerung an die »grauen Uniforme[n] mit bösen Gebärden« (W, S. 18) die Freundlichkeit der Erwachsenen am Bahnsteig; der Duft des Brotes im Kinderheim weckt die Erinnerung an das vertrocknete Stück Brot, das die todkranke Mutter in der Siechenbaracke dem kleinen Binjamin hingestreckt hat (W, S. 44ff.); die verloren geglaubten Schuhe im Heim lassen Binjamin Lappen um seine Füße wickeln, damit der Winterspaziergang überstanden werden kann (W, S. 51ff.); das Wort ›Transport‹ im Gespräch zwischen Heimleiterin und Pflegemutter löst eine Panikattacke aus (W, S. 112f.); die Holzgestelle zum Lagern der Äpfel im Haus der Pflegeeltern mutieren zu Barackenpritschen (W, S. 116f.); die Ofenklappe ist groß genug, dass sie auch Kinder aufnehmen könnte (W, S. 117); Tell ist in Binjamins Augen kein Schweizer Nationalheld, sondern ein SS-Mann, die Lehrerin in der Schule eine Blockowa (W, S. 119ff.); ein Schilift in den »Schweizerberge[n]« wird zur Henkersmaschine (W, S. 130ff.).

Das Buch liest sich als Plädoyer gegen das verordnete Vergessen und als Dokument der wiedergefundenen Erinnerung eines Kindergedächtnisses. Das Nachwort appelliert an die Aufnahmebereitschaft des Lesers, holt ihn gleichsam in den Zeugenstand:

---

2 Vgl. dazu auch Daniel Ganzfrieds Polemik in der Tagungsdiskussion zum »Wilkomirski-Syndrom«: »Sie wollten dieses Buch. Sie wussten, dass das der erste Porno ist, der in Auschwitz spielt. Und das war ein Primeur. Das war eine Originalität, die dem Buch eigen ist. Nur weil der Porno Wirkung hat, heißt das noch lang nicht, dass es ein guter Film ist. Wenn Wirkung plötzlich zum Maßstab wird für Qualität, dann müssen wir alle ganz schnell hier rausrennen und ins nächste Porno-Kino gehen. Jedenfalls die Männer. Aber nicht mit der Illusion, dass sie dabei etwas über das Frauenproblem lernen, aber Wirkung werden sie spüren« (Schoeps et al. 2002, S. 351).

> »Ich bin aufgewachsen und groß geworden in einer Zeit und einer Gesellschaft, die nicht zuhören wollte oder konnte. ›Kinder haben kein Gedächtnis, Kinder vergessen schnell, du mußt alles vergessen, alles war nur ein böser Traum‹ – so die stets wiederholten Worte, mit denen man mir meine Erinnerungen löschen, mich seit meiner Schulzeit zum Schweigen bringen wollte. So habe ich dann jahrzehntelang geschwiegen, aber mein Gedächtnis war nicht zu löschen« (W, S. 142).

Bittere Märchen

Die Geschichte des kleinen Binjamin Wilkomirski hat Furore gemacht. Das Buch ging um die Welt und wurde in neun Sprachen übersetzt. Die Begeisterung in den Feuilletons war einhellig. Wilkomirski geht auf Lese- und Aufklärungstour. Seine Lesungen folgen stets einer ähnlichen Dramaturgie: Wilkomirski erscheint mit einem Schal bekleidet, der an einen Tallith, einen jüdischen Gebetsmantel, erinnert, und spielt auf seiner Klarinette; seinen Text liest ein Schauspieler (vgl. Mächler 2000, S. 130). Große emotionale Resonanz finden seine Auftritte in Schulen und akademischen Einrichtungen. Besonders groß ist das Interesse an amerikanischen Universitäten. Im Frühjahr 1998 stellt Wilkomirski im Rahmen des Holocaust-Symposiums der Notre-Dame-Universität sein Therapiekonzept für identitätslose Kinder vor (vgl. ebd., S. 131). Wilkomirski gibt Video-Interviews und unternimmt eine ›fund-raising-Tour‹ für das Holocaust-Museum in Washington. Zwei Filme nehmen sich seiner Lebensgeschichte an: *Fremd geboren* von Esther van Messel und *Das gute Leben ist eine Falle* von Eric Bergkraut (vgl. ebd., S. 132).

Die narrative Wahrheit des Textes konnte der Empathie einer großen Leser- und Zuschauergemeinde sicher sein, die individuelle Erinnerung wurde zum öffentlichen Ereignis.

Zum Skandal geriet das Gesamtkunstwerk ›Wilkomirski‹, als sich durch die Recherchen des Schriftstellers Daniel Ganzfried (2002a) und des Historikers Stefan Mächler (2000) herausstellte, dass die vermeintliche Kindheitsautobiografie fingiert war. Binjamin Wilkomirski war als Bruno Grosjean am 12. Februar 1941 als uneheliches Kind in Biel geboren worden und hatte auch später, nach seiner Adoption durch die angesehene Züricher Arztfamilie Dössekker, alles andere als eine glückliche Kindheit hinter sich – »[m]an kann wohl«, so Felix Schneider, »ohne Übertreibung sagen, daß die Lektüre von Wilkomirskis ›Bruchstücken‹ als ein bitteres Märchen seiner eigenen Adoptionsgeschichte aufgeht« (Schneider 2000, S. 37).

Der Skandal des Textes lag nicht so sehr in den dargestellten Gewaltexzessen, sondern in der Tatsache, dass sich dessen Auctor der »mächtigsten kulturell sanktionierten Metapher des Leidens« (Mächler 2002a, S. 76) bemächtigt hatte: der Shoah. Wilkomirski, entarnt als Bruno Dössekker, hatte Auschwitz und Majdanek nur als ›Tourist‹ gesehen. »Die juristisch beglaubigte Wahrheit ist eine Sache, die eines Lebens eine andere« (W, S. 143), heißt es im Nachwort der *Bruchstücke*. Doch die Immunisierungsstrategie will nicht so recht greifen – der Text hatte nicht nur schamlos den autobiografischen Pakt mit dem Leser gebrochen, sondern rührte an das Tabu der Unantastbarkeit Auschwitz'. Wilkomirski hatte sich mit der Legitimationsmacht und Rhetorik eines Meisterdiskurses ausgerüstet, dessen »innerste Wahrheit in einem unaussprechlichen Trauma besteht« (Mächler 2002a, S. 76f.).

Mit dieser Unaussprechlichkeit hat der Text vorsätzlich gebrochen, er hat sich Auschwitz zu eigen gemacht und fantasierte Bilder kreisen lassen. Er hat die Verabsolutierung des Nicht-eindringen-Könnens in das, ›was wirklich gewesen ist‹, willfährig durchlöchert, aber durch die postulierte Lückenhaftigkeit seines Kindergedächtnisses doch soweit im Unklaren belassen, dass in letzter Konsequenz jeglicher Geschichtsbegriff, der auf dem Wahrheitspostulat vorsätzlicher Erinnerung aufruht, implodieren muss. Gerade diese, mit sozial wie therapeutisch anerkannten Versatzstücken angereicherte Rhetorik des Traumas konnte Wilkomirskis Erzählung jene Authentizität verleihen, die im Leser durch die eindrücklichste Erfahrung von Vergessen und Erinnern, Dissoziation und Derealisierung, größtmögliche Empathie hervorrief. Im »Schutze der Vorgabe einer fundamentalen Traumatisierung« durch den Einbruch des Unfassbaren in eine Kindheitsbiografie »schafft die strategisch platzierte Gedächtnislücke einen unüberprüfbaren Raum«, während andererseits das »einzelne ›photographisch genau‹ memorierte Detail als historisches Echtheitszertifikat dient« (Zintzen o.J.):

»Meine frühen Kindheitserinnerungen gründen in erster Linie auf den exakten Bildern meines photographischen Gedächtnisses und den dazu

> bewahrten Gefühlen – auch denen des Körpers. Dann kommt die Erinnerung des Gehörs und an Gehörtes, auch an Gedachtes und erst zuletzt die Erinnerung an Selbstgesagtes« (W, S. 7).
>
> »Die ersten Bilder tauchen auf, vereinzelt nur, als Auftakt quasi, Blitzlichtern gleich, ohne sicheren Zusammenhang, aber scharf und deutlich. Bilder nur, noch kaum begleitet von eigenem Denken« (W, S. 8).
>
> »Einzelne Erinnerungsfetzen sind noch da, einem kurzen Aufleuchten gleich, ihr Sinn, ihre Bedeutung nebelhaft« (W, S. 92).

Dort, wo die Erinnerung versagt, wird das ›Trauma‹ zur Leerstelle, zu einer Lücke, die die Anstrengung des Gedächtnisses nicht zu schließen vermag. Es trägt leere Räume[3], leere Geschichten in sich, deren Ränder, einzig durch nachträgliche Symptombildungen befestigt, ein *Nichts* markieren: »In radikaler Weise scheint das Bild der *psychischen* Lücke das Trauma zu verbarrikadieren. […] [D]as Trauma (figuriert) als ein Ereignis, ein Eindruck oder eine Szene, die absolut unzugänglich bleibt, nicht einholbar, weder symbolisierbar noch rekonstruierbar« (Erdle 1997, S. 82). Der Text hat sich den Trauma-Diskurs zueigen gemacht, holt »Erinnerungsfetzen« hervor, deren »kurze[s] Aufleuchten« einerseits übergrelle Realistik zur Schau stellt, andererseits das Evozierte kaum mit Bedeutung aufzufangen vermag. Wilkomirski pocht geradezu auf jenes »oft latente, aber mächtige und allgegenwärtige Gefühl fehlender Struktur und Repräsentation«, das Dori Laub (2000,

3 Vgl. die Ausführungen des Architekten Daniel Libeskind (1999, S. 4) zum Trauma als »Leerraum« (void): »Nicht gemeint ist hier das Trauma einer einmaligen Katastrophe, das überwunden werden kann, sondern das, was ich ein strukturelles Trauma nenne. Ein solches Trauma kennzeichnet nicht nur die besonderen Schwierigkeiten zwischen Juden und Nicht-Juden; nicht nur die Abwesenheit einer Gemeinschaft bei aller möglichen geistigen Anwesenheit; sondern dieses Trauma kennzeichnet ›die Abwesenheit‹ als Resultat dessen, was geschehen ist. Dieses Trauma wirkt strukturierend auf ganze Städte, die Topographie von Ländern, die Topographie Europas, und die der ganzen Welt. Mich interessiert sehr, wie alle die oben beschriebenen Dinge zusammenfließen, nicht nur in ihrer historischen Bedeutung, sondern auch im Hinblick auf das kulturelle Leben von heute. Welche Form der Abwesenheit? Wie sieht sie aus? Wie begegnet man dieser Leere? Oder wie begegnet man ihr nicht? Die Notwendigkeit, innerhalb der Architektur eine Antwort auf die Frage der Leere (void) zu geben, liegt nahe, da in der Architektur auch ein Leerraum (void) ein Raum ist. Es ist ein Ort des Nicht-Seins, wo Spuren der Zusammenhänge kaum zu finden sind, obwohl alles aufgezeichnet und dokumentiert wurde. Wir haben Zugang zu Namen, zu Adressen, zu Räumen, die von den Spuren des qualvollen Verschwindens gezeichnet sind.«

S. 863) als symptomatisch für den »leeren Kreis« angesehen hat, der das, was nicht gewusst und psychisch nicht repräsentiert werden kann, als »Leerstelle[] in der Struktur der Seele« markiert. Das metafiktionale Wissen des schreibenden 50-jährigen Erwachsenen durchkreuzt damit das Nicht-Wissen des erlebenden Kinder-Ich. »Ich bin kein Dichter, kein Schriftsteller«, schreibt Wilkomirski, »[i]ch kann nur versuchen, mit Worten das Erlebte, das Gesehene so exakt wie möglich abzuzeichnen – so genau, wie es eben mein Kindergedächtnis aufbewahrt hat: noch ohne Kenntnis von Perspektive und Fluchtpunkt« (W, S. 8).

Wer die Rhetorik des Traumas so perfekt beherrscht oder sich beim Schreiben ihrer so arglos überlässt, kann die Empathie einer psychotherapeutisch sensibilisierten Lesergemeinde provozieren, die im Hunger nach Exemplifizierung des Unvorstellbaren der Geschichte eines ›Familienromans‹[4] lauscht, mit dem sich viele identifiziert hatten oder den viele sogar real durchleben mussten, aber nicht zu formulieren wagten oder nicht angemessen erzählen konnten.[5]

›Wiedergefundenes‹

In Hinblick auf eine professionelle Exegetengemeinde stellt sich die Frage: Förderten Literaturwissenschafter und Traumatherapeuten aus den *Bruchstücken* all das zutage, was Wilkomirski zuvor der Fachliteratur entnommen und als Einschlagstellen traumatischer Erfahrung seiner Geschichte einverleibt hatte? Wilkomirskis Text scheint einen hermeneutischen Zirkel ganz besonderer Art in Gang gebracht zu haben:

> »Wenn sich also selbst renommierte Fachleute von *Bruchstücke* haben beeindrucken lassen, war dies nicht der Fall, *obwohl* sie sich in der Mate-

4 Mit dem Ausdruck »Familienroman« bezeichnet Freud Fantasien, »in denen das Subjekt imaginär die Bande mit seinen Eltern modifiziert (es imaginiert zum Beispiel, es sei ein Findelkind)« (Laplanche/Pontalis 1973, S. 152).

5 Vgl. dazu folgende Äußerung des Psychoanalytikers Christian Schneider: »Was Wut auslöst, ist die Vorstellung, daß es einer über sich gebracht hat, seinen Identifikationswunsch hemmungslos auszugestalten. Wilkomirski hat sein Publikum vor allem betrogen, weil er stellvertretend dessen Wunsch agiert hat – und damit gescheitert ist. Er hat einen ›Familienroman‹ vorgetragen und desavouiert, den viele hatten, aber nicht zu formulieren wagten« (zit. n. Mächler 2002b, S. 116).

> rie auskannten, sondern *weil* sie es taten. Als später seine Glaubwürdigkeit unter Beschuß kam, berief er sich […] wiederum auf die Autorität solcher Exegeten« (Mächler 2002a, S. 64).

Wilkomirski ist es gelungen, sein Publikum in sein Leben zu involvieren, es zum als Mitspieler in der persönlichen Aufarbeitung seines privaten Holocaust[6] zu gewinnen und als Zeugen des Unvorstellbaren einzusetzen. Sein Engagement gilt Leidensgenossen, ›Kindern ohne Identität‹ – »ohne Gewißheit über ihre Herkunft, die Spuren sorgsam verwischt, unter falschem Namen lebend und oft auch mit falschen Papieren versehen« (W, S. 142). »Auch ich«, so heißt es weiter im Nachwort, »habe noch als Kind eine neue Identität erhalten, einen anderen Namen, ein anderes Geburtsdatum, einen anderen Geburtsort. […] Aber dieses Datum stimmt weder mit meiner Lebensgeschichte noch mit meinen Erinnerungen überein« (W, S. 143).

Gemeinsam mit dem Psychotherapeuten Elitsur Bernstein entwickelt Wilkomirski eine Therapieform zur Wiedergewinnung von Kindheitserinnerungen. Die therapeutische Empfehlung von Bernstein/Wilkomirski lautet:

> »Der Therapeut soll die vom Klienten vorgetragenen Erinnerungen als Hinweis auf seine vergangene ›äußere Realität‹ akzeptieren und ihn in seiner Erinnerungsarbeit unterstützen […]. Dabei muß der Therapeut dem Klienten zur Ermutigung immer wieder bestätigen, daß seine Erinnerungen als Bestandteile einer historischen Realität angehört und aufgenommen werden« (Wilkomirski/Bernstein 1999, S. 160–172, zit. n. Stoffels 2002, S. 157f.; vgl. auch Wilkomirski/Bernstein 1997, S. 50).

Psychotherapie, durchtränkt von Theorie, organisiert hier ihre Wahrheiten am Leitfaden eines recht eindimensionalen Memoria-Modells, um in den Blockaden des Wissens und den Unschärfen abgeschnittener Referenz doch noch eine Geschichte zu finden. Die tiefenhermeneutische Einfältigkeit lag wohl in der kritiklosen Übernahme eines Gedächtnisdiskurses, der die Authentizität des Erinnerungsbruchstücks

---

6 So der Titel eines Aufsatzes von Alexandra Bauer (2006): »My private holocaust. Der Fall Wilkomirski(s)«.

mimetisch und monokausal in den archäologischen Tiefen eines Gedächtnisspeichers verbürgt sah. Die Archäologenmetapher hat, so haben die jüngsten Diskussionen in den Neurowissenschaften gezeigt, abgedankt und sich als unangemessen für eine individuelle Phänomenologie des Erinnerns erwiesen.[7]

Mit seinem Modell eines ›photographischen Speichers‹ hat sich Wilkomirski in den Debatten um die Möglichkeit des Wiedergewinnens von Gedächtnis eindeutig Grundannahmen der ›Recovered Memory Theory‹ zu eigen gemacht: »Die traumatische Situation erhält sich als sozusagen fotografisches Abbild im Unbewußten; die Erinnerung daran entspricht einer vergangenen Wirklichkeit« (Mächler 2000, S. 271). Besonders in den USA geriet Wilkomirskis wiedergefundene Kindergeschichte unter den Verdacht, das Produkt einer missratenen Therapie zu sein (Mächler 2002a, S. 54).

Narrative Hüllen

Kritiker der Theorie des wiedergewonnenen Gedächtnisses begegnen gerade jenen vermeintlich abbildhaften Erinnerungsspuren mit großer Skepsis und schreiben sie der Suggestivkraft therapeutischer Einwirkung und der Notwendigkeit zu, Desintegriertes in ›Erzählung‹ zu verwandeln.[8] Die Bruchstücke beschädigter Identität sollen von einem

7 Die ›Nicht-Einholbarkeit‹ des Traumas beschäftigt auch die jüngste Gedächtnisforschung. Sie ist sich nicht einig darüber, ob nun implizites (dissoziiertes) Gedächtnis, das sprachlich nicht codierte, traumatische Inhalte sensomotorisch speichert, und explizites (autobiografisches) Gedächtnis, das Erinnerungen ›willentlich‹ abruft, auf unterschiedliche Gehirnhälften zurückgreifen oder ob es sich um eine unterschiedliche Verarbeitung von Erinnerungen handelt. Im ersten Modell könnten implizite Erinnerungen *nie* explizit werden, da völlig verschiedene Gedächtnissysteme an der Speicherung beteiligt sind; das zweite Modell ließe die Möglichkeit des Explizitwerdens von vormals impliziten Erinnerungen offen (vgl. dazu Brenneis 1998, S. 801–823). Einen Überblick über die gegenwärtige wissenschafts(ideo)logische Forschungslandschaft in Hinblick auf Erinnerung, Narration, Konstruktion und die Bedeutung der Vergangenheit im therapeutischen Prozess gibt Bohleber (2005, S. 2–10).

8 »Traumatisierte Menschen versuchen, diese sprachlose, unzusammenhängende und abgespaltene Erfahrung zu integrieren und in eine Erzählung zu übersetzen, die erklärt, was einmal mit ihnen geschah. Genau diese Notwendigkeit, für einen namenlosen Horror Worte zu finden, öffnet ein Tor für Konfabulationen« (Mächler 2000, S. 273).

Narrativ gekittet werden, das die »radikal unverfugte Zeit« (Derrida 1995, S. 38) in das Kontinuum einer subjektiven Bedeutungsbiografie[9] überführt. Die zwischen dem Vergessen und dem Erinnern stecken gebliebenen traumatischen Erfahrungen sollen im Medium der Sprache objektiviert werden. Doch ein Erzählen, das die Authentizität des Traumas vermitteln will, ist ein höchst schwieriges Unterfangen; es ist stets mit der mühevollen Suche nach sprachlichen Formen der Repräsentation verbunden, »die – indem und während sie davon erzählen – seine ursprüngliche Nichterzählbarkeit vermitteln und bewahren« (Kopf 2005, S. 45). Im Kampf um die Repräsentation des Traumatischen müht sich die analytische Erinnerungsarbeit mit dem Nicht-Wissen, der Struktur- und Zeitlosigkeit ab, um die Wundränder fehlender Repräsentation narrativ zu umhüllen und in einer Erzählung zu bergen.[10]

Wilkomirskis Erzählkonzept als Schrift gewordener Ausdruck seines Erinnerungsmodells privilegiert das Fragment und folgt als puzzleartig zusammengesetztes Textgewebe der Erinnerung entlang von Assoziationsketten.[11] Die Erzählstruktur hält so als nahezu textuelle Performanz des Traumas dessen Lücken, Unschärfen und Aporien präsent und stellt dennoch ein Mindestmaß an Kontinuität und Kohärenz des Lebenslaufs sicher. Wenn traumatisierte Kindheit dem Zugriff des Gedächtnisses immer mehr entschwindet, bleibt – um mit Peter Brooks zu sprechen – zur Evozierung und Generierung von Vergangenheit nur noch der Text als ›narrative Maschine‹[12], die je weiter der Erzähler in der ›Erinnerung‹

---

9 Zur narrativen ›Bedeutungsbiographie‹ vergleiche Seidler (1996, S. 78ff.).

10 Daniel Stern (1998) zufolge ist »implizite[s] unbewußte[s] Wissen« nicht psychodynamisch verdrängt und abgewehrt, sondern befindet sich in »einem Raum des Nicht-Bewußten, der nonverbalen Existenz«. Ziel des psychotherapeutischen Prozesses ist so auch nicht die Aufhebung der »Verdrängung« bzw. die Arbeit am »Widerstand«, sondern die Überführung von nonverbalem, implizitem Wissen in eine narrative Oberflächenstruktur (ebd., S. 9).

11 Eva Lezzi (2001, S. 113) sieht dieses Erzählschema am eindrücklichsten in Saul Friedländers Autobiografie *Wenn die Erinnerung kommt* ... (1991) verwirklicht.

12 Vgl. dazu Peter Brooks' Äußerung zu Jean-Jacques Rousseaus *Confessions*: »[...] the contradistinctions encountered in the attempt to understand and present the self in all its truth provide a powerful narrative maschine. Any time one goes over a moment of the past the maschine can be relied on to produce more narrative – not only differing stories of the past, but future scenarios and narratives of writing itself« (Brooks 1984, S. 33).

zurückgeht, desto mehr ›Text‹ und desto mehr ›Erzählung‹ produziert. Die Fehlleistungen und Unzulänglichkeiten des Gedächtnisses macht der Text ästhetisch wett. Und dort, wo weder die Kargheit des Stils noch das Kindergedächtnis hinreichen, füllen jenseits der Textgrenzen Wilkomirskis Körpererinnerungen die Leerstellen gedanklicher und emotionaler Selbstreflexion:

> »Während unserer Polen- und Rigareise habe ich [so schreibt Wilkomirskis Freund Elitsur Bernstein in einem Brief an den Suhrkamp-Verlag] Bruno genau beobachtet. Er fertigte lange vor der Reise anhand von (Alp)Träumen und Erinnerungsresten Zeichnungen und Karten an, insbesondere von Majdanek und Birkenau, erzählte von Einzelheiten, die ihm dabei wieder ins Gedächtnis kamen, und war dabei äußerst mitgenommen, teilweise wie in einem Trancezustand. Dies wiederholte sich noch deutlicher, als wir vor Ort waren. Die Art und Weise, wie er in Majdanek und Birkenau zwischen den Baracken herumlief, zeigte eine eigenartige Mischung von Betroffenheit, Beklommenheit und einer zielorientierten Suche zugleich. Er kam mir vor, wie wenn er von sog. Körpererinnerungen geleitet würde. Ich war zugegen, als er in Polen und in Riga mit Ortskennern, Historikern oder ehemaligen selbst von den Ereignissen Betroffenen sprach, und es fiel mir auf, wie immer, wenn er mit jüdischen oder nichtjüdischen Gesprächspartnern sprach, seine sonst auf Deutsch korrekt sich an Syntax und Wortschatz orientierte Sprache sich verwandelte und ein jiddisches Gewand bekam. Zudem war er jeweils derart aufgeregt und mitgenommen, dass er massiv stotterte. Er konnte keine passenden Worte finden und bediente sich einer recht eingeschränkten Kindersprache« (zit. n. Mächler 2000, S. 113f.).

Wenn Wilkomirskis Text eventuell noch Zweifel an der Authentizität seines Kindergedächtnisses aufkommen lässt, so authentifizieren nun seine Körperreaktionen nachträglich seine Erinnerung. Als Zeugen bzw. »Kontrollorgane« (Mächler 2000, S. 117f.) solcher Augenscheinlichkeit setzt er Freunde und Bekannte ein, manchmal ist auch die Videokamera dabei. Auch Wilkomirskis Therapeutin, Monika Matta, bricht von professioneller Seite die Lanze für ihren Klienten: Sie könne aufgrund ihrer 20-jährigen Praxiserfahrung klar zwischen authentischen und vermeintlich authentischen Erinnerungen unterscheiden. Zweieinhalb Jahre lang habe Wilkomirski seine Erinnerungen mit ihr durchgearbeitet.[13] Die Szenen seines Buches seien durch mehrfaches Wiederholen wieder erinnert worden, sämtliche körperliche und psychische Symptome dabei wieder aufgelebt. Das Buch sei somit das authentische Ergebnis eines überaus schmerzhaften Erinnerungsprozesses (vgl. Mächler 2000, S. 111).

Der therapeutisch offengehaltene Erzählhorizont des Gedächtnisses ist so nur als Vergegenwärtigung einer Pseudoerinnerung denkbar, die ihrerseits narrativ und kulturell enkodiert ist. Auch ein falsches ›wiedergefundenes‹ Gedächtnis artikuliert wahrscheinlich eine Art von Wahrheit, nämlich die Erfahrung einer ›Wahrheit‹ innerhalb der *erzählerischen* Möglichkeiten einer Kultur. Die Quellen für Wilkomirskis phantasmatische Rekonstruktionen der eigenen Vergangenheit lassen sich kaum eruieren. Nach eigenen Angaben habe er sich in 30 Jahren durch 2.000 Bücher und doppelt so viele Akten gefressen; Erzählungen von wirklichen Überlebenden, Bücher, Filme und Fernsehdokumentationen gaben wohl den Stoff, aus dem seine imaginativen und narrativen Alpträume gewebt waren (vgl. Mächler 2002a, S. 61), und haben sicherlich als Projektionsflächen für eigene Wünsche, Ängste und Fantasien gedient.

Nicht Ausbuchstabiertes

Wilkomirski, das Adoptivkind, dem man das Wissen um seine Herkunft und Identität verschleiert hatte, zählt zu den Opfertypen, die eine sozial nicht anerkannte Traumatisierung erlitten haben. Wie wenig diese andere, nicht ausbuchstabierte Geschichte zum Rezipienten durchdringen konnte, macht die Reaktion des ersten Enthüllers, Daniel Ganzfried, deutlich. Für Ganzfried geraten die Auftritte Wilkomirskis zur »Transvestitenshow«:

> »Ich entrolle also eine Geschichte einer schon früh den wesentlichen Leuten bekannten Lüge, und der Fokus dieser Erzählung wäre nicht, dass sich da einer in fremden Kleidern auf der Bühne produziert, sondern wie die Produzenten und Teilhaber (Literaturagentur Liepmann, Suhrkamp

13 Bernstein zufolge habe Monika Matta zwar eine psychoanalytisch orientierte Therapie, jedoch keine klassische Psychoanalyse durchgeführt (vgl. Mächler 2000, S. 103f.).

Verlag, Rezensent/in, Buchhändler/in, Therapeut/in) es schaffen, eine Travestie als hohes Theater zu betreiben, und sich unter den Zuschauern einer immer die Augen reibt. Denn dies bleibt ihm so klar wie bei der ersten Lektüre des falschen Berichts: ein schlichter Haufen Blödsinn, ganz egal, woher der Verfasser und Darsteller kommt« (Ganzfried 2002b, S. 136f.).

Die geliehenen Kleider taugen bestenfalls für eine »konfektionierte[] Schauergeschichte« (ebd., S. 134). Ganzfried hat es, leidenschaftlich und gehässig, immer schon gewusst: Der Bericht ist falsch, »ein schlichter Haufen Blödsinn«. Ich denke nicht, dass Wilkomirskis Text mit dieser polternd hämischen Redeweise adäquat zu beschreiben ist.

Anders, vielschichtiger und akribischer, geht der Historiker Stefan Mächler mit der Causa Wilkomirski um. Sowohl seine Empathie als auch seine Fähigkeit zur Selbstreflexion als Forschender lassen Wilkomirskis Geschichte nicht im moralischen Sumpf des Entweder-oder versinken, sind doch Mächler »zwei Wahrheiten« nicht »zuviel«.[14] Zum einen schließt er dezidiert aus, dass es sich bei Wilkomirskis Geschichte um biografische Realität handeln könnte – sie habe »einzig und allein in seinem Denken und Empfinden stattgefunden« (Mächler 2000, S. 287) –, zum anderen stellten die *Bruchstücke* den Versuch dar,

> »mittels Versatzstücken aus dem kulturellen Fundus des Gedächtnisses an die Shoah einen Ausdruck für eine Erfahrung zu finden, die schon im Moment des Geschehens sprachlich nicht einholbar war und es auch später nicht wurde, aber gerade darum nach sinnstiftender Erzählung rief. Das Nichterzählbare wiederum verdichtet sich im fragmentarischen Charakter des Textes und in der Metapher des Verstummens« (ebd., S. 288).

Der semiotische Basissatz, dass Zeichen Kommunikation über etwas Abwesendes ermöglichen, bekommt so plötzlich auch einen »hautnahen Sinn« in der Wunschökonomie des sprechenden Subjekts (vgl. Keilson-Lauritz 1992, S. 81). In der Literatur lässt sich der verloren gegangene innere Andere ersetzen, indem der Schreibende sich im imaginär erschaffenen und herbeigelittenen äußeren Anderen einen Zeugen schafft, der dem Verlust des Zuhörens und dem Verlust an Kommuni-

14 Vgl. hingegen Ganzfried (2002b, S. 141): »Bei zwei Wahrheiten ist eine zuviel.«

kation zu trotzen vermag (vgl. dazu Laub/Podell 1998, S. 68). Als eine Bühne der Worte, die als ästhetisches und synthetisches Produkt von Lebenswirrnis das Gewesene verschleiern und umschreiben, formiert sich der Text als Bedingung des Bewusstseins, dass überhaupt *etwas* ist und nicht vielmehr *nichts*.

Kann es also ›authentische‹ Texte geben, die ›gefälscht‹ sind? Stefan Mächler verleiht seiner Verwunderung ob der recherchierten, ›authentischen‹ Entsprechungen zwischen Roman und historisch verbürgtem Leben Wilkomirskis/Dössekkers Ausdruck: Mit so viel Authentizität habe er nicht gerechnet: Wilkomirski sei kein Mann mit zwei Köpfen[15], er führe kein Doppelleben, sein Buch erzähle vielmehr in atemberaubender Verfremdung sein eigenes Leben (vgl. Mächler 2000, S. 246f.).

Wenn nun Binjamin Wilkomirski alias Bruno Dössekker seine eigene nicht erzählbare Erinnerung durch die schrecklichste aller Geschichten ersetzt hat, so wäre Auschwitz nicht nur ein geografisch-historischer und moralischer, sondern auch ein imaginärer Ort. Auschwitz könnte dann auch in der Schweiz liegen, und vielleicht ist für Bruno Dössekker dies auch der Fall – »Das gute Leben ist nur eine Falle. Das Lager ist noch da! Es ist nur versteckt und gut getarnt.« (W, S. 140) –, denn, so ließe sich mit Adolf Muschg sagen, »[d]as Grauen von Auschwitz beruht nicht darauf, daß es am unvorstellbaren Ende jeder Zivilisation liegt, sondern in der vorstellbar gewordenen Mitte einer jeden« (Muschg 1997; zit. n. Lezzi 2001, S. 183). Die »hochgradig phantasmatisch[e] Lebensnarration« (Bauer 2006, S. 23) der *Bruchstücke* ließe sich wohl unter Zuhilfenahme der dokumentarisch beglaubigten Lebensgeschichte Bruno Dössekkers und Einbindung der traumatisch erlebten *psychischen* Realität des Kindes in der Schweiz als Resultat einer spezifischen Arbeit am Trauma lesen (vgl. ebd., S. 23–32), deren Verschiebungs- und Verdichtungsprozesse eine narrative Wahrheit entstehen lassen, einen Text, in dem aufgeschrieben wird, was Chancen hat, gehört zu werden. Die Literatur pflegt eben einen differenzierteren Umgang mit dem, was gemeinhin ›Lüge‹ genannt wird.

---

15 So auch der Titel eines Wilkomirksi-Textes der britischen Schriftstellerin und Journalistin Elena Lappin (2000).

›Poetisiertes‹

Jenseits der individuellen Traumaarbeit des Autors jedoch brechen sich an Wilkomirskis (bzw. Dössekkers) Text diskurspolitische und wissenschaftstheoretische Kohärenzlinien: Kulturindustrie, Historiografie, Literaturwissenschaft, Psychiatrie, Psychotherapie, Psychoanalyse, Gedächtnistheorie und Traumatheorie arbeiten sich am ›Fall Wilkomirski‹ ab. Und vielleicht trägt auch die Vermischung und Verwischung von Kontexten zur Wirrnis und zur aufgeladenen Emotionalität um das Buch bei: Hat doch die Differenz von ›wiedergefundener‹ und ›erfundener‹ Erinnerung im individualtherapeutischen Umfeld eine andere Bedeutung als im öffentlichen Diskursraum historischer Arbeit.[16]

Wilkomirski hat den Holocaust als Mythos verwendet, als Metapher, und nicht als historisches Ereignis: »Mythen erzählen Geschichten von Ereignissen, deren ontologischer Status ein anderer ist als der Status von Ereignissen, die innerweltlich an einem bestimmten Orte und zu einer bestimmten Zeit geschehen sind« (Rüsen 2001, S. 166). Durch die Aufhebung von ›Tatsächlichkeit‹ im Sprechen Wilkomirskis, das nicht bei dem bleibt, ›was der Fall ist‹, wird Auschwitz seiner Singularität beraubt und durch die reorganisierende Kraft des Erzählens im Ordnungsdiskurs einer Mnemotechnik aufgefangen, die den Erzähler vor der Katastrophe des Absturzes in die Abwesenheit retten soll. Nicht erinnerte, subjektive Erfahrung wird hier radikal verfremdet, in der (unbewussten) Absicht, mit ihr zurande zu kommen. Paradoxerweise liest sich die Metaphorisierung von Auschwitz aufseiten des versehrten Subjekts als gegenläufiger Prozess – als Prozess der Historisierung: Die Unheimlichkeit des ursprünglichen Ortes der Traumatisierung und das Nicht-Wissen um die eigene Vergangenheit verwandeln sich so in ein

16 Vgl. Kettner (1999, S. 339) bzw. Mächler (2000, S. 320f.): »Die Erinnerung an den Holocaust ist für die westliche Welt konstitutiver Teil ihres Selbstverständnisses [...]. Wilkomirski hat mit seiner Einbildung diese Erinnerung narzißtisch okkupiert und sich mit traumtänzerischem Können der kollektiven Gedächtnisrituale bedient. Hätte sich das alles auf seine Therapie und sein engstes Umfeld beschränkt, könnte man allenfalls einen irregeleiteten Mann bedauern – die Öffentlichkeit müßte seine Einbildung nicht weiter beschäftigen. Sein Verhalten erhielt seine Brisanz erst dadurch, daß er zu einer öffentlichen Figur wurde und Verlage, Schulen, Museen, Medien, Selbsthilfe-Organisationen und das Lesepublikum in sein Spiel verwickelte.«

datierbares Szenario des Schreckens. Jörn Rüsen hat Historisierung als allgemeine Praxis, mit den verstörenden Konsequenzen traumatischer Erfahrung fertig zu werden, begriffen:[17]

> »In dem Augenblick, wo man damit beginnt, eine Geschichte darüber zu erzählen, was geschehen ist, wird der erste Schritt auf den [sic] Wege getan, die zerstörerischen Ereignisse ins Welt- und Selbstverständnis zu integrieren. Am Ende dieses Weges gibt die historische Erzählung dem Trauma einen Platz in der zeitlichen Kette von Ereignissen. In dieser Kette macht es dann Sinn und hat die Kraft verloren, Sinn und Bedeutung zu zerstören. In dem Augenblick, wo ein Ereignis ›historischen‹ Sinn und Bedeutung bekommt, löst sich sein traumatischer Charakter auf« (Rüsen 2001, S. 172).

Rüsen führt in diesem Zusammenhang unterschiedliche Strategien an, welche die Enttraumatisierung durch Historisierung bewirken können. ›Ästhetisierung‹ ist eine von ihnen: »Durch *Ästhetisierung* werden traumatische Erfahrungen anschaulich und den Sinnen faßlich gemacht. Sie fügen sich in die Wahrnehmungskategorien ein, die die Welt erschließen und handhabbar machen« (ebd., S. 173). Ein Mangel an ›Sprache‹, sei es die der Bilder oder jene der Worte, all die Bilder zu transportieren, und mit ihr ein Mangel an Poetik, so könnte man sagen, unterbindet die Reinszenierung der traumatischen Erfahrung in der Erzählung.[18] Und vielleicht verbirgt sich hinter der Poetizitätsvokabel einfach die Einsicht, dass der ›Sinn‹, der sich aus der Hervorbringung einer Geschichte und damit eines narrativen – und wenn man so will, ›poetischen‹ – Gedächtnisses ergibt, das Wissen zwischen Vergessen und Erinnern erträglich hält. Immer schon ist dieser ›Sinn‹ prekär, gebrochen und verzweifelt.

17 Vgl. dazu auch Rüsen (2001, S. 176): »In dieser Hinsicht *ist die Geschichtswissenschaft aus rein logischen Gründen eine kulturelle Praxis der Enttraumatisierung*. Sie verwandelt Trauma in Geschichte.«

18 Vgl. dazu allerdings Dan Diner, der nachdrücklich auf die Unerzählbarkeit des Holocaust hinweist: Der Holocaust sei keine Erzählung, sondern eine Statistik (vgl. Rüsen 2001, S. 174, Fußnote 28).

Literatur

Assmann, A. (o.J.): Soziales und kollektives Gedächtnis. URL: http://www.bpb.de/files/oFW1JZ.pdf (Stand: 11.01.2010).

Bauer, A. (2006): My private holocaust. Der Fall Wilkomirski(s). sic et non. Zeitschrift für philosophie und kultur. im netz. Januar 2006. URL: http://www.sicetnon.org/Content/literatur/My_private_holocaust.pdf (Stand: 14.12.2009).

Bernstein, E. & Wilkomirski, B. (1997): Die Identitätsproblematik bei überlebenden Kindern des Holocaust. Ein Konzept zur interdisziplinären Kooperation zwischen Therapeuten und Historikern. Werkblatt. Zeitschrift für Psychoanalyse und Gesellschaftskritik 39(2), 45–57.

Bohleber, W. (2005): »Vergangenes im Hier-und-Jetzt oder: Wozu noch lebensgeschichtliche Erinnerung im psychoanalytischen Prozeß?« Psyche 59(Beiheft 2005), 2–10.

Brenneis, C. B. (1998): Gedächtnissysteme und der psychoanalytische Abruf von Trauma-Erinnerungen. Psyche 52(9/10), 801–823.

Bronfen, E.; Erdle, B. R. & Weigel, S. (Hg.) (1999): Trauma. Zwischen Psychoanalyse und kulturellem Deutungsmuster. Köln, Weimar, Wien (Böhlau).

Brooks, P. (1984): Reading for the Plot: Design and Intention in Narrative. Oxford (Clarendon).

Derrida, J. (1995): Marx' Gespenster. Der verschuldete Staat, die Trauerarbeit und die neue Internationale. Frankfurt/M. (Fischer).

Diekmann, I. & Schoeps, J. H. (Hg.) (2002): Das Wilkomirski-Syndrom. Eingebildete Erinnerungen oder Von der Sehnsucht, Opfer zu sein. Zürich, München (Pendo).

Erdle, B. R. (1997): Traumatisierte Schrift. Nachträglichkeit bei Freud und Derrida. In: Neumann, G. (Hg.): Poststrukturalismus. Herausforderung an die Literaturwissenschaft. Stuttgart, Weimar (Metzler), S. 78–93.

Friedländer, S. (1991): Wenn die Erinnerung kommt... Frankfurt/M. (Fischer).

Ganzfried, D. (2002a): Die Holocaust-Travestie. Erzählung. In: Hefti, S. (Hg.): ... alias Wilkomirski. Die Holocaust-Travestie. Enthüllung und Dokumentation eines literarischen Skandals. Berlin (Jüdische Verlagsanstalt), S. 17–154.

Ganzfried, D. (2002b): Wilkomirski, ein Lehrstück über den Holocaust-Zirkus. In: Diekmann, I. & Schoeps, J. H. (Hg.): Das Wilkomirski-Syndrom. Eingebildete Erinnerungen oder Von der Sehnsucht, Opfer zu sein. Zürich, München (Pendo), S. 132–156.

Keilson-Lauritz, M. (1992): Muß das Private öffentlich werden? Erkenntniswunsch und Diskretion als Dilemma der literarischen Homostudien. In: Härle, G.; Kalveram, M. & Popp, W. (Hg.): Erkenntniswunsch und Diskretion. Erotik in biographischer und autobiographischer Literatur. Berlin (Winkel), S. 69–82.

Kettner, M. (1999): Das Konzept der Nachträglichkeit in Freuds Erinnerungstheorie. Psyche 53(4), 309–342.

Knaller, S. (Hg.) (2008): Realitätskonstruktionen in der zeitgenössischen Kultur. Beiträge zu Literatur, Kunst, Fotographie, Film und zum Alltagsleben. Wien, Köln, Weimar (Böhlau).

Kopf, M. (2005): Trauma und Literatur. Das Nicht-Erzählbare erzählen – Assia Djebar und Yvonne Vera. Frankfurt/M. (Brandes & Apsel).

Laplanche, J. & Pontalis, J.-B. (1973): Das Vokabular der Psychoanalyse. Frankfurt/M. (Suhrkamp).

Lappin, E. (2000): Der Mann mit zwei Köpfen. Zürich (Chronos).

Lau, J. (1998): Lebensroman. Vom Wunsch, ein Opfer zu sein: Der Fall Wilkomirski. Die Zeit 38, 10.9.1998.

Laub, D. & Podell, D. (1998): Kunst und Trauma. In: Gelbin, C.; Lezzi, E.; Hartman, G. H. & Schoeps, J. H. (Hg.): Archiv der Erinnerung. Interviews mit Überlebenden der Shoah. Band I: Videographierte Lebenserzählungen und ihre Interpretationen. Im Auftrag des Moses Mendelssohn Zentrums für europäisch-jüdische Studien. Potsdam (Verlag für Berlin-Brandenburg), S. 65–92.

Laub, D. (2000): Eros oder Thanatos? Der Kampf um die Erzählbarkeit des Traumas. Psyche 54(9/10), 860–894.

Lezzi, E. (2001): Zerstörte Kindheit. Literarische Autobiographien zur Shoah. Köln, Weimar, Wien (Böhlau).

Lezzi, E. (2002): »Tell zielt auf ein Kind«. Wilkomirski und die Schweiz. In: Diekmann, I. & Schoeps, J. H. (Hg.): Das Wilkomirski-Syndrom. Eingebildete Erinnerungen oder Von der Sehnsucht, Opfer zu sein. Zürich, München (Pendo), S. 180–214.

Libeskind, D. (1999): trauma/void. In: Bronfen, E.; Erdle, B. R. & Weigel, S. (Hg.): Trauma. Zwischen Psychoanalyse und kulturellem Deutungsmuster. Köln, Weimar, Wien (Böhlau), S. 3–26.

Mächler, S. (2000): Der Fall Wilkomirski. Über die Wahrheit einer Biographie. Zürich, München (Pendo).

Mächler, S. (2002a): Das Opfer Wilkomirski. Individuelles Erinnern als soziale Praxis und öffentliches Ereignis. In: Diekmann, I. & Schoeps, J. H. (Hg.): Das Wilkomirski-Syndrom. Eingebildete Erinnerungen oder Von der Sehnsucht, Opfer zu sein. Zürich, München (Pendo), S. 28–85.

Mächler, S. (2002b): Aufregung um Wilkomirski. Genese eines Skandals und seine Bedeutung. In: Diekmann, I. & Schoeps, J. H. (Hg.): Das Wilkomirski-Syndrom. Eingebildete Erinnerungen oder Von der Sehnsucht, Opfer zu sein. Zürich, München (Pendo), S. 86–131.

Muschg, A. (1997): Wenn Auschwitz in der Schweiz liegt. In: Muschg, A.: Wenn Auschwitz in der Schweiz liegt: fünf Reden eines Schweizers an seine und keine Nation. Frankfurt/M. (Suhrkamp), S. 7–24.

Polkingahorne, D. E. (1998): Narrative Psychologie und Geschichtsbewußtsein. Beziehungen und Perspektiven. In: Straub, J. (Hg.): Erzählung, Identität und historisches Bewußtsein. Die psychologische Konstruktion von Zeit und Geschichte. Erinnerung, Geschichte, Identität I. Frankfurt/M. (Suhrkamp), S. 12–45.

Rüsen, J. (2001): Zerbrechende Zeit. Über den Sinn der Geschichte. Köln, Weimar, Wien (Böhlau).

Schneider, F. (2000): Eine Wunde, die schmerzt. Anmerkungen zum »Fall« Wilkomirski. Werkblatt. Zeitschrift für Psychoanalyse und Gesellschaftskritik 45(2), 29–57.

Schoeps, J. H.; Ganzfried, D.; Mächler, S.; Broder, H. M. & Rosenthal, G. (2002): Wilkomirski, Finkelstein u. a. Falsche und eingebildete Erinnerungen an die Shoah. In: Diekmann, I. & Schoeps, J. H. (Hg.): Das Wilkomirski-Syndrom. Eingebildete Erinnerungen oder Von der Sehnsucht, Opfer zu sein. Zürich, München (Pendo), S. 335–361.

Seidler, G. H. (1996): Hysterie im Verständnis der Alteritätstheorie: Vom Wunsch, »erkannt« zu werden. In: Seidler, G. H. (Hg.): Hysterie heute. Metamorphosen eines Paradiesvogels. Stuttgart (Enke), S. 77–89.

Stern, D. N. (1998): Das narrative Selbst. In: Buchheim, P.; Cierpka, M. & Seifert, T. (Hg.): Das Narrativ – aus dem Leben Erzähltes. Berlin u. a. (Springer), S. 1–13. URL: http://www.lptw.de/archiv/lintext/LindText1998.pdf (Stand: 11.01.2010).

Stoffels, H. (2002): Das Trauma als Faszinosum. Zur Psycho(patho)logie von Pseudoerinnerung und Pseudoidentität. In: Diekmann, I. & Schoeps, J. H. (Hg.): Das Wilkomirski-Syndrom. Eingebildete Erinnerungen oder Von der Sehnsucht, Opfer zu sein. Zürich, München (Pendo), S. 157–179.

Weigel, S. (1999): Télescopage im Unbewußten. Zum Verhältnis von Trauma, Geschichtsbegriff und Literatur. In: Bronfen, E.; Erdle, B. R. & Weigel, S. (Hg.): Trauma. Zwischen Psychoanalyse und kulturellem Deutungsmuster. Köln, Weimar, Wien (Böhlau), S. 51–76.

Weinberg, M. (1999): Trauma – Geschichte, Gespenst, Literatur – und Gedächtnis. In: Bronfen, E.; Erdle, B. R. & Weigel, S. (Hg.): Trauma. Zwischen Psychoanalyse und kulturellem Deutungsmuster. Köln, Weimar, Wien (Böhlau), S. 173–206.

Wilkomirski, B. (1995): Bruchstücke. Aus einer Kindheit 1939–1948. Frankfurt/M. (Suhrkamp).

Wilkomirski, B. & Bernstein, E. (1997): Die Identitätsproblematik bei überlebenden Kindern des Holocaust. Ein Konzept zur interdisziplinären Kooperation zwischen Therapeuten und Historikern. Werkblatt. Zeitschrift für Psychoanalyse und Gesellschaftskritik 39, 45–57.

Wilkomirski, B. & Bernstein, E. (1999): Die Identitätsproblematik der überlebenden Kinder des Holocaust. Ein Konzept zur interdisziplinären Kooperation zwischen Therapeuten und Historikern. In: Friedmann, A.; Glück, E. & Vyssoki, D. (Hg.): Überleben der Shoah – und danach. Spätfolgen der Verfolgung aus wissenschaftlicher Sicht. Wien (Picus), S. 160–172.

Zintzen, C. (o. J.): Wilkomirskis Biographie: kein Spiel. Authentizität als Falle der drei Buchstaben ICH. schreibkraft. Das Feuilletonmagazin. URL: http://schreibkraft.adm.at/ausgaben/06-echt/wilkomirskis-biographie-kein-spiel (Stand: 12.12.2009).

Vergessen wir nicht – die Psychoanalyse![1]

»Dem Menschenthiere ein Gedächtnis machen«: Zu Spaltungsvorgängen beim eurasiatischen Kulturtyp

Klaus Theweleit

Ich beginne mit zwei Autoren, die zu diesem Transparent eindringliche Plädoyers gehalten haben: Klaus Heinrich und Jacques Derrida – von dessen gleichnamigem Büchlein die Überschrift zu diesem Symposium ja stammt, der sich aber auch explizit mit dem »Vergessen« überhaupt beschäftigt hat.

Klaus Heinrich hat im Mai 2006 einen Vortrag gehalten im Literaturhaus Berlin, Titel: »Festhalten an Freud«. Klaus Heinrich, »Religionswissenschaftler«, ich sage das in Anführungszeichen, das war halt sein Fach in Berlin, er ist lange emeritiert und heute über 80 Jahre alt; einer jener, die immer versucht haben, vom Denken der alten Griechen bis hin zu Freud das Denken als geschichtliches zu begreifen, verbunden mit der Frage, was ist das Bewusstsein, was ist das Unbewusste, was ist *die Geschichte* und wie bewahrt sich etwas auf. Er leitet das so ein:

> »›Festhalten an Freud‹ – ein Titel wie dieser bedarf der Erläuterung, zumal in einem Jubiläumsjahr, in dem sich viele, kaum daß er hochgerufen ist, an dem verehrten Ahn festhalten werden. Aber halten sie auch *an ihm fest*? – Festhalten hat einen apologetischen Zug, und in der Tat: Hirnforschung, Traumforschung, Verhaltensforschung scheinen über Freud hinweggegangen, seine Spekulationen über die Frühzeit des Menschengeschlechts nurmehr ein Exempel spätaufklärerischer Mythenbildung zu sein, Soziologen konstatieren das Ende seiner seismischen Wirksamkeit, er wird heute

1 Was sich hier als fortlaufender Text darstellt, war im Vortrag zusammengesetzt aus vorbereiteten, schriftlich fixierten Teilen und aus extemporierten, improvisierten Teilen, bezogen auf andere RednerInnen des Symposiums. So war es vorab vereinbart.

vorzugsweise aus historischem oder literarischem Interesse gelesen, und selbst in seiner eigenen Disziplin, der Psychoanalyse, haben die Schulen ihn und sein therapeutisches Instrumentarium mit Ehrerbietung hinter sich gelassen. Natürlich bauen sie Alle auf ihm auf, und gerade die Neuerer unter seinen Nachfolgern, Kleinianer, Lacaner, große Einzelgänger wie Bion oder Winnicott, haben daraus nie ein Hehl gemacht. Aber eine um die Anerkennung ihrer therapeutischen Erfolge kämpfende, die kassenärztliche Zulassung immer wieder neu erstreitende Berufsorganisation hat die Trieblehre ihres Großvaters längst als Ballast über Bord geworfen – ein Relikt des vorvergangenen Jahrhunderts, das in zeitgenössische theoretische Konzepte zu übersetzen müßig erscheint. Und nicht minder müßig scheint es zu sein, das individuelle und das kollektive Seelenleben, nun gar die ›archaische Erbschaft‹, (Freuds Begriff!) und die aktuelle Seelenlandschaft – also die frühe und die eigene traumatische Realität – miteinander in eine reale Wechselbeziehung setzen zu wollen. Aber genau das, wir erinnern uns, hat Freud getan« (Heinrich 2009, S. 86).

Erinnern wir uns? Zunächst einmal erinnert Klaus Heinrich in diesem kurzen Summary zu Freuds schwindender Wirkungsgeschichte daran, dass heutige Analytiker, die um die kassenärztliche Zulassung kämpfen, Freud'sche Basics wie die »Erbschaft der Trieblehre« über Bord geworfen hätten. Ich erinnere mich an die Äußerung des amerikanisch-österreichischen Analytikers Fredric Wyatt in einer öffentlichen Diskussion schon Anfang der 70er: »Was das Unbewusste ist, brauchen wir als Analytiker nicht zu wissen. Die Arbeit kommt ohne das aus.« Kurz und bündig.

»Daß die psychische Realität, von der wir hier reden, durch nicht aufhebbare Ambivalenzen und, sobald wir diese aufzudecken meinen, durch die ›Überdeterminiertheit‹ aller seelischen Regungen bestimmt ist, macht monokausale Ableitungen ebenso stumpf wie die Festlegung auf einen Identität behauptenden, mit Affirmation und Negation operierenden Begriffsgebrauch. Wenn psychische Realität nicht weniger real ist als die vermeintlich objektive (das hatte Freud zuerst an den Fällen phantasmatischer Verführung mit allen Folgen phantasierten sexuellen Mißbrauchs erkannt), ist kein scharfer Schnitt mehr zu machen zwischen realistischer und wahnhafter Deutung, jedenfalls kein selbst objektivierbarer Schnitt, der mir den eigenen Kampf gegen den Wahn erspart; kann die Flucht vor dem Wahn in einem selbst wahnhaften Realismus münden. Unter dem Namen ›Positivismus‹ war das eine der großen Gefährdungen der sich zuerst durch Ethnologisierung des NS (eine heute unbegreiflich-fremde, ebenso brutale wie lächerliche Welt), zuletzt durch Historisierung des NS (eine gefährlich-spannende, indes versunkene Welt) gegen dessen selbstzerstörerische Verführung im Nachhinein noch abschottenden – erst im Nachhinein sich abschottenden – deutschen Nachkriegsgesellschaft. Ich habe damit das Stichwort genannt, das erklären soll, warum mir ›festhalten‹ an dem Aufklärer Freud nicht als eine private, sondern öffentliche Forderung erschienen ist: *Selbstzerstörung*. Selbstzerstörung war die Realität, mit der meine Generation, die mit Kriegsende zu studieren begann, aufgewachsen ist. Die Folgerung lag auf der Hand: Wissenschaften und Philosophie, die diese Selbstzerstörung nicht zum Thema machten, hatten den Nachkriegsauftrag der Universität verfehlt. Ich habe die folgende, durchaus appellativ gemeinte Formulierung oft gebraucht, um die in meinen Augen vornehmste Aufgabe der Universität zu bezeichnen, und ich muß das hier noch einmal tun, weil sie den Kern unserer damaligen Erwartungen – übrigens meiner heutigen auch – mit Deutlichkeit benennt: ›der Gesellschaft ein Bewußtsein ihrer selbst zu geben‹. Das hieß damals nichts anderes, als daß die Universität sie über ihre eigenen selbstzerstörerischen Prozesse aufzuklären habe« (Heinrich 2009, S. 100f.).[2]

Schön. Nicht anders ist das auch mir, 20 Jahre jünger als Klaus Heinrich, vom ersten Universitätsmoment an, also Herbst 1962, als ihre selbstverständliche Aufgabe erschienen. Auf der Universität war ich nicht in erster Linie, um als »Philologe«, Spezialist der Textauslegung, als Germanist & Anglist weiter ausgebildet zu werden. Im sogenannten »Interpretieren« von Texten – Gedichten, Dramen, Romanen – fanden »wir« (als literarisch infizierte Studenten) uns *sowieso* unschlagbar; den beschlipsten Professoren, Literatur-Bürokraten überlegen. Aber: »Was ist mit der Gesellschaft?«; »Was ist und was *war* mit der Nazi-Generation?« Für solche Rede hätten sich unsere Ohren weit geöffnet. Genau dafür aber öffnete sich kein universitärer Mund.

Klaus Heinrichs Forderung, mit fremdem »aufklärerischen« Blick

2 Wobei der letzte Satz, je nach Betonung, einen Doppelsinn entfaltet. Die »eigenen selbstzerstörerischen Prozesse« sind bezogen auf das Objekt des Satzes, »sie«, im gemeinten Sinn: die Gesellschaft. Das »sie« lässt sich aber auch lesen als bezogen auf »sie«, die Universität. Auch diese, so der *unbewusste* Unter-Sinn des Satzes, hätte sich aufzuklären gehabt (und weiter aufzuklären) über die »eigenen selbstzerstörerischen Prozesse«.

auf sich selbst zu sehen – so der Kern seines Plädoyers in Anlehnung an Kant und Freud – ist bis heute von kaum einer Institution eingelöst. Kritische Reflexion der eigenen Tätigkeit als einer gesellschaftlichen in der Universität gibt es nur als *Privatsache* einzelner Professoren. Lediglich in der Psychoanalyse unterliegt die eigene Tätigkeit – in den verschiedenen Formen der Supervision – einer institutionalisierten selbstreflexiven Arbeit.

In seiner Einleitung zu seinem Buch-Essay *Dem Archiv verschrieben* sagt Jacques Derrida zum Komplex des Historischen:

> »Niemals verzichtet man darauf – dies ist das Unbewußte selbst –, sich eine Macht über das Dokument, über seinen Besitz, seine Zurückhaltung oder seine Auslegung anzueignen. Doch wem kommt in letzter Instanz die Autorität über die Institution des Archivs zu? Wie wird man den Bezügen zwischen der Gedächtnisstütze, dem Anzeichen, dem Beweis und dem Zeugnis gerecht? Denken wir an die Auseinandersetzungen um die ganzen ›Revisionismen‹. Denken wir an die Erschütterungen der Geschichtsschreibung, an die technischen Umwälzungen in der Konstitution und Behandlung so vieler ›Dossiers‹. Muß man nicht damit beginnen, das Archiv von dem zu unterscheiden, worauf es allzu häufig reduziert wird, namentlich die Erfahrung des Gedächtnisses und die Rückkehr zum Ursprung, aber auch das Archaische und das Archäologische, die Erinnerung oder die Ausgrabung, kurz, die Suche nach der verlorenen Zeit?« (Derrida 1997, S. 1f.)

Das Archiv als »Errichtung einer Instanz und eines Ortes von Autorität«, fährt Derrida fort, oft genug ein staatliches Gebilde, patriarchal oder fraternal organisiert, ergäbe sich dabei »niemals im Verlauf eines Akts intuitiver Anamnese«, welche die Ursprünglichkeit eines Ereignisses wiederaufleben ließe. Das heißt Erinnerung, Gedächtnis allein, welcher Art auch immer, reichen nicht hin, so etwas wie das *Archiv* zu konstituieren. Derrida entwickelt seine Überlegungen zum *Archiv* in Auseinandersetzung mit Yerushalmi, dem amerikanischen Historiker des Judentums; gespannt auf eine Diskussion der Frage, was ist Wissenschaft und was ist Jüdisch-Sein; »jewishness«, wie das bei Yerushalmi heißt. Beide sehen den Begriff des Archivs selber historisch als etwas Jüdisches, Wissenschaft und *jewishness* seien nicht voneinander zu trennen; die Institution des *Archivs* nicht von den Aufzeichnungsweisen und Wahrnehmungsweisen des Judentums. Beginnend in der Auseinandersetzung mit der Frage, ob Moses von den Juden umgebracht worden sei oder ob dieser Mord nur ein geplanter, ein *virtueller* Mord war; was, wie Derrida (mit Freud und der Psychoanalyse) meint, keinen Unterschied macht für die Konstruktion des *Archivs*, das aus einer solchen Gewalttat am Anfang unserer Geschichtsschreibung hervorgeht. Gewaltprozesse am Anfang »unserer« Geschichte, von denen wir alle etwas wissen oder ahnen, mit denen wir uns aber selten bewusst, in einer bewussten Arbeitsform, auseinandersetzen.

Das Archiv ist so immer »faktisch« und »virtuell« zugleich, woraus mit Derrida folgt,

> »daß die Interpretation des Archivs (hier zum Beispiel das Buch von Yerushalmi) ihren Gegenstand, ein gegebenes Erbe nämlich, nur erhellen, lesen, interpretieren, einrichten kann, indem sie sich darin einschreibt, das heißt, indem sie es öffnet und es ausreichend erweitert, um mit vollem Recht darin Platz zu nehmen. Es gibt kein Meta-Archiv. [...] Der Archivar produziert Archivarisches, deshalb wird das Archiv niemals abgeschlossen sein. Es ist von der Zukunft her geöffnet.«

Ganz ähnlich hörten wir es vorhin im Vortrag von Christian Eigner als Gedanken von Bion (vgl. dazu den Artikel »Memories of the Future« in diesem Band) – es geht hier »um die Zukunft und um das Archiv als einer irreduziblen Erfahrung der Zukunft« (ebd., S. 122f.). Derrida spricht also, wie Bion, von einer Erfahrung der Zukunft, einem *memoir*, einer Erinnerung an Zukünftiges. Das heißt, von verschiedenen Seiten her, Geschichte ist in keiner Weise abgeschlossen, es gibt nicht einfach »das Erinnerte«; mit jedem Eintritt in das Archiv, mit jeder Belebung, fügen wir etwas Neues hinzu und erweitern es; ganz ähnlich wie Jean-Luc Godard es formuliert in seinen *Histoire(s) du cinéma*: »Die Geschichte ist nie abgeschlossen. Das Vergangene ist nicht einmal *vergangen.*« Genauso ist die »Zukunft« in verschiedenen Gestalten immer schon da. Dass wir die Zeiten fiktiv linear unterteilen, ist eine Gewohnheit des westlich-positivistischen Denkens, auf deren Gründe ich noch zurückkomme. Die Vergangenheit hinten, die Zukunft vorn, die Gegenwart »jetzt«, eine Konstruktion, die für alle etwas versierteren Leute unsinnig ist; für die meisten Künstler, für fast alle Autoren liegen alle Zeiten gleichzeitig vor; es kommt darauf an, in welche Beziehung wir uns dazu setzen. Schon von daher sind alle Leute, die für die Abgeschlossenheit von etwas Vergangenem plädieren, grundsätzlich suspekt. Was haben sie zu verbergen?

Von Klaus Heinrich und Derrida möchte ich eine Brücke schlagen zurück zu einem dritten Menschen, der sich intensiv mit der menschlichen Gedächtnisbildung beschäftigt hat; zu einem prä-psychoanalytischen Autor, aber nicht ganz, seine Lebenszeit fällt in die Freuds; ist aber von kürzerer Dauer; Friedrich Nietzsche, von dem mir immer ein Zitat-Bruchstück im Kopf herumhing, das lautet: »Erinnert wird nur, was nicht aufhört, weh zu tun.« Nietzsche stellt einen Kausalzusammenhang her zwischen bestimmten Formen von Gewaltausübung und Gedächtnisbildung. Das berührte mich immer und berührt mich weiter als mein eigenes und auch mein generationelles Problem, da ich, geboren 1942 und zum historischen Denken gekommen als Adoleszent in den 50er Jahren, es unerlässlich fand, irgendwie herauszubekommen, wie das ging: Eltern zu haben, die einerseits ihr eigenes Arbeitsleben ganz und gar der Aufgabe unterordneten, ihre sechs Kinder nicht nur einigermaßen großzukriegen, sondern mit der bestmöglichen Bildung auszustatten, dabei relativ mittellos, Kleinbeamtenhaushalt, und andererseits völlig ungerührt zu sein im Angesicht der deutschen Nazi-Verbrechen, die für sie keine waren: also in Fortsetzung ihres im Lauf der 30er Jahre ganz selbstverständlich erworbenen Antisemitismus nicht mit der Wimper zu zucken bei sechs Millionen umgebrachter Juden; von ermordeten russischen Zivilisten zu schweigen.

»Der Russe« stand bei ihnen – den heimatvertriebenen Ostpreußen – sowieso noch über »dem Juden« als Verbrecher; bzw. hatte der Nazidreh, »Judentum« mit »Bolschewismus« gleichzusetzen, bei ihnen voll durchgeschlagen. Hierhin reichte kein Mitleid und auch sonst kein menschliches Gefühl, außer kalte Ablehnung und Wut über die »verlorene Heimat«. Wut, die sich allerdings auch den Kindern gegenüber jederzeit explosiv manifestieren konnte, wenn diese in den Augen des Vaters nicht richtig »spurten« und also den Choleriker in ihm ans Handwerk riefen. Aufgewachsen unter gespaltenen Irren also. Ich habe daraus einmal zugespitzt formuliert, dass es mir rätselhaft sei, warum nicht *alle* Jugendlichen meiner Generation Psychoanalytiker geworden seien. Für die, die sich mit solchen Eltern wirklich auseinandersetzten, führte kein Weg an Freud vorbei.

Das Nietzsche-Zitat habe ich mir vor einiger Zeit noch mal genauer angesehen. Da steht ja eine Menge mehr als dieser eine scharfe Gedanke. Der Text *Zur Genealogie der Moral* kreist um die Frage: »Wie macht man dem Menschen-Thiere ein Gedächtnis? Wie prägt man diesem teils stumpfen, theils faseligen Augenblicks-Verstande, dieser leibhaftigen Vergesslichkeit Etwas so ein, dass es gegenwärtig bleibt?«

Dies uralte Problem ist, wie man sich denken kann, nicht gerade mit zarten Antworten und Mitteln gelöst worden; vielleicht ist sogar nichts furchtbarer und unheimlicher an der ganzen Vorgeschichte des Menschen als seine *Mnemotechnik*. »Man brennt etwas ein, damit es im Gedächtniß bleibt: nur was nicht aufhört, *weh zu thun*, bleibt im Gedächtnis« – das ist ein Hauptsatz aus der allerältesten (leider auch allerlängsten) Psychologie auf Erden.[3]

> »Man möchte selbst sagen, dass es überall, wo es jetzt noch auf Erden Feierlichkeit, Ernst, Geheimnis, düstere Farben im Leben von Mensch und Volk giebt, Etwas von der Schrecklichkeit *nachwirkt*, mit der ehemals überall auf Erden versprochen, verpfändet, gelobt worden ist: die Vergangenheit, die längste, tiefste, härteste Vergangenheit, haucht uns an und quillt in uns herauf, wenn wir ›ernst‹ werden. Es ging niemals ohne Blut, Martern, Opfer ab, wenn der Mensch es nöthig hielt, sich ein Gedächtnis zu machen; die schauerlichsten Opfer und Pfänder (wohin die Erstlingsopfer gehören), die widerlichsten Verstümmelungen (zum Beispiel die Castrationen), die grausamsten Ritualformen aller religiösen Culte (und alle Religionen sind auf dem untersten Grunde Systeme von Grausamkeiten) – alles Das hat in jenem Instinkte seinen Ursprung, welcher im Schmerz das mächtigste Hülfsmittel der Mnemotechnik errieth« (Nietzsche 1887, S. 295).

Bei Freud gibt es diesen Punkt ja auch: Einprägen durch Schmerz; manche Menschen werden nicht aus dem Lust-, sondern aus dem Schmerzprinzip geboren; so habe ich das in *Männerphantasien* für den »soldatischen Mann« formuliert, Geburt aus dem Schmerzprinzip. Aber weiter Nietzsche:

3 Und auch bei Nietzsche also schon eine Art »Zitat«.

> »Je schlechter die Menschheit ›bei Gedächtnis‹ war, umso furchtbarer ist immer der Aspekt ihrer Bräuche; die Härte der Strafgesetze giebt in Sonderheit einen Maßstab dafür ab, wie viel Mühe sie hatte, gegen die Vergesslichkeit und ein paar primitive Erfordernisse des socialen Zusammenlebens diesen Augenblicks-Sklaven des Affekts und der Begierden *gegenwärtig* zu erhalten. Wir Deutschen betrachten uns gewiss nicht als ein besonders grausames und hartherziges Volk, noch weniger als besonders leichtfertig und in-den-Tag-hineinleberisch; aber man sehe nur unsere alten Strafordnungen an, um dahinter zu kommen, was es auf Erden für Mühe hat, ein ›Volk von Denkern‹ heranzuzüchten (will sagen: *das* Volk Europas unter dem auch heute noch das Maximum von Zutrauen, Ernst, Geschmacklosigkeit und Sachlichkeit zu finden ist […]) Diese Deutschen haben sich mit furchtbaren Mitteln ein Gedächtnis gemacht, um über ihre pöbelhaften Grund-Instinkte und deren brutale Plumpheit Herr zu werden: man denke an die alten deutschen Strafen, zum Beispiel an das Steinigen (schon die Sage lässt den Mühlstein auf das Haupt des Schuldigen fallen), das Rädern (die eigenste Erfindung und Spezialität des deutschen Genius im Reich der Strafe!), das Werfen mit dem Pfahle, das Zerreißen- oder Zertretenlassen durch Pferde (das ›Vierteilen‹), das Sieden des Verbrechers in Öl oder Wein (noch im vierzehnten und fünfzehnten Jahrhundert), das beliebte Schinden (›Riemenschneiden‹), das Herausschneiden des Fleisches aus der Brust; auch wohl dass man den Übeltäter mit Honig bestrich und bei brennender Sonne den Fliegen überließ. Mit Hülfe solcher Bilder und Vorgänge behält man endlich fünf, sechs ›ich will nicht‹ im Gedächtnisse, in Bezug auf welche man sein *Versprechen* gegeben hat, um unter den Vortheilen der Societät zu leben – und wirklich! Mit Hilfe dieser Art von Gedächtnis kam man endlich ›zur Vernunft‹! – Ah, die Vernunft, der Ernst, die Herrschaft über die Affekte, diese ganze düstere Sache, welche Nachdenken heißt, alle diese Vorrechte und Prunkstücke des Menschen: wie theuer haben sie sich bezahlt gemacht! Wie viel Blut und Grausen ist auf dem Grunde aller ›guten Dinge‹!«

Wow, was für ein Abschnitt. Nietzsche, heute ja eher wenig gelesen, versprüht Formulierungen, wie sie sich bei Freud ca. 50 Jahre später, in *Das Unbehagen in der Kultur*, Freuds zivilisationskritischstem Schreiben, finden (wozu Freud die Erfahrung des Ersten Weltkriegs brauchte). Die europäischen Menschen bei Nietzsche heißen *Augenblicks-Sklaven des Affekts und der Begierde*; mit Mühe und Not haben sie einige *primitive Erfordernisse des socialen Zusammenlebens* dadurch erreicht, dass sie auf gewohnheitsmäßiges *Viertheilen* verzichten unter dem Ausruf *ich will nicht!*: nämlich in Wein gesotten werden oder in Öl – nachdem sie eben dies oft genug vollbracht und aus solcher Wiederholung ein *Gedächtnis* sich gebildet haben. Die schärfste, die »zynischste« Formulierung, die sich denken lässt, wie »Mensch«, zumal der deutsche, zu »Gedächtnis« kam: nach unendlicher Wiederholung von Gewalttaten zum endlichen Ausruf: »*Ich will nicht* (gevierteilt werden)!« Ah, endlich *die Vernunft*.

Eine Theorie der Gedächtnisbildung allerdings, nach der die Nazischlächter, die sich »nach dem Krieg« an nichts erinnerten, über ein ganz besonders *gutes* Gedächtnis hätten verfügen können; genug »Blut und Grausen« auf dem Grund aller »guten Dinge« hatten sie ja angerichtet und gesehen. Oder hatte gerade dies ihnen geholfen, bei der »Herrschaft über die Affekte« endlich angekommen zu sein: Befriedet und schließlich *geläutert* durch Dauermorden, ein deutsch-österreichischer Sonderweg vor der Geschichte; mit dem besonderen Resultat, sich an *nichts* zu erinnern außer an die eigene Unschuld.

Vielleicht stimmt sie doch nicht so ganz, Nietzsches grundlegende Theorie der Gedächtnisbildung durch Schmerz; oder wir haben es mit einer besonders ausgefuchsten Spezies versierter »Lügner« oder Versteller zu tun bei all jenen Nazi-Tätern und -Mittätern, die so standhaft schwiegen zu ihren Lebenstätigkeiten in Zeiten der (grade eben erst verschwundenen) »Schreckensherrschaft«. Vielleicht, weil es für sie keine solche war? Was ist mit den Gedächtnissen all der »Carusos«, von denen wir wissen oder auch immer noch nichts wissen;[4] Was ist mit dem Satz, der wie ein Leitmotiv auf diesem Symposium schon mehrfach aufgetaucht ist: »Wir haben *es* dauernd gewusst, aber nicht wissen wollen«; haben das Wissen nicht zugelassen. Die Frage, wie das denn funktioniert, dieses »Nicht-Wissen bei vorhandenem Wissen«, die hier mehrmals gestellt worden ist; auf die hoffe ich am Ende des Vortrags doch wenigstens eine Teilantwort geben zu können.

In puncto Schmerzprinzip gibt es, ähnlich wie Nietzsche, nur schlechter geschrieben, ein Buch aus dem Jahr 2007, Christoph Türckes *Philosophie des Traums*. Türcke sind in Freuds *Traumdeutung* zwei Begriffe

4 Martin Bormann, unbehelligt alt geworden wohl in Syrien ... kein Klarsfeld-Finger konnte daran kratzen, bis jetzt ...

aufgefallen, *Verschiebung* und *Verdichtung*. Freud sagt dort, es gibt keine Traumbildung ohne diese beiden Mechanismen; Sie kennen das alle, die Verschiebung auf andere Orte und Personen; die Verdichtung, mehrere Zeiten übereinandergelegt und mehrere Personen verdichtet in einer einzigen, wie in Galtons Mischfotografien etc. Türcke wendet dies nun auf die Frühgeschichte der Menschen an, insbesondere auf die Situation des Opfers, die Genese des Menschenopfers. Das frühe Menschenopfer und seine Ablösung durch das Tieropfer steht bei Türcke im Zentrum all seiner Überlegungen zur frühen Menschheitsgeschichte.

> »Die Bedeutung des Opfers für die frühe Menschheit ist kaum zu überschätzen. Sobald altsteinzeitliche Siedlungsplätze die geordnete Gestalt von Stätten annehmen, sind sie um ein Zentrum gruppiert: einen Berggipfel, einen Stein, einen Pfahl, einen Herd, Gräber. Zentrum aber heißt Opferzentrum, und Begräbnis ist von Opferung anfangs nicht trennscharf geschieden. Und wo wir mythologisch auf die Spuren früher Menschheit stoßen, also auf alte Erzählschichten, da ist das Opfer entweder die zentrale Handlung selbst oder aber die treibende Kraft der Erzählung. Das griechische Verb *rezein* ist das Wortgedächtnis für diesen Sachverhalt. Es bedeutet sowohl ›Opfer darbringen‹ als auch generell ›handeln, tätig sein‹ und drückt damit aus, dass Opfern der Inbegriff menschlichen Handelns, die menschenspezifische Tätigkeit schlechthin ist. Töten – das tun auch die Tiere, gelegentlich auch ihresgleichen. Aber rituell töten, in feierlicher Versammlung an einem bestimmten Ort nach einem festgelegten Schema: das ist ein spezifisches, exklusives Merkmal des Menschen. Opfer gehen an die Substanz. Man schlachtet nicht Frösche und Schnecken, sondern das Teuerste, was man hat: Menschen, später auch Großtiere. So etwas tut man nicht aus Spaß, sondern nur, wenn man sich anders nicht zu helfen weiß. Offenkundig sucht man sich damit Entlastung zu verschaffen. Nur, was ist am Opfer entlastend? Es wiederholt doch Grauen und Leiden, es tut dasjenige, wovon es entlasten will. Das ist absurd. Das Opfer lässt sich überhaupt nicht verstehen, wenn nicht vom traumatischen Wiederholungszwang aus. Es ist der in eine Form gebrachte Wiederholungszwang. Um den Naturschrecken los zu werden, von dem sie befallen wurde, befällt sich die Hominidenhorde noch einmal selbst. Von den lebendigen Wesen, an denen sie am meisten hängt, wählt sie einige aus und schlachtet sie gemeinsam. So spielt sie den Naturschrecken herunter, indem sie ihn selbst veranstaltet, einübt, in eigene Regie nimmt und ihm dabei jene festen Regeln gibt, die wir rituell nennen. […] Ritual und Opferritual sind anfangs identisch. Alle Rituale sind Abkömmlinge des Opferrituals« (Türcke 2007, S. 61ff.).

Hier dreht sich alles um die Wiederholung. Gedächtnis ist aus wiederholten Katastrophen entstanden, die Türcke »Naturschrecken« nennt. Das Gedächtnis seiner Frühmenschen kommt dem Naturschrecken zuvor und veranstaltet ihn lieber selbst, um ihn so zu »beherrschen«. Da das etwas widersinnig ist, wird der Vorgang von Türcke zur Zwangshandlung erklärt; den Einflüssen »vernünftigen Denkens« also enthoben. *Traumatischer Wiederholungszwang* als Schlüsselbegriff:

> »In den Anfängen der Ritualbildung sind nun aber bereits jene elementaren Mechanismen am Werk, die Freud erst für die Traumbildung veranschlagt hat. Dass der traumatische Wiederholungszwang den Schrecken in sein Gegenteil verkehrt, wurde bereits gezeigt. Er ist die Umkehrung schlechthin: Gutheißung des Schrecklichen. Ritualisieren aber kann sich diese Gutheißung immer nur an einem bestimmten Ort. Zum Ritual gehört der abgegrenzte Raum, in dem es ungestört ablaufen kann. Das muß ein befriedeter Raum sein. Die Horde muß einmütig in ihn eintreten und einvernehmlich das Ritual vollziehen […] Auf den Boden dieser Einmütigkeit muß sie den Naturschrecken gleichsam herunterbrechen, ihn dort als Konzentrat seiner selbst vollziehen. Und dabei geschieht zweierlei: Seine vielfältigen Erscheinungsweisen werden im rituellen Raum zu einer einzigen *verdichtet*. Und er wird von seinen vielfältigen Erscheinungsorten in den rituellen Raum *verschoben*. Da sind sie: Verdichtung und Verschiebung. Ohne sie kommt kein Traum zustande, sagte Freud. Nun lässt sich hinzufügen: ohne sie kommt es nicht einmal zur Konstitution des rituellen Raums. Und erst hier zeigt sich, wie sie zusammengehören. Sie hängen in einem Dritten zusammen: der Umkehrung. Das gibt der Traum nicht mehr direkt zu erkennen. Dazu ist er schon zu sehr Sekundärphänomen. Er zeigt, wie Verdichtung und Verschiebung funktionieren, aber er offenbart nicht mehr den Kraftakt der Umkehrung, der sie einst in Gang gesetzt hat. […] Dabei hatte Freud emotional durchaus recht, die Umkehrung als dunkle Stelle zu empfinden, setzt sie doch am Furchtbarsten an: am Schrecken. Sie ist gleichsam der Urstrudel des Grauens – und zugleich der Angelpunkt der Menschwerdung: der erste Schimmer der Humanität. Erst im Erregungsstrudel der Umkehrung kommt es zu Verdichtung und Verschiebung. Sie sind Manifestationen der Umkehrung des Schreckens in sein Gegenteil durch Wiederholung. Durch Verdichtung in eine repräsentative Form wird der Schrecken überhaupt erst greifbar. Durch Verschiebung in einen rituellen, störungsfreien Raum wird er berechenbar. Verdichtung und Verschiebung sind die beiden ele-

> mentaren Umkehrungsmaßnahmen, die den Schrecken durch unablässige Wiederholung in einen rituellen Raum hinein zu konzentrieren und darin dingfest zu machen versuchen.«

Die unablässige Wiederholung von Gewaltakten steht auch hier am Anfang unserer Kultur; am Anfang der Gedächtnisbildung und am Anfang des religiösen Rituals. Eine Tradition männlichen Denkens will das so; in die ja auch Freud selber zu einem Teil gehört mit seiner Theorie des Urhordenmords. Man wird gleich sehen, was das *Fehlen der Frauen* in solchen Konstruktionen bedeutet. Ich mache dazu einen Sprung in einen anderen Kontext:

In einem schönen Buch zur *Psychoanalyse der Musik* gibt Sebastian Leikert einen Abriss der Bedeutung des Hörens für das Kind im pränatalen Stadium. Die erste Besonderheit der Musik liegt für Leikert darin, dass sie sich, anders als die Wörter, »nicht auf gesehene Objekte (Objektvorstellungen), sondern auf *erlebte Körperspannungen* bezieht«. Der Fötus lebt in einer akustischen Welt. Die erste Umgrenzung des Selbstgefühls im Mutterleib ist eine »Lauthülle«. Sie gibt, noch vor der Erfahrung der Haut, dem Fötus ein erstes Konsistenzgefühl.

> »Ab dem vierten Monat der Schwangerschaft ist das Gehör als erstes Sinnesorgan voll ausgebildet und spielt eine wichtige Rolle in der Beziehung von Fötus und Mutter. In der Stimme gewinnt die Mutter für das ungeborene Kind die erste fassliche Gestalt, die Mutter ist für das Kind zunächst die Stimme« (Leikert 2005, S. 54ff.).

Das Ungeborene entwickelt eine Beziehung zu dieser Stimme:

> »Zudem ist der auditive Kanal mit dem Körpertonus direkt verbunden. Das Gehör ist als Schaltstelle für die Muster der Innervation des Körpers verantwortlich, bestimmte Frequenzen sind für die Aktivierung der Hirnrinde und damit für den Körpertonus verantwortlich. Sowohl die psychische Aktivität als auch die Integration des Körpererlebens sind also mit der auditiven Beziehung eng verbunden« (ebd.).

Der Fötus nimmt akustisch nicht nur die Stimme der Mutter wahr, er hört auch ihre Körpergeräusche, Darm, Pulsschlag, ihren Atemrhythmus, ihre Körperbewegung, die Rhythmik ihres Ganges. Die verschiedenen Geräusche im Mutterleib können 85 Dezibel erreichen, das ist etwa städtischer Straßenlärm. In einem späteren Schritt überträgt Leikert das Verhältnis des Fötus zur Stimme der Mutter auf die Stimme des Analytikers in der Analyse. Die Analyse sieht er primär akustisch basiert; der Halt des Analysanden in der Analyse ist angelehnt an den Halt, den der Fötus im Mutterleib in der Stimme der Mutter hat; in der Analyse ist es *die Stimme* des Analytikers, die diese tragende Funktion übernimmt (das nur nebenbei).

Psychophysiologisch gesprochen: Der auditive Kanal startet den Körpertonus; das heißt, die Bewegungen des Babies im Fruchtwasser werden durch akustische Signale ausgelöst. Damit starten die frühen psychischen Prozesse, die Prozesse der frühen Wahrnehmungstätigkeit des Fötus übers Ohr. Leikert sieht darin die ersten Rudimente dessen, was später, weit nach der Geburt, »Objektbeziehung« heißen wird; die Stimme der Mutter ist die erste Repräsentanz dieses Objekts.

Damit ist ein zentraler Einwand formuliert gegen die Theorien der Kultur- bzw. Gedächtnisbildung aus traumatischen Wiederholungszwängen bzw. aus Gewaltvorgängen verschiedener Art. Männliches Theorie-Denken überspringt nach wie vor gerne die tatsächlichen Vorgänge der Menschwerdung, an erster Stelle die Vorgänge im Mutterleib und die der Geburt. Dabei liegt es auf der Hand, dass Veranstaltungen wie die von Türcke beschriebenen Opferrituale erst passieren können, wenn das Kind nicht nur geboren, sondern ein wenig größer geworden ist; und dieses Stadium könnte es (»der Mensch«) nie erreicht haben, ohne den primären Schutz, den die Gruppe um die gebärende Mutter gewährt. Ohne den weiteren Schutz, den das heranwachsende Kind erfährt; das heißt ohne die organisierte *Aussperrung* von Gewaltprozessen (die im Übrigen die Wirklichkeit dominieren mögen), gäbe es uns alle hier überhaupt nicht. Die »Menschheit« wäre schlicht nicht existent. Frühe psychische Prozesse starten im Mutterleib; dazu gehören die Gedächtnisprozesse. Sie entwickeln sich im zivilen Schutzraum des frühen Infant-Seins weiter, in dem das Kind eben *nicht* umgebracht (geviertheilt, in Öl gesotten, in Riemen geschnitten oder dem Großen Gott geopfert wird). Dies ist eine Fundierung der »Menschwerdung«, die zweifelsfrei bis in früheste Menschheitszeiten zurückverlegt werden kann, ohne *projektiv* zu sein.

Genau hier ist »der erste Schimmer der Humanität« zu entdecken, den Türcke (ausgerechnet) im Opfervorgang verorten will. Ums Opfer herum gibt es eine Menge *Spekulationen*, wie auch um Urhorden, frühe Götter etc., bitte: freie Fahrt. Die Mutterleibsgeräusche dagegen sind eine Tatsache auch der allerfrühesten Hominidenfrauen. Jeder Fötus »erinnert« zuerst die Verdauungsgeräusche der Mutter, ihren Herzschlag und die Töne, die ihre Kehle von sich gibt. Das Übrige sind Männerfantasien.

Erinnert wird, was nicht aufhört weh zu tun? Kommt vor. Erinnert wird aber auch, was nicht aufhört, gut zu tun.

Was sagt – nächster Sprung – die neuere Hirnforschung zu den infrage stehenden neurophysiologischen Prozessen und insbesondere zur Gedächtnisbildung? Ich habe hier das Buch des Bremer Neurobiologen Gerhard Roth in der Hand: *Fühlen, Denken, Handeln. Wie das Gehirn unser Verhalten steuert*; das ist ein umfassendes Kompendium der neueren Forschung. Für uns besonders interessant: im 7. Kapitel dieses Buchs unternimmt Roth eine weitgehende Rehabilitierung Freuds gegenüber früheren Angriffen der Hirnforschung auf die Psychoanalyse, wie sie bis in die 90er Jahre des 20. Jahrhunderts üblich waren.

Mehrere spekulative Grundannahmen Freuds sieht Roth durch die heutige Hirnforschung bestätigt. Besonders die Annahme unbewusster determinierender Prozesse sieht er als neurobiologisch erwiesen an.

> »Schließlich haben die Neurowissenschaften zusammen mit der Psychiatrie und der Entwicklungspsychologie begonnen, die Folgen frühkindlicher traumatischer Ereignisse wie Störungen der Mutter-Kind-Beziehung, des sexuellen Mißbrauchs und anderer stark belastender Geschehnisse auf neuronaler Ebene nachzuweisen […]. All dies erfüllt schon jetzt die Forderungen, die Freud nannte, nämlich eine ›Lokalisation der seelischen Vorgänge‹ zu erreichen und ›den anatomischen Ort des Systems *Bw*, der bewußten Seelentätigkeit, in der Hirnrinde zu erkennen und die unbewußten Vorgänge in die subkortikalen Hirnpartien zu versetzen …‹« (Roth 2001, S. 430–441).

Es folgt eine Auflistung der vielfältigen Methoden, mit denen die heutige Hirnforschung ihrem Gegenstand zu Leibe rückt, die man bei Roth nachlesen kann. Er fasst zusammen: »Durch Kombination all dieser Methoden begann erst vor rund einem Jahrzehnt die genauere Erforschung der neuronalen Grundlagen dessen, was Freud ›psychischen Apparat‹ genannt hat.«[5]

Subcortex – limbische Zentren – Amygdala: für die Hirnforscher ist es inzwischen ausgemacht, dass diese die neuronalen Schauplätze aller unbewussten Vorgänge sind. Während das Bewusstsein in der Hirnrinde, im Cortex entsteht, ein Produkt der andersgearteten Zellen des Cortex ist. Bewusstes und Unbewusstes arbeiten in je verschiedenen Zellstrukturen. Ein einfacher Übergang aus der einen in die andere Zellstruktur ist nicht möglich. Es gibt also eine handfeste histologische Begründung für die Annahme Freuds, unbewusste Inhalte seien letztendlich nie bewusstseinsfähig; wörtlich:

> »daß die unbewußte Vorstellung als solche überhaupt unfähig ist, ins Vorbewußte einzutreten, und daß sie dort nur eine Wirkung zu äußern vermag, indem sie sich mit einer harmlosen, dem Vorbewußten bereits angehörenden Vorstellung in Verbindung setzt, auf sie ihre Intensität überträgt und sich von ihr decken läßt« (Freud GW II, S. 568).

Demnach geht es bei der Neubelebung der im Unbewussten gespeicherten Wahrnehmungen immer um *verschobene* Darstellungen von Unbewusstem (Deck-Erinnerungen und Ähnliches). Es geht um die Übertragung von *Intensitäten* des Unbewussten, die im Bewusstsein aber andere *Inhalte* haben. Diese *Intensitäten* müssen sich dort anderer *Inhaltskomplexe* als Träger bedienen. Das erhöht nicht gerade die Verlässlichkeit des Unbewussten als Archiv. Zwar speichert es *Inhalte* (also auch: Dokumentliches); dieses gelangt aber nur in veränderter Gestalt ins Bewusstsein.

Spezifischer zum Gedächtnis sind die Untersuchungen von Wolf Singer. Als erstes grundlegendes Hindernis für den Versuch präziser Erinnerungen sieht Singer (2002) »den *Trieb* der Menschen, Dinge *kausal* zu begründen«. Ein Zug, den er in allen Kulturen am Werk sieht: »Menschen haben das unwiderstehliche Bedürfnis, Ursachen und Begründungen zu finden, für das, was sie tun.«[6] Diesen Begründungen, »Kausalisierungs-

5 Die meisten Annahmen der Hirnforschung vor 1990 kann man demnach getrost vergessen.

6 Alle Zitate aus Singer 2002, S. 77–86.

zwängen« – die Psychoanalyse sagt: Rationalisierungen – ist prinzipiell zu misstrauen. Denn besonders gern wird das Gedächtnis bemüht, um Begründungszusammenhänge zu belegen, die irgendwelchen strategischen Absichten folgen. Sehr unzuverlässig. Zweites Hindernis: »Selektive Aufmerksamkeit.« Die allermeisten Reize werden unbewusst verarbeitet, sagt Singer: »Meist nehmen wir nur wahr, was wir ohnehin erwarten, und oft vereiteln auffällige, aber möglicherweise unbedeutende Reize die Wahrnehmung der leisen, aber vielleicht wichtigeren Vorgänge« (ebd., S. 80). »Welche fatalen Auswirkungen dieser biologische Mechanismus auf die Zuverlässigkeit der Berichte von Augen- und Zeitzeugen hat, bedarf keiner weiteren Kommentierung« (ebd.). Die Langzeitspeicher nennt er entsprechend also das *episodische* Gedächtnis. Es besteht aus *Bruchstücken*.

Wichtig für das Langzeitgedächtnis außerdem: »daß Abspeichern erfolgt langsam«. Zusätzlich »bedürfen Engramme der Konsolidierung«, damit sie haften (ebd., S. 83). »Dies hat zur Folge« – ich gebe Singers Resultate wieder –

> »daß Gedächtnisspuren vollkommen ausgelöscht werden können, wenn innerhalb von Stunden, ja sogar Tagen nach dem Lernprozeß der Konsolidierungsprozeß gestört wird. Im Experiment wird dies meist durch die Unterbrechung der Eiweißsynthese in Nervenzellen erreicht. Und nun die völlig unerwartete Entdeckung: Tiere erlernten in einem Verhaltenstest, daß bestimmte Erkenntnisleistungen belohnt werden, und wiederholte Testung bestätigte, daß sich die Tiere monatelang mit nur geringen Vergessensraten an den gelernten Zusammenhang erinnerten. Dann wurde nach einem dieser Tests die Eiweißsynthese vorübergehend blockiert, und das überraschende Ergebnis war, daß die Tiere im Anschluß daran jede Erinnerung an das einmal Gelernte verloren hatten. Diese Auslöschung der Erinnerung trat jedoch nicht ein, wenn die Eiweißsynthese ohne vorherige Testung und zum gleichen Zeitpunkt nach dem ursprünglichen Lernprozeß unterbrochen wurde« (ebd.).

Das verwirrt zunächst; man bekommt nicht gleich mit, was er damit sagen/belegen/beweisen will. Was er dann aber formuliert ist ziemlich ungeheuerlich: »Dies bedeutet, daß durch das Erinnern, zu welchem die Tiere während der Testung angehalten waren, die bereits befestigten Gedächtnisspuren wieder labil wurden und dann wieder der gleichen

Konsolidierung bedurften wie die ursprünglichen Engramme nach dem ersten Lernprozeß« (ebd., S. 84).

Dieser Vorgang lässt sich sehr gut unter Menschen belegen. Er läuft andauernd im Alltag ab und fällt gar nicht weiter auf, außer dass er zu den bekannten unlösbaren Streitigkeiten unter alten Eheleuten führt, wer was besser erinnert: Beide schwören Stein und Bein, die jeweils eigene Version sei richtig. (Präziser Überprüfung halten meist beide nicht stand). Singers resultierender Befund ist höchst einschneidend: »Es bedeutet dies jedoch, daß Engramme nach wiederholtem Erinnern gar nicht mehr identisch sind mit denen, die vom ersten Lernprozeß hinterlassen wurden. Es sind die neuen Spuren, die bei der Testung, also beim Erinnern, erneut geschrieben wurden« (ebd.).

Das hieße im Klartext: Je öfter man eine »erinnerte« Geschichte erzählt, in größeren oder auch kürzeren rhythmischen Abständen, desto *weiter* entfernt man sie und sich vom ursprünglich gespeicherten Ereignis; desto *rabiater* wird sie überschrieben, umgeschrieben. Diese Wahrnehmung wird vielen unter Ihnen bekannt sein vom Anhören solcher Repetitionen, die sich auf *Erinnerung* berufen, aber genau dies eben nicht sind, sondern Überschreibungen aus dem aktuellen Moment (oft opportunistische Überschreibungen, die erkennbar momentanen Zwecken und Absichten folgen).

Singers nächster Schritt:

> »Wenn Erinnern immer auch einhergeht mit Neu-Einschreiben, dann muß die Möglichkeit in Betracht gezogen werden, daß bei diesem erneuten Konsolidierungsprozeß auch der Kontext, in dem das Erinnern stattfand, mitgeschrieben und der ursprünglichen Erinnerung beigefügt wird. Es ist dann nicht auszuschließen, daß die alte Erinnerung dabei in neue Zusammenhänge eingebettet und damit aktiv verändert wird. Sollte dies zutreffen, dann wäre Erinnern auch immer mit einer Aktualisierung der Perspektive verbunden, aus der die erinnerten Inhalte wahrgenommen werden. Die ursprüngliche Perspektive würde überformt und verändert durch all die weiteren Erfahrungen, die der Beobachter seit der Erstерfahrung des Erinnerten gemacht hat. Was schon für die Mechanismen der Wahrnehmung zutraf, scheint also in noch weit stärkerem Maß für die Mechanismen des Erinnerns zu gelten. Sie sind offensichtlich nicht darauf ausgelegt worden, ein möglichst getreues Abbild dessen zu liefern, was ist, und dieses möglichst authentisch erinnerbar zu halten« (ebd., S. 84).

Dazu kommt, »daß neuronale Speicher als Assoziationsspeicher ausgelegt sind, in denen Inhalte als dynamische Zustände weitverteilter, miteinander vernetzter Nervenzellenverbände definiert sind und nicht wie in Computern einen addressierbaren Speicherplatz belegen« (ebd., S. 85). Vielmehr sind immer eine große Zahl von Nervenzellen und deren Verbindungen beteiligt. Alle neuere Hirnforschung betont die wechselnde Zusammenschaltung verschiedener Hirnteile – Synapsenverschaltung – bei fast allen komplizierteren Wahrnehmungsprozessen. Was bei Assoziativspeichern dabei

> »zum Problem wird, ist das Überschreiben des Alten durch Neues. In Assoziativspeichern werden durch Lernprozesse Gruppen von Neuronen in immer neuen Konstellationen zusammengebunden, deren gemeinsame Aktivierung dann die Repräsentation für den jeweiligen Gedächtnisinhalt darstellt« (ebd.).
>
> »Assoziativspeicher haben die erwünschte Eigenart, Teilinformationen zu ergänzen und zu rekombinieren. Dies ermöglicht die Wiedererkennung von Objekten, auch wenn diese nur ausschnittweise wahrzunehmen sind. Solche Ergänzungs- und Bindungstendenzen können jedoch die fatale Folge haben, daß einmal Eingespeichertes durch jeden weiteren Speicherprozeß, vor allem, wenn dieser ähnliche Inhalte betrifft, in seiner Struktur und kontextuellen Einbettung verändert wird. Im Extremfall kann das dazu führen, daß das Engramm überhaupt nicht mehr im ursprünglichen Kontext aktivierbar ist. Es scheint dann wie vergessen, kann aber dann dennoch – und dann meist zur Überraschung der Beteiligten – in einem veränderten Kontext über neue Assoziationen wieder aktiviert werden. Die Erinnerung lebt wieder auf, aber jetzt in einem anderen narrativen Kontext« (ebd.).

Daraus leitet Singer ab, dass nichts »unwiederbringlich« verloren geht; durch assoziative Arbeit kann Verschüttetes belebt werden. Im Übrigen aber gilt, dass ein Gedächtnisinhalt, je öfter er aktiviert und damit kontextuell neu »überschrieben« wird, das ursprüngliche Engramm immer *unzugänglicher* macht. Ein- und dieselbe Geschichte (= Erinnerung) 20, 30 Mal zu erzählen, macht sie also gerade nicht »authentischer«. Sie wird vielmehr bei jedem Mal unzuverlässiger, was ihre frühere Tatsächlichkeit angeht.

Singer: »Wahrnehmungen und Erinnerungen sind also datengestützte Erfindungen. Und weil diese Erfindungen konstitutiv sind für unsere kognitiven Prozesse und nicht Folge vorsätzlichen Täuschenwollens, ist es schwierig zu entscheiden, welchen Berichterstattern wir mit Nachsicht begegnen sollen« (ebd., S. 86). Fazit (nicht nur) für Historiker:

> »Geschichte hat demnach die charakteristischen Eigenschaften eines selbstreferentiellen, ja vielleicht sogar evolutionären Prozesses, in dem alles untrennbar miteinander verwoben ist und sich gegenseitig beeinflußt, was die Akteure des Systems, in unserem Fall die Menschen, hervorbringen – ihre Taten, Wahrnehmungen, Erinnerungen, Empfindungen, Schlußfolgerungen und Bewertungen –, und natürlich auch die Geschichten, die sie unwissentlich fortwährend erfinden. Ein Prozeß also, in dem es keine sinnvolle Trennung zwischen Akteuren und Beobachtern gibt, weil die Beobachtung den Prozeß beeinflußt, selbst Teil des Prozesses wird« (ebd.).

Woraus folgt, dass es weder »die Außenperspektive« noch den »idealen Beobachter« gibt; die »wahre, die tatsächliche Geschichte zu rekonstruieren« demnach nicht möglich ist (vgl. ebd., S. 86). Was der vernünftige »Archivar« im Sinne Derridas auch gar nicht erst versucht. Zur »Tatsache« wird werden, »was die Mehrheit derer, die sich gegenseitig Kompetenz zuschreiben, für das Zutreffendste halten« (vgl. ebd.). Also zum Beispiel die Historiker auf einem Kongress (für die Singer dies hier erzählt); oder die altgriechischen Hexametersänger im Jahr 1000 v. Chr. beim jährlichen Treffen in Delphi und anderswo, wo um die »gültige Trojaversion« gerungen wird.

Für *traumatische Erinnerungen* heißt all dies, dass ein ursprünglicher Affekt erinnert werden kann und vielleicht immer wiederholt, traumatisch ausagiert werden will (oder muss); dass aber der Kontext, der zu diesem Affekt geführt hat, komplett ausgetauscht werden kann; und zwar je öfter der Affekt ausagiert wird. Traumatischer Wiederholungszwang hat also die Tendenz, die traumatische Ausgangssituation nicht nur zu überschreiben, sondern sie womöglich sogar zu löschen. Sehr interessant; und in weitgehendem Widerspruch zu dem, was Türcke von der Gedächtnisbildung sagt bzw. annimmt.

Also, was wir hier erinnern wollen in Bezug auf Personen wie Igor Caruso, in Bezug auf die Geschichte der Psychoanalyse oder die Geschichte der Menschheit, hängt davon ab, wen oder welche Gruppe der hier Anwesenden wir als »zuständig« erkennen für die Konstruktion der Geschichte, die wir als »wahr« mitnehmen wollen. Das ist dann die »objektive Wahrheit«, die beim nächsten Kongress wieder anders überschrieben werden kann.

Singer wendet das dann auf die Aussagen in Gerichtsprozessen an, wo er feststellt: Je öfter etwas wiederholt ausgesagt wird, desto ungenauer, desto unzuverlässiger wird es. All das legt nahe, dass das sogenannte objektive Gedächtnis der Einzelperson nicht existiert, nicht existieren kann. Was aber nicht einfach heißt, Erinnerungen wäre grundsätzlich »nicht zu trauen«. Ganz offenbar geht es um die *Haltungen*, mit denen jemand – ein Einzelner, eine Gruppe, eine Institution, eine ganze Gesellschaft – an etwas »Vergangenes« herangeht, um es zu beleben oder um es unter dem Deckel zu halten.

Eine Art Mischgedächtnis haben mehr oder weniger alle: In jeder Person liegen tatsächliche Ereignisse, Ereignisfetzen, Körpergespeichertes, Halbgedachtes, Angefühltes, Normdruck, Erwartungen, exakt vom Bewusstsein Aufgezeichnetes und wilde Projektionen, liegt »das, was alle sagen« und »das, was nur ich weiß«, jeden Tag im Widerstreit miteinander und bildet die Summe unserer psychophysischen Dunkel oder Zwielichte. Gedächtnis und Auslegung, Gedächtnis und Unschärfe, Gedächtnis und Irrtum, Gedächtnis und Löschung, Gedächtnis und Überschreibung sind jeweils siamesische Zwillingspaare.

Ich will einige typische Formen des Vergessens, wirklichen oder nur angeblichen Vergessens auflisten, wie man sie in unserer jüngeren Geschichte wahrnehmen kann, ohne den Urmenschen und ohne die Hirnforschung zu bemühen.

1) Der Täter hat nicht richtig *bemerkt*, was er tut. Beispielsweise bemerken Eltern oft nicht, wie sie ihre Kinder kränken und können infolgedessen auch nichts derartiges »erinnern«. Je höher jemand in einer Hierarchie ist, desto selbstverständlicher sind die Dinge, die er anderen zufügt, Teil seiner Tagesarbeit. Sie werden höchstens registriert als gerechtfertigte »Machtausübung«, nicht als »Unterdrückung« oder gar »Verbrechen«. Also bilden sich auch keine Schuldgefühle. Die Hierarchie/Institution nimmt sie auf sich, schluckt sie. Deshalb sitzen Täter aus dem höheren Teil von Hierarchien (z.B. Dr. Grasser in Claude Lanzmanns *Shoah*: stellvertretender Kom-

missar für das Warschauer Ghetto) immer so absolut unberührt, unbeteiligt da. Grasser muss sich sogar *informieren* lassen (von den Opfern) was denn da (unter seiner Teilherrschaft) abgelaufen ist. »Er weiß nix.« Wieso auch?

2) Das geteilte Vergessen bei Tätern/Tötern. Lief eine Tötung mit Unterstützung bzw. Billigung der regierenden Autoritäten oder war sie gebilligt von den meisten Menschen drumrum und war sie dazu noch befriedigend genug, spaltet der »normale Mensch« sie ab und hakt sie ab als genehmigt und vergessbar; und nutzt die freigesetzte Energie zur Verwandlung seiner selbst in einen neuen Körper, der von all den früheren Taten »nichts mehr weiß«; nichts mehr zu wissen *braucht*. Geteilter Massenmord ist *Purifikation* (eins der Grundgesetze der Hitlerkirche). Geteilter Massenmord ist Geburt: Geburtsfest der Nochmal-Erzeugung des tötenden Mannes (respektive der tötenden Frau). Das Bewusstsein von der geteilten Übertretung, vom *gemeinsamen erlaubten Leben im Verbrecherischen* scheint die Erinnerung an die begangenen Untaten tatsächlich löschen zu können. Das Syndrom des deutschen Vergessens nach Weltkrieg II: wir hatten erlaubte Morde genug … wir hatten die Orgie … und nun, ab 1949, frische und reine Wiederaufbauer ohne Schuld … wir bauen das neue deutsche Unschuldsreich … demokratisch. So etwas klappt nur bei ausreichend gefeierter vorangegangener gemeinsamer Übertretung. Der derartige deutsche Tatmensch (und auch anderswo) lügt demnach wahrscheinlich *nicht*, wenn er behauptet, sich »nicht zu erinnern«.

3) To re-win lost wars. Klaus Barbie über seine Folterungen als Gestapochef von Lyon in Marcel Ophuls Film *Hotel Terminus*: »Ich habe all das vergessen. Wenn Sie es nicht vergessen haben, ist das Ihre Sache.« Weiterer Satz Barbies: »Wer den Krieg verliert, verliert alles.« Soll heißen: auch das Gedächtnis? In gewissem Sinne, ja: Die Arbeit dessen, der den Krieg (wie einen Gegenstand) verloren und damit *alles* verloren hat, besteht von nun an darin, den Krieg (diesen Gegenstand) *wiederzugewinnen*. Er *weiß* und *erinnert* nur, was zu dieser Aufgabe nötig ist. (Foltertechniken z. B. werden *nicht* vergessen; aber diejenigen, an denen man sie ausübte, ohne Weiteres).

4) Der Aktenkeller. Politiker oder andere öffentliche Personen, die wünschen, ihr Leben, ihre Taten, ihre Obsessionen zu verbergen, räumen genau die Art von Vergangenheit ein, die von Institutionen in Akten festgehalten ist. Das Gedächtnis ostdeutscher Politiker etwa nach 1989 (Lothar de Maizière, Ibrahim Böhme oder Stolpe, die im Verdacht der Stasi-Zusammenarbeit standen) ist exakt co-extensiv mit den Aufzeichnungen von Archivakten, die entweder gefunden oder nicht gefunden werden. Was genauso für Waldheim oder Weizsäcker gilt oder, wie es aussieht, für Igor Caruso. Wo nichts gefunden wird, wird auch nichts erinnert. Es existiert nicht. Als wollten sie alle zusammen Michel Foucault bestätigen: Das »Subjekt« ist das Kind eines institutionellen Akts, das Konstrukt einer institutionellen Akte. Wer von Stasi, FBI, Gestapo oder Verfassungsschutz beschäftigt (und entsprechend programmiert) wird, wird nur erinnern, was ein Agent über ihn aufgeschrieben, auf Band genommen oder fotografiert hat; Gedächtnis als Teil von abstrakten Orten, Regalen, Aktenschränken, Gutachten.
5) Ein Netzwerk von Gleichgesinnten übernimmt (bzw. löscht) die Erinnerungen. Wie dies funktioniert, wird deutlich, wenn man sein Gegenstück betrachtet, das *wiederholende Agieren*. In Claude Lanzmanns *Shoah*-Film sieht man, wie *wiederholendes Agieren* das Gedächtnis belebt, bei Tätern wie bei Opfern. Die polnische Bevölkerung des Örtchens Grabow begibt sich vor Lanzmanns Kamera in einen Prozess des »Wiederdurchlebens« der Situation von 1942. Vom Schicksal der Juden in Grabow berichtend, versammelt vor der Kirche am Fronleichnamstag, beleben sie ihren Antisemitismus neu und agieren ihn noch einmal aus gegenüber einem Überlebenden der damaligen Vernichtung, Simon Srebnik, den Lanzmann mitgebracht hat. Er steht in ihrer Mitte und erstarrt ob ihres erinnerungsreichen Redeflusses als der *Nochmal-Getötete*. Warum »erinnern« sie sich so gut? Mehrere Gründe. Im Hintergrund des Bilds sieht man die schuldreinigende Kirche, die hier das Wiederaufflackern des »Gedächtnisses« zulässt sowie die unverminderte Wirkkraft seiner zugedeckten Inhalte. Unter den Fittichen der Institution Kirche, unter deren Schirm sie sich hier versammeln und deren erteilter Absolution sie sich sicher sind, können die polnischen Bauern sich »erinnern«,

weil eine subjektive Zuschreibung ihrer Taten damit ausgeschlossen ist: »Jeder wusste, was in Chelmno passierte … ja, wir alle«; aber die Schuld ist entsubjektiviert, auf die »Zeitumstände« umgelagert, auf ein altes göttliches Gesetz, das sie auch aussprechen: Bestrafung der Juden für die Kreuzigung Jesu; entlastet von der Mutterkirche; und »wir sind ja nicht die Deutschen«. Unter diesen Umständen funktioniert sogar das *Detailgedächtnis* (nach über 40 Jahren) erstaunlich gut. Wirklich »vergessen« wurde hier nichts. Das könnte Singers Befund von den Überschreibungen stützen. Die Einwohner von Grabow haben ihre damaligen Eindrücke nicht *überschrieben*, da jetzt, nach über 40 Jahren, zum ersten Mal ein Überlebender der damaligen Vernichtung auftaucht und mit Lanzmann und seiner Kamera zum ersten Mal jemand, der sie genau nach damals befragt. Und siehe, alles ist ganz *frisch*.

Beim jüdischen Friseur Abraham Bomba ist es das Wiederholen der Haarschneidegesten, die er beim Scheren der Todgeweihten im Raum vor der Gaskammer machen musste, die ihm das Geschehene wieder zugänglich macht. Lanzmann erzählt, dass der Haarschnitt im Film ein inszenierter Haarschnitt ist; man sieht im Film, wie Bomba sich dieser aktivierenden Wiederholung, die zu einer *Wieder*holung werden soll, zu entziehen sucht. Beide merken, dass der Einstieg in die alten Gesten nicht nur die zur Erzählung notwendigen Wörter hervorbringt, sondern auch die tief vergrabenen Emotionen. Bei der ersten, »nur erzählerischen« Wiederbelebung des Haareschneidens vor der Gaskammer bleibt er noch »gefasst«. Bei der zweiten, zu der Lanzmann und die Kamera ihn bringen/zwingen, bricht er beinahe zusammen und es bricht aus ihm heraus. Nur die anwesende Kamera stabilisiert den in der Erinnerungsarbeit zusammenbrechenden Körper: das Wissen, in dieser Inszenierung *Gefühle* hervorzubringen und zu zeigen, die sonst nie mehr und für niemanden sichtbar werden würden, hält Bomba zusammen und fügt ihn neu zusammen. Man glaubt (man möchte jedenfalls glauben), auch *ihn* hätte dies erleichtert; ihn verbunden mit einem verschütteten Teil des Selbst, der ihm allein nicht zugänglich gewesen wäre (Auflösen des Anästhesiepols). Gedächtnisarbeit in dieser Funktion ist, wie Liebesarbeit, eine Arbeit zwischen Zweien, eine Coproduktion.

Die filmische Erinnerungsarbeit bei Lanzmann hat diese vier Bestandteile: die tatsächlichen Orte; die Fahrbewegung der Züge/der Kamera dort hin; das Sprechen der überlebenden Opfer oder Augenzeugen und ihre neue Verbindung mit jetzigen Lebenden in der Re-Inszenierung von Ereignissen. »Erinnern« ist hier eine Arbeitsform, eine *Kunstform*; es hat nichts zu tun mit dem sogenannten *Gedächtnis* und seinen Kapazitäten, seinen »Lücken« oder was immer: Diese schließen bzw. öffnen sich, sobald die Arbeit beginnt. Der Satz »Das weiß ich nicht mehr; das habe ich vergessen« bezeichnet überhaupt keinen Sachverhalt des sogenannten Gedächtnisses; er bezeichnet etwas ganz anderes: eine Arbeitsverweigerung in der Annäherung an Geschichte.

Dies Privileg der Arbeitsverweigerung (vor der Geschichte) haben sich die betroffenen Deutschen offiziell, kirchlich/staatlich nach dem Weltkrieg und nach der Shoah eingeräumt.

Ist das eine Form von Lüge? Eine Form von Verdrängung? Oder eine Form von Absperrung, wie Karl Fallend zu sagen vorschlägt (vgl. dazu »Carusos Erben« in diesem Band). Zur Annahme »Verdrängung« würde ich sagen: nein. Aus den Aufzeichnungen aller Nazi-Täter, aller Freikorpsleute, mit denen ich mich befasst habe, geht hervor, dass sie immer ganz genau wissen, was sie planen und was sie getan haben. Sie *streiten es ab*, wenn in Bedrängnis. Sie schreiben ihre Taten *anderen zu* (»den Roten«, »den Juden«). Aber Verdrängung liegt nicht vor. Im Gegenteil: Sie brüsten sich mit ihren Taten, wenn im »sicheren Raum«, wenn entsprechend »unter sich«.

Absperrung könnte man es eher nennen. Absperrung ist ein sozialer Prozess, kein psychischer Mechanismus wie die Verdrängung. »Abgesunken« ins Ubw wäre hier nichts. Es läge vor, aber: »Ich lass das in diesem Moment nicht an mich ran bzw. nicht aus mir raus« (in anderen Momenten aber vielleicht doch). Die Absperrung kann man aufheben, mit einer Absicht, man kann sie aufheben nach Bedarf. Die »Verdrängung« nicht; sie ist ein unbewusster, ein nicht beliebig steuerbarer Prozess.

Es kommt wohl entscheidend auf die äußeren Wiederbelebungsumstände an, ob man etwas Gespeichertes belebt und ausspricht; oder ob man es begraben hat, weggeredet und überschrieben in vielen Anläufen, die die Tatsachen selbst »immer blasser« werden ließen. Es kommt darauf an, ob man die *Erinnerungsarbeit* leisten will oder eben gerade nicht.

Frage also: Würde der Dr. Grasser und all die anderen deutschen Beteiligten, Halbbeteiligten oder Zuschauer ihr Gedächtnis *wiederbekommen*, wenn sie die Chance geboten bekämen, im sicheren Kreis *Gleichdenkender* das Sterben der Juden im Warschauer Ghetto nachzufeiern … unter SSlern die Folterungen nachzubegehen … die Vergasungen … »war ja Befehl« … »unausweichlich« … von Institutionen gedeckt … Befehl vom Führer selber … »und verdient hatten sie's auch«.

Die Frage stellt sich genauso für Igor Caruso und viele andere, die Teile ihrer Vergangenheit aus bestimmten Gründen verbergen. Sie lautet: Was alles wurde oder wird »erinnert« im »Kreise« alter Freunde und Kollegen; im Kreise der Mitwisser bzw. Mittäter in Anstalten wie dem *Spiegelgrund*?[7] Was »erinnern« die Seilschaften, was die Netzwerke gegenseitiger Förderung? In ihnen liegt eine gegenseitige Übereinkunft des Nichtaussprechens *nach außen* vor; hinter der aber ein ziemlich genaues Wissen steckt; sonst bräuchte man sie nicht, die schützenden Old-Boy-Netzwerke. Es liegt nahe, dass unter schützenden Netzwerk-Bedingungen ein Gutteil des vergessenen, des »amputierten« Gedächtnisses sich ganz anständig regen und wieder einfinden kann bei allen möglichen – sonst »nichts-wissenden« – Tatbeteiligten.

Dass Igor Caruso Teil eines solchen katholisch-existenzialistischen und teils austrofaschistischen Netzwerks war bzw. Beziehungen zu Schlüsselpersonen solcher Netzwerke unterhielt, entnehme ich dem Aufsatz von Eveline List (2008, S. 117–141). Die Punkte 4) und 5) der obigen Liste »typischen Vergessens« könnten auf ihn zutreffen: »Aktenkeller« und »Netzwerk Gleichgesinnter« als Löschkräfte der »Erinnerung« und als Produzenten jener verdunkelnden Andeutungsprosa, derer er sich in seinem Radiointerview vom April 1979 bedient. Ich höre aus jeder

7 *Am Spiegelgrund* = Wiener städtische Fürsorgeanstalt; 1942, als Igor Caruso dort als psychologischer Gutachter tätig war, die größte NS-Kindereuthanasieanstalt Österreichs. Erst 1979 gibt es von ihm, aufgrund von Nachforschungen Dritter, in einem Radiogespräch erstmals Äußerungen dazu. Darin unter anderem der Satz: »In dieser Kinderklinik habe ich allmählich und sehr rasch die Geheimnisse des Dritten Reichs durchschaut, weil … viele Kinder wurden umgebracht. Sodass ich es nicht wusste, ich, als Psychologe, politisch unverlässlich, Ausländer usw., war gar nicht eingeweiht, selbstverständlich« (Caruso, 4. April 1979). Caruso machte nach dem Krieg in Salzburg als eher »linker« Sozialpsychologe Karriere; der Aktenlage nach vor allem mithilfe alter Freunde aus austrofaschistischen Kreisen.

Wendung dieses Interviews, dass er viel mehr weiß und auch *erinnert*, als er sagt. Kunstvoll bemüht, ja nicht mehr durchsickern zu lassen, als »die Welt« sowieso schon weiß (Prinzip Aktenkeller).

»Vergessen« ist vermutlich nichts; aber weggesperrt. Das »Gedächtnis«, wenn man es noch so nennen will, befindet sich offenbar in wechselnden Zuständen der Verfügbarkeit; kann eingeschaltet, abgeschaltet, benutzt, überschrieben, verändert werden; als Dokumentar-Ort, als Archiv-Ort ist es höchst unzuverlässig. Archiv-Ort im Sinne Derridas würde es ohnehin erst, wo sich sein Träger in die Geschichte einschreibt, diese und sich selbst verändert; *die Geschichte* weiterschreibt auf etwas Zukünftiges hin. Solch eine Arbeit übernimmt mit der Nazi-Geschichte in meinen Augen das Buch *Die Wohlgesinnten* von Jonathan Littell.

Die Arbeit der Akteure der vergangenen Geschichte ist in der Regel eine andere; wenn nicht die von Leugnern dann die von Technokraten der Überschreibung. Es musste dabei nicht notgedrungen gelogen werden. Konrad Adenauer stritt im Fall Globke nicht dessen Tätigkeiten für den NS-Staat ab; er untertrieb nur und äußerte in seiner »rheinischen Offenheit«: »Tut mir leid, ich hab keine anderen Leute.«

Kiesinger, selber Täter, versteckte und verbarg schon eher. Er musste von Beate Klarsfeld geohrfeigt werden, damit etwas zum Vorschein kam; für andere zum Vorschein. Er selbst blieb mit sich im Reinen.

Oder nehmen wir Carl Schmitt und Martin Heidegger. Heidegger, der sich immer darüber klar war, welchen Anschlag auf die deutsche Universitätsverfassung er unternommen hatte 1934: Installierung des »Führerprinzips«; mit ihm selber als Führer anstelle Hitlers; vergleichbar Carl Schmitts juristische Rechtfertigung von Führerprinzip und Angriffskriegen; beide waren sich einig: »Niemals von mir ein ›pater peccavi‹.« Bereut wird nichts. Zurückgenommen wird nichts. Helmuth Lethen hat beschrieben, wie Heidegger und Schmitt sich über einen möglichen Dritten im Bunde ärgerten. Dieser – Gottfried Benn – zeigte Anzeichen von Rücknahmen; bedauerte seinen offenen Brief an Klaus Mann im Naziradio 1933. Benns Abwendung vom nationalsozialistischen Staat begann etwa 1936; mit einem interessanten Resultat. Ende der Dreißiger kann er wieder Gedichte schreiben; moderne Lyrik, die diesen Namen verdient. Seine schriftstellerische Potenz kehrt zurück.

Für Klaus Heinrich war klar: Das, was er die *Selbstzerstörung* der Gesellschaft bzw. der Universität genannt hat, rächt sich. Wer nicht spricht, wer das Gedächtnis abschottet, wird starr. Das »Pater peccavi« wäre eine Möglichkeit gewesen. Ich fand es interessant, zu hören, hier im Laufe des Symposiums, dass unter den Teilnehmern zu Carusos Schriften die Meinung vorherrscht, besonders Erinnerungswertes habe er nicht hinterlassen. Das mag solche Gründe haben. Benns Rücknahmen führten zu guten Gedichten. Was er zurücknimmt? Zumindest die Selektionsideen seiner Züchtungstexte von 1934.[8]

Selektion. Genau damit war Caruso 1942 befasst. Die ganze deutsch-österreichische Welt (soweit sie nicht getötet oder emigriert war) war 1942ff. mit *Selektion* befasst. Testverfahren im *Spiegelgrund*, von denen man nicht gewusst hätte, wofür sie womöglich gebraucht würden? Absurd, sagt meine Frau, Psychoanalytikerin mit 27-jähriger Praxis in der klinischen Kinder- und Jugendpsychiatrie; und also Erfahrung mit allen Sorten Tests. »Tests sind *erfunden* worden zur Selektion«, sagt sie. »Bei jedem Gutachten besteht die Gefahr, wenn man nicht aufpasst, dass es einer Selektion dient.«

Zumal 1942, im großen Selektionskrieg. Ein Blick in ein einziges Caruso-Gutachten genügt:

> »Der reich entwickelte Wortschatz des Kindes, das Benennen vieler Gegenstände, einzelne sinnfällige Bemerkungen (z.B. dass die Heizung mit Wasser geht oder die stehengebliebene Uhr aufgezogen werden kann), und spontane Äußerungen zeigen, dass die Potenz seiner Intelligenz viel mehr entwickelt ist, als sie bei einem angeborenen hochgradigen Schwachsinn sein könnte. Andererseits die vollkommene Zerfahrenheit der intellektuellen Leistungen, die weitgehende Störung des assoziativen Denkens, die autistischen Züge, die vermutliche Anwesenheit von Wahnvorstellungen, die pseudologischen Momente, die Neigung zum Negativismus, die Perseverationen, die Stereotypien, begründen den Verdacht an die Schizophrenie oder an eine schizophrenisch gefärbte Form der Kinder-Demenz mit hochgradiger Verblödung« (zit. ebd., S. 123).

8 »Hans Strotzka, der an seiner raschen Annäherung an die Nazis in ganz jungen Jahren sichtlich litt – er war Mitglied der NSDAP und der SS gewesen, was er stets als persönlichen Fehler öffentlich bekannte und bedauerte – und der als einziger in der WPV immer wieder ansetzte, zwar nicht unambivalent, aber offen dazu Stellung zu nehmen, wurde ein ›Geständniszwang‹ nachgesagt« (ebd., S. 137). Zahlen demgegenüber die Anhänger der »Geständnis-Verweigerung« mit geistiger Lähmung, mit wissenschaftlicher Unproduktivität?

Das ist volle Pulle der ganze Sack gutachterlicher Verdächtigungen, die so ein Anstaltstester überhaupt auffahren kann. Die Formulierung *vermutliche Anwesenheit von Wahnvorstellungen* lässt einen schreien. Solche sind beim Gutachter vorhanden, fraglos; ob auch beim getesteten Jungen, lässt sich *hieraus* nicht feststellen. Zwischen Februar und Oktober 1942 erstellt Caruso über 100 solcher Gutachten.

Gewusst – nicht gewusst; Wissen – Nicht-wissen-Wollen. Sind das überhaupt psychische Zustände? Denken Sie an die Sätze Nietzsches, die ich eingangs zitiert habe; geschrieben vor der Jahrhundertwende. Nietzsche beklagt, ohne von Weltkriegen zu wissen, die Tötungs- und Foltergewalt als einen *Kern* unserer Geschichte. Von Anfang an da in unserer Kultur, sie prägend; nicht nur im »finsteren Mittelalter«. Was kann es da heißen, »nichts gewusst« bzw. »selber nichts getan« zu haben, mitten im Orkan allgegenwärtiger Vernichtung. Mit solchen Aussagen dokumentiert man nur sich selbst als Schwachkopf, die eigene absolute Ahnungslosigkeit vor der Geschichte; oder sich selbst eben als Lügner, oder auch als beides.

Die Frage bei Caruso kann nicht sein: Was hätte er wissen können oder müssen? (*Selbstverständlich* hat er gewusst und hat er *getan*; und später höchst *undeutlich* geredet und so geredet, als hätte er *nichts* getan). Die Frage müsste vielmehr sein: Bei wem oder zu wem hätte er reden können oder sollen gleich nach dem Krieg oder später, als Professor, in den 70er Jahren? Man kann ja von niemand verlangen, sich freiwillig und schutzlos einer tendenziell gnadenlosen Öffentlichkeit zum Fraß vorzuwerfen, ganz gleich, was jemand tatsächlich getan hat. Wo wäre das Ohr gewesen – außerhalb der katholischen Absolutionsindustrie – das bereit gewesen wäre, nicht nur hinzuhören, sondern auch zu vergeben? Und vielleicht hat jenes *abstrakte Ohr* des eigenen Old-Boy-Netzwerks, das immer wissend und beschützend da ist, gerade wenn man *nicht* spricht, ja genügt, um mit sich selber in eine aushaltbare Balance zu kommen; auch als Hochstapler oder Etikettenschwindler.[9]

9 Unter den vielen Linken, bei denen im Lauf der 70er und 80er Jahre jeweils zwei Herren vom Verfassungsschutz auftauchten, um sie zur Mitarbeit anzuwerben (die »Stasi West«, deren Akten bis heute *nicht* zugänglich sind), fallen mir zwei Freunde ein, einer von ihnen ein Anwalt, die sich zum Schein auf dies Angebot einließen, um zu sehen, wie dieser Verein so arbeitet. Um später (bei irgendwelchen gezielten Aktenöffnungen) nicht womöglich als »Spitzel« beschuldigt werden zu können, legten sie ihre Rechercheabsichten schriftlich bei einem Notar nieder.

Das führt mich zum letzten Punkt; zum Bau der Person, grob: der mitteleuropäischen Person, wie sie heute vorliegt und wahrscheinlich schon seit ein paar Jahrhunderten. Ich glaube, mit jenem ödipalen Konstrukt, das Freud auf den Bühnen von Ich/Es/Über-Ich in Aktion sah, hat sie nicht viel zu tun. Das weiß ich seit der Beschäftigung mit dem »soldatischen Mann« in *Männerphantasien*: Der Freud'sche Entwurf der Person kommt faktisch unter Menschen kaum vor. Vielleicht war Freud selber so einer und noch ein paar, ein paar Handvoll glücklicher Leute mehr. Unter den andern, den tatsächlichen Menschen, dominieren Borderliner, »Psychotiker«, Menschen mit fragmentierenden Körpern, die ständig von massiver Destabilisierung bedroht sind.

Diesen Befund denke ich aber seit einiger Zeit etwas präziser. Das liegt unter anderem an einem Buch mit dem deutschen Titel *Arm und reich*, Autor Jared Diamond (2000)[10]. Dieses Buch widmet sich den dominanten Kulturprinzipien der eurasiatischen Menschheit seit etwa 10.000 Jahren, seit Durchsetzung des Ackerbaus (Saatauslese) und der Errungenschaft der Haustierzucht. Die Domestizierung von Wildtieren – das war mir nicht so bewusst – basiert *selbstverständlich* (möchte man sagen) auf Selektion: Sie segmentiert (selektiert) bestimmte Tiere, sondert sie ab, studiert ihre Eigenheiten, ernährt sie künstlich, und sequenziert sie dann (durch Zucht). Sie greift kultivierend derart in die Naturprozesse ein; dass von hier an jeder entscheidende Entwicklungsschritt der Menschheit(en) dieses Raums als ein Kunst-Prozess angesehen werden muss; verbunden mit jeweiligen *Gehirnsprüngen*, über den Ackerbau bis hin zum Schiffbau und zur Metallschmelze, die als Vorbedingungen des schließlich entscheidenden Sprungs zum griechischen Vokal-Alphabet und zur euklidischen Geometrie angesehen werden müssen.

Es sind jeweils *Technik*-Sprünge; Sprünge zu neuen Techniken und Technologien, die jeweils kleinere Gruppen zuerst unternehmen, die dann aber zum Allgemeingut der Angehörigen dieser Kultur(en) werden. Technikstrukturen werden zu körperlichen Strukturen, werden zu psychischen Strukturen. Haustierzüchtung mit den Segmentierungen

10 Titel der amerikanischen Originalausgabe: *Guns, Germs, and Steel*. Heißt: »Gewehre, Keime und Stahl«. Wie man daraus *Arm und reich* machen kann, gehört zu den vielen (dunklen) Geheimnissen der Übersetzerpraxis deutscher Verlage.

von Hund, dann Schaf, Ziege, Geflügel; schließlich um 5000 v. Chr. das Pferd. Menschen setzen sich an die Stelle der Schöpfung … stellen Zivilisation her … geraten selber in die Schöpfungsposition. Alle geschriebenen »Götter« der späteren Bibeln sind schon keine mehr … der eurasiatische Mensch bewaffnet sich mit Züchtungstechniken … Züchtungswaffen … griechische Götter gegossen aus Bronze … bis zu 16 Meter hoch …

Unser kulturelles Gedächtnis ist gebildet aus dem *Ensemble* all dieser Techniken und Technologien; auch die Analphabeten bei uns blicken *zentralperspektivisch* und euklidisch geometrisch. Mancher kann vielleicht nicht schreiben, aber den Motor einer Harley auseinandernehmen und wieder zusammenbauen, das kann er dafür.

Im Vokalalphabet um 800 v. Chr. kulminiert dieser ganze technologische Vorlauf und erreicht seine noch heute weitgehend gültige Form: Alphabet aus 26 Segmenten … Buchstaben, aus denen sich die Welt zusammensetzen lässt und seitdem immer wieder neu zusammensetzt wird. Sequenzen bilden: alles aufschreiben, alles speichern … dann Einleiten der *nächsten Schritte*. Was selbst die größten Leugner des sogenannten menschlichen Fortschritts nicht leugnen können: den technologischen Fortschritt in der Entwicklung unseres Kulturkreises. Schließlich erzeugt die Renaissance nach Anwendung der Gesetze von Euklid auf die Dingwelt und die künstlerischen Welten, die mathematische Linearperspektive.

Segment … Sequenz … unsere Körperlichkeit bis heute ist davon bestimmt. In der sogenannten *Conquista* zeigt sie ihre ungeheure Überlegenheit über den Rest der Welt. Cortez in Yucatan … Thomas Harris und die englischen Siedler in Virginia, Nordamerika. Die Engländer wenden ganz bewusst Macchiavelli-Theoreme an. Überprüfen, wie das geht: eine neu entdeckte Kultur zu beherrschen, indem man sie mit einer neuen, »überlegenen« Religion konfrontiert. Klappt wunderbar: Die Indianer glauben, dass Kompass und Sextant *von den Göttern der Weißen* verliehene Geräte sind. Sie glauben, dass sie *reihenweise sterben*, weil die weißen Herren sagen, sie würden falschen Göttern anhängen und deshalb *bestrafe* sie der nachweislich überlegene Gott der Weißen.

Strafe für falsche Religion. Wie Cortes es vorgemacht hat mit den Azteken:

»Unsere Pferde wiehern und stampfen mit den Hufen? Ja, weil ihr nicht den richtigen Glauben habt. Aus unseren Pferden, die so wild wiehern, dass es euch Angst macht, spricht die Stimme unseres Gottes, der unzufrieden ist, weil ihr immer noch euren falschen Göttern anhängt.«

Und also zerdeppert er ihre Götterstandbilder – die sich nicht *wehren*; Beweis der aztekischen Unterlegenheit. Die Europäer *wissen* ganz genau, dass sie schummeln und tricksen mit jedem Satz. Aber »lügen«? Bewahre. Sie *sind* so überlegen wie sie sich fühlen; und ihrem Gott ist das *gefällig*. Den stört es nicht, dass die Hengste nicht seinetwegen wiehern, sondern weil Cortes Stuten hinter der Zeltleinwand aufgestellt hat – unsichtbar für die Kaziken von Tabasco –, damit die Hengste verrücktspielen. Sie sind komplette Technokraten ihrer Tätigkeiten. Die Landschaftsskizzen, die sie anfertigen, sind für jeden analphabetischen spanischen Soldaten lesbar, in Kategorien von »so und so viele Tagesmärsche von da bis dort«. »Wie hoch ist jener Berg? Wie weit oder wie breit ist jener Fluß?« Die Zeichnungen der Indios, die Moteczuma sich anfertigen ließ, sind dagegen komplett *raumlos*. Keine Distanzen, keine Perspektive, keine Größenrelationen. Die Boote der Azteken: ohne Segel; keine Form der Navigation ist entwickelt. Ihre *Strategien* suchen sie durch Priester aus den Eingeweiden von Opfertieren oder geopferter Menschen abzulesen. Sie *sind* religiös, *abhängig von Götterweisungen*. Während die Europäer die Götterweisungen, die sie brauchen, nach Bedarf anfertigen; Religionstechnologen.[11]

Im europäischen Renaissancekörper liegt all das sowohl gebündelt als auch nebeneinander vor ... der Eroberer, der er körperlich *ist*, ist jemand, der ein Schiff führt ... eine Stunde Steuermann oder Kapitän ist ... dann Kaufmann ... Mathematiker ... dann Soldat ... dann zu Hause Kindsvater ... Liebhaber (Befehlshaber) der Frau ... dann Nachbar ... Tierzüchter ... Hundedresseur ...einen Tag in der Woche Kartenspieler ... Kalkulateur des Winterbedarfs an Kohlen und Kartoffeln; die technische

11 Ohne davon zu wissen, wurde die Haustierdomestikation dabei zur stärksten Waffe der Eurasiaten in der Conquista. Mikrobiologie und Genforschung belegen (nach Diamond 2000), dass 95% der Ureinwohner der beiden Amerikas an *Haustierviren* gestorben sind; jenen Viren, gegen die die Spanier, Engländer, Franzosen usw. *immun* waren. Die Eurasiaten kommen als bewaffneter Körper.

Moderne erweitert das Ganze: Fotograf … Volleyballspieler … Operngänger … Musikfreak … Architekt, etc. In unserer vorherrschenden Charakterstruktur sind wir seitdem Funktionalitäten solcher Aufspaltungen. Spaltung … Freuds Begriff: Ich-Spaltung. Aber nicht nur im »Abwehrvorgang«, nicht die Schizo-Spaltung, sondern multifunktional … von 8 bis 9 Uhr: religiös … von 9 bis 10 im Büro: ein weltlicher Gauner … um 11 Uhr eine Spende für die Hungerhilfe … aber um 12 ordentlich essen … *ohne* schlechtes Gewissen …

Was die Zustände der Welt und »der Gesellschaft« angeht? »Der Gesellschaft ein Bewusstsein ihrer selbst zu schaffen?« »Wir wissen alles.« Das *Archiv* quillt über. »Wir *wissen* alles. Aber wir *denken* nicht dran.« Würden wir an alles was wir wissen, dauernd denken: es wäre unaushaltbar. So spalten wir ab. Es gibt muskuläre Abspaltungen … körperliche Bearbeitungs- und Abfuhrvorgänge … es gibt die geistigen sogenannten »Ablenkungen« … das Theater … den Golfplatz … die Abfuhrorte … Kneipen … Clubs … Stadien … Bordelle … Kaufhäuser … Saunen … die metaphysischen Orte … Kirchen … & das riesige Spektrum der Technologien … Fahrräder … Autos … Flieger … Computer … sie alle sind auch Teil und Aktionsorte der psychischen Abspaltvorgänge der Einzelnen. Wobei das Besondere und auch Entscheidende ist: Niemand empfindet diese Spaltungen als krank oder als Behinderungen. Sie sind einfach die Art und Weise, in der wir, in der unser eurasiatischer Kulturkörper gelernt hat zu funktionieren im Lauf der Jahrtausende unserer Geschichte. Unsere Kulturaufgabe im Alltag: Die Spaltungen so auszubalancieren, das heißt, so reibungslos vom einen Zustand auf den anderen *umzuschalten*, dass wir als gesunde, gut funktionierende Beherrscher unseres Alltags erscheinen und uns entsprechend darstellen. Das heißt bei uns: Erfolg.[12]

---

12 In Gesprächen nach dem Vortrag erzählten mir Hörer, die professionell in Südamerika bzw. Afrika zu tun haben, dass »die Menschen dort«, mit denen sie arbeiten, Schwierigkeiten mit genau dieser Struktur haben. Ihnen gelingt »das Umschalten« nicht von einem Zustand auf den nächsten wie den Europäern. Sie hängen mit ihren Empfindungen und Gedanken noch »ganz woanders«, etwa noch »bei den Kindern«, wo doch *im Moment* schon etwas ganz anderes gefordert ist. Aus nichts anderem würden die europäischen Standardvorwürfe resultieren: Unpünktlichkeit, Unzuverlässigkeit, Konzentrationsschwäche. (Der eurasiatische Mensch: automatisch in der *Gutachterposition*).

Carusos Tätigkeiten zwischen Euthanasiebeteiligung und Mitentwicklung einer universitären emanzipativen Sozialpsychologie sind dann nicht unbedingt so »widersprüchlich« wie sie erscheinen, wenn man sie unter politisch-moralischen Gesichtspunkten betrachtet. Im System der Umschaltungen von einem Daseins- oder besser Körperzustand in den anderen *gibt* es keine solchen Widersprüche. Es gibt wahrscheinlich den Körperzustand, in dem jemand wie Caruso – und er ist ja kein Einzelfall – etwas von seiner Tätigkeit im Wiener *Spiegelgrund* weiß; und in den anderen, das sind die zahlreicheren oder dominanten Zustände, weiß er *nichts* davon. Dass er vernünftige Sachen gemacht haben kann im Sinn seiner Studenten, ist nicht ausgeschlossen. Eichmann in Buenos Aires war ein angenehmer Bürokollege und erschien nach außen als überzeugender Familienvater … er machte seine Beobachter, die Herren vom israelischen Mossad, tatsächlich *unsicher*, ob er wirklich der sei, nach dem sie suchten …

Andererseits: Es *gibt* Menschen bei uns, die solch eine Struktur erkennen … die ihr selber so wenig unterworfen sind, dass sie einen Blick dafür haben … man muss sehr entwickelt sein in seiner Wahrnehmung, um so etwas zu erkennen … eine Menge analytischer Erfahrung haben um zu sehen … »Wie der da wieder lächelt … wie er da mit dieser Studentin rummacht« … nur wenige sehen das … und die meisten wollen gar nicht … wahrscheinlich weil zu ähnlich strukturiert …

Igor Caruso, ein junger fremder Mann, sah eine Aufstiegsmöglichkeit in Wien … vielleicht war keine andere da … man *belastet* sich mit so etwas nicht ein Leben lang … das ist allgemeine *Lehre* in unserer Verhaltenskultur.

Dem steht der Fall Hans Strotzka gegenüber, vom dem wir gehört haben, dass er sich schämte; dass er alles aufgeschrieben hat, was ihn quälte und dass er es veröffentlichen wollte: Er war sicher nicht der einzige. Und was geschieht? Die Familie sagt, tu's nicht. Lass das, mach' das nicht. Du entlastest vielleicht dich; aber *uns* belastest du … wir sind dann die Kinder dieses Mannes mit der SS-Vergangenheit … das haftet … Erinnerung *stinkt* …

Scham ist ein starkes Gefühl, ist ein gutes Gefühl, ein reinigendes: Sie überschwemmt einen, man löst sich auf … man möchte im Boden versinken … ein ungeheuer starkes, intensives Gefühl. Sie eröffnet die

Möglichkeit, ein anderer zu werden … die Möglichkeit der Körperveränderung … wie manche Drogen … wie die auflösenden Trancen … Auflösung des alten Körpers ist ein Weg … wahrscheinlich der einzige Weg …

Gerhard Roth, der Neurobiologe, sagt: emotionaler Aufruhr ist nötig. Sonst kommt man nicht raus aus der alten Struktur. Das ist auch eine der Wirkweisen von Kunstwerken … die Berauschung durch Kunst, die zur *Häutung* führen kann und zu einer neuen Anordnung der eigenen Körperlichkeit. Ringt sich aber jemand durch, kommt die Umgebung, kommen die Spaltungsprofis, und rufen, im Chor: »Lass das bleiben!«

Ein sehr schöner Film von Claude Chabrol um 1970, mit Michel Bouquet und Stephane Audran, *Bei Anbruch der Nacht*. Gehobene Bourgeoisie in Paris. Michel, der Ehemann, bringt den Liebhaber seiner Frau um. Sie ahnt, dass er es war; schließlich weiß sie es. Sie deckt ihn. Schönes Haus, schöner Garten, tolles Kind, alles bestens. Aber er hält es nicht aus. Er will reden, will zur Polizei. Und was macht sie? Sie gibt ihm eine Überdosis seiner Herztropfen, bringt ihn um. Der Garten, das Kind, es muss erhalten bleiben, alle Fassaden. Bloß nichts Offenes. Und wenn er das nicht schafft, wenn er die Spaltungen nicht aufrechterhalten kann, wenn er mit dem Toten, den er angerichtet hat, nicht leben kann, muss *er selber* weg. Ein paar Tropfen *mehr also* in sein Glas. Unauffälliger Tod. Kein Mord, bewahre.

Das spricht, glaub' ich, vom Kern unserer Kultur.

Literatur

Derrida, J. (1997): Dem Archiv verschrieben. Berlin (Brinkmann & Bose).

Diamond, J. (2000): Arm und Reich. Die Schicksale menschlicher Gesellschaften. Frankfurt/M. (Fischer).

Heinrich, K. (2009): Festhalten an Freud. In: Heinrich, K. (2009): Der Staub und das Denken. Frankfurt/M. (Stroemfeld Verlag).

Leikert, S. (2005): Die vergessene Kunst. Der Orpheus-Mythos und die Psychoanalyse der Musik. Gießen (Psychosozial-Verlag).

List, E. (2008): »Warum nicht in Kischniev«? – Zu einem autobiographischen Tondokument Igor Carusos. Zs. Psa. Theorie u. Praxis (1/2), 117–141.

Nietzsche, F. (1887): Zur Genalogie der Moral. Eine Streitschrift. KSA Bd. 5, S. 245–412.

Roth, G. (2001): Fühlen, Denken, Handeln. Wie das Gehirn unser Verhalten steuert. Frankfurt/M. (Suhrkamp).

Singer, W. (2002): Wahrnehmen, Erinnern, Vergessen. Über Nutzen und Vorteil der Hirnforschung für die Geschichtswissenschaft. In: Singer, W.: Der Beobachter im Gehirn. Essays zur Hirnforschung. Frankfurt/M. (Suhrkamp), S. 77–86.
Türcke, C. (2007): Philosophie des Traums. München (C. H. Beck).

Autorinnen und Autoren

Gerhard Benetka, Univ.-Prof. Dr., studierte Psychologie, Geschichte und Soziologie an der Universität Wien und ist derzeit FH-Professor am Studiengang Soziale Arbeit an der Fachhochschule Joanneum in Graz sowie Leiter des Instituts für Psychologie an der Sigmund Freud Privatuniversität in Wien.

Wolfgang Brumetz, Dr. med., studierte Medizin, Psychoanalyse und Philosophie in Graz, Wien und Paris und absolvierte eine psychoanalytische Ausbildung im Grazer Arbeitskreis für Psychoanalyse. Er ist Facharzt für Psychiatrie und Mitglied der psychoanalytischen Vereinigung Dimensions de la psychanalyse (Paris).

Rainer Danzinger, Dr. med., studierte Medizin und Psychologie, habilitierte an der Universität Graz und absolvierte eine psychoanalytische und gruppenpsychoanalytische Ausbildung in Graz und Wien. Er war Leiter von psychiatrischen Abteilungen in Klosterneuburg, Salzburg und Graz. Publikationen zur Kriminologie, Sozialpsychiatrie, Psychosentherapie und Kulturkritik.

Christian Eigner, Mag., ist Psychoanalytiker (in Ausbildung unter Supervision) und wendet psychodynamische Vorgehensweisen in seiner Arbeit als Coach, Teamentwickler und Berater an. Zusammen mit Michaela Ritter betreibt er das *Büro für PerspektivenManagement* in Graz, das sich auf die Nutzung psychodynamisch-systemischer Ansätze in den verschiedensten Persönlichkeits- und Organisationsentwicklungsprozessen spezialisiert hat.

Karl Fallend, Univ.-Doz. Dr., ist Professor für Sozialpsychologie an der Fachhochschule Joanneum in Graz und seit 25 Jahren Mitherausgeber der Zeitschrift *Werkblatt. Zeitschrift für Psychoanalyse und Gesellschaftskritik*. Er lebt in Wien und Linz. Zahlreiche Veröffentlichungen zur Geschichte der Psychoanalyse, zu Psychologie und Menschenrechten und zur Aufarbeitung des Nationalsozialismus. Zuletzt wurde von ihm herausgegeben: *Witz und Psychoanalyse. Internationale Sichtweisen – Sigmund Freud revisited* (2006).

Peter Gasser-Steiner, Univ.-Prof. Dr. phil., studierte Psychologie und Soziologie und ist Professor am Institut für Soziologie an der Universität Graz, individualpsychologischer Analytiker sowie psychotherapeutisch in der Drogenberatung des Landes Steiermark und in freier Praxis tätig.

Gernot Herzeg, Dr. med., ist Zahnarzt und Arzt für Allgemeinmedizin mit Schwerpunkt Psychotherapeutische Medizin, Psychoanalytiker (in Ausbildung) in eigener Praxis in Graz und Mitglied des Grazer Arbeitskreises für Psychoanalyse.

Ulrike Körbitz, Dr. phil., studierte Psychologie, Pädagogik und Soziologie in Graz und Salzburg. Sie ist Mitbegründerin und war langjährige Mitarbeiterin der Salzburger Sexualberatungsstelle. Seit 1993 ist sie in freier Praxis als Psychoanalytikerin niedergelassen. Sie lebt und arbeitet seit 2002 in Graz. Publikationen zu Theorie, Praxis und zur Institutionalisierung der Psychoanalyse.

Gert Lyon, Dr. med., ist Psychoanalytiker, Gruppenanalytiker, Facharzt für Psychiatrie und psychotherapeutische Medizin und Gründungsmitglied des Grazer Arbeitskreises für Psychoanalyse. Er ist Mitbegründer und langjähriger Leiter des »Beratungszentrums für psychische und soziale Fragen« in Graz und als Psychoanalytiker in eigener Praxis niedergelassen.

JOHANNA MUCKENHUBER, Dr., studierte Soziologie und Psychologie in Graz, Paris und Wien. Derzeit ist sie Universitätsassistentin am Institut für Sozialmedizin und Epidemiologie der Medizinischen Universität Graz.

PAUL F. PASS, Dr. theol., M.Sc., ist Psychoanalytiker in freier Praxis in Graz. Er ist Lehranalytiker, Lehrtherapeut in Gruppenanalyse und dynamischer Gruppenpsychotherapie, Psychoanalytischer Kindertherapeut, Tiefenpsychologischer Leiter am Interuniversitären Kolleg für Gesundheit und Entwicklung Graz/Schloß Seggau und Leiter des Masterlehrgangs Child Development. Publikationen unter anderem: *Alltagskommunikation und psychoanalytischer Dialog* (1983), *Als Psychoanalytiker in der Psychiatrie* (1986), *Die Psychoanalyse und der fremde Blick* (1999), *Psychoanalysis and Neuroscience* (2007), *Didactical approach at the Interuniversity College* (2009).

KLAUS POSCH, Mag. Dr. phil., studierte evangelische Theologie, Psychologie und Soziologie an den Universitäten Wien und Salzburg. Er ist Psychoanalytiker und Gruppenpsychotherapeut, FH-Professor und Leiter von FH-Studiengängen für Soziale Arbeit an der Fachhochschule Joanneum in Graz. Publikationen auf den Gebieten der Psychoanalyse, der Sozialen Arbeit und des Sozialmanagements, insbesondere zu Methoden in der Sozialarbeit und zur klinische Psychologie (Dissozialität).

BETTINA RABELHOFER, Mag. Dr., ist Privatdozentin für Neuere deutsche Literatur am Institut für Germanistik der Karl-Franzens-Universität Graz. Von 1999 bis 2005 war sie Mitarbeiterin im Spezialforschungsbereich »Moderne – Wien und Zentraleuropa um 1900«. Publikationen: *So es geraunt rundumihn. Der ästhetische Code in Marianne Fritz' Roman »Dessen Sprache du nicht verstehst«. Versuch einer semiotischen Poetik* (1991), *Symptom Sexualität Trauma. Kohärenzlinien des Ästhetischen um 1900* (2006) sowie zahlreiche Aufsätze zur Literatur der Moderne, zur österreichischen Gegenwartsliteratur und zur Interdiskursivität von Literatur und Psychopathologie.

Klaus Theweleit, Dr. phil., ist Schriftsteller und hat Lehrauftrag am Institut für Soziologie der Universität Freiburg inne. Zudem ist er Professor für Kunst und Theorie an der Staatlichen Akademie der Bildenden Künste Karlsruhe. Arbeitsschwerpunkte: Wörter, Töne, Bilder; Faschismustheorie; Theorie der Gewalt; Gender Studies; Theorie der Medien; Popkultur; Film, Kunst und Macht; Pocahontas; Geschichte(n) zur (fortdauernden) Erfindung Amerikas und zu den (fortdauernden) Kolonialismen.